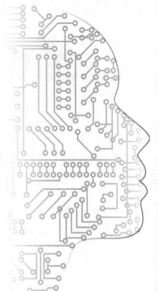

做有智慧的化学实验

中学化学研究型实验的开发与实践

曹葵 著

化学工业出版社

·北京·

内容简介

《做有智慧的化学实验：中学化学研究型实验的开发与实践》切合教学实际，对化学实验教学起到较强的借鉴作用。书中运用大量实际教学案例，对实验教学理论、方法进行了探讨，提出一些关于化学实验教学设计开发的新观点，强调实验中科学思维与方法的运用。附录中的具体教学设计都是经过实际教学检验的真实案例，具有较强的实用价值。

本书适合中学化学教师使用，同时可以供化学教学研究者、教师继续教育培训以及师范院校教师、学生阅读参考。

图书在版编目（CIP）数据

做有智慧的化学实验：中学化学研究型实验的开发与实践/曹葵著．—北京：化学工业出版社，2021.8（2023.8重印）
ISBN 978-7-122-39289-3

Ⅰ．①做… Ⅱ．①曹… Ⅲ．①化学实验-教学研究-中学 Ⅳ．①G633.82

中国版本图书馆CIP数据核字（2021）第109322号

责任编辑：成荣霞　　　　　　　　　　　文字编辑：林　丹　张瑞霞
责任校对：张雨彤　　　　　　　　　　　装帧设计：王晓宇

出版发行：化学工业出版社（北京市东城区青年湖南街13号　邮政编码100011）
印　　装：北京虎彩文化传播有限公司
710mm×1000mm　1/16　印张13¾　字数232千字　2023年8月北京第1版第5次印刷

购书咨询：010-64518888　　　　　　　售后服务：010-64518899
网　　址：http://www.cip.com.cn
凡购买本书，如有缺损质量问题，本社销售中心负责调换。

定　　价：88.00元　　　　　　　　　　　　　　　　　　版权所有　违者必究

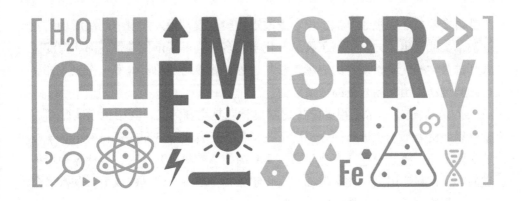

做有智慧的老师

  我认识曹葵老师大概在1996年的四五月份。一天接到中国人民大学附属中学（简称人大附中）校办通知："有位求职的男老师，他愿意到化学实验室工作，你们见见面。"我很快来到化学实验室，和曹葵老师见了面，交谈了一会儿。知道他1991年毕业于清华大学师资班，在北京第123中学任化学教师，非常愿意来人大附中化学实验室工作。当时学校规模扩大，班级增加，实验室只有两名年纪较大的女教师，也急需增加一名大学本科毕业的男教师，于是我们同意学校的意见，接纳了曹葵老师。

  刚调入人大附中的最初几年，曹葵老师主要负责如下工作：①化学实验室的日常管理工作，如采购化学仪器和药品等；②协助任课教师准备课堂教学的演示实验；③为学生分组实验做好准备工作。

  随着人大附中教育教学改革的深入发展，曹葵老师化学实验室的工作更加丰富多彩，为他展示化学实验的才能，释放创新思维提供了新的平台。

  （1）人大附中接受中国化学会邀请，参加每年一次中国科学技术协会组织的纪念活动。曹葵老师都事先认真设计方案，做好各种准备工作，到时由曹老师和我带领学生并携带仪器和药品，随同中国化学会的老师，来到中国科学技术馆参加展示活动。

  （2）那几年，我校化学教研组的教学改革成果比较突出，先后承担了几次市、区的化学教学的示范课，中、青年教师的展示课和边讲边实验的研究课。这些课程的主讲教师虽然不是曹葵老师，但在集体备课时他都要参加，不但精心准备实验，还积极想办法、出主意改进实验方案，为人大附中几次成功的教学改革实践课出了力，贡献了智慧。化学组多次获得了市化学教研部和海淀区教师进修学校化学教研室的表彰，参与过程对曹葵老师的实验室工作深入开展也起到推动作用，注入新的创造活力。

（3）学校也非常重视中学生化学奥林匹克竞赛活动，其中化学实验培训就是以曹葵老师为主进行的。他广泛收集化学竞赛实验方面的资料，结合学校的实验条件，精心设计一套化学竞赛实验的校本教材。几年来，曹葵老师培训过的学生，在全国高中化学奥林匹克化学竞赛中取得了优异的成绩，获得多个全国一等奖，多人次入选国家集训队。

（4）为了拓宽学生的知识面，培养他们严谨、求实的科学态度，强化素质教育，学校动员各学科教师，开设各类选修课供学生选择。曹葵老师利用自己丰富的工作经验，最初几年开设的是化学兴趣实验选修课。曹老师的选修课不是讲授式，而是学生选择感兴趣的课题，亲自动手实验，因此非常受欢迎。最近几年，他又根据学生勤学好问，具有较高科学素质的特点，重新设计选修课的方向和实验内容，分别开设多种带有研究性的选修课，如"化学与环境""舌尖上的化学""穿越化学""化学实验的科学思想与方法"等，将化学实验选修课推向更高的层次。在开设研修课的实践中，不仅激发了学生的科学思维能力，还提升了学生的解决问题的能力，有的学生通过实验提出很有意思的观点，有的从物理学角度分析实验现象，还有的运用数学的方法设计化学实验方案。曹老师鼓励学生把自己的研究过程、结论拟写成小论文，并辅导和推荐发表在杂志上。截至目前，学生发表的化学实验小论文十几篇，论文中体现出学生们的思想是活跃的，他们能从多学科、多角度来分析解释化学实验现象，也为我们教师提供思路，促进了化学教学向综合学科发展。

这本《做有智慧的化学实验：中学化学研究型实验的开发与实践》是曹葵老师多年来从事化学实验教学的经验总结，为中学化学实验类书籍和资料增加新的一页，也给那些做辅助教学工作的老师打破原有工作模式提供思路，示范出今后努力的方向。

曹葵老师在化学实验室这个平凡岗位上做出了不平凡的工作。他不甘寂寞，具有丰富的想象能力，勇于创新，因此曹葵老师才是具有智慧实验能力的教师。

李新黔

（北京市特级教师，中国人民大学附属中学原化学教研组长）

PREFACE

自2005年开始,《新课标》全面推广,探究式教学模式得到了越来越多教师的认可并且在很大范围内得以广泛地运用,就连学生遇到问题也经常不说研究而是说探究。教师作课时如果不是探究性的就如同20年前老师上课不用投影仪一样是一种"落后"的方式。2017年版《新课标》更加明确要求化学学科的核心素养中的证据推理与模型认知、科学探究与创新意识、科学态度与社会责任……都和实验有着必然的联系。

首先应该肯定的是,探究式教学确实是一种适合培养优秀人才的教育模式,优秀的学生会在探究中逐步领先。我国教育模式的问题其实并不仅仅在于高考模式,而且在于教学中教师和学生地位的不对等。学生的主动性和积极性不能充分发挥,学生就如同流水线上正在生产的电视机,在一块电路板上不断地被动安装一个个的元器件,最终大家统一形成一个标准化的器件,用于社会生产中,所有的学生都被以一个模式送到大学。没能将不同的人送到不同的地方,就如同很多人不知道物理化学是属于物理还是属于化学一样,笔者就在一个学校图书馆发现一本《物理化学》放在物理学科内。其实绝大多数人根本无需知道物理化学到底归属哪个学科,而是在于学了太多无用的物理和化学。因为这些物理和化学仅仅就是一些知识,学生却根本不了解这些知识是如何取得的,而恰恰是取得这些知识的过程才是学生们真正应该知道的。

其实这一教育模式的形成有其一定的历史因素,新中国成立初期,百废待兴,亟需各种人才用于国家建设,而此时应用型人才是最奇缺的,必须按照一个工业生产流程所需人员的条件定制人才,培养出来的人要立即能够胜任具体的工作,成为大机器中的一个"螺丝钉",专业细分重视单一知识的局面由此形成。而多年后,这一模式已经形成了惯性,当我们需要大量的研究型开放性人才的时候,我们的基础教育和高等教育反而不适应,牛顿第一定律的力量过于强大。

在参观一些特色学校时看到他们的教育方式是：从小学开始就以课题研究模式进行教学，学生学习的不仅仅是知识，更注重的是方法。知识可以忘记，但是方法和技能却不会。当我们的学生仍以灌输知识为主时，他们却是在研究科学研究的方法，最终形成的差距就是他们是科学家，他们提供思想和灵感，我们是工程师，我们负责完成具体的实施。甚至可以说我们的培养模式是培养"匠"。

探究教学推广已经十年，但基层教学并不能真正完全采用探究式教学模式，这不仅仅是中、高考的压力，还因为我们的教师也从来没有接受过这种探究教育，没有形成探究的思维模式，会不自觉地将探究引向知识而忽略方法。

即使在探究教学引导学生科学方法的运用中，也缺少对学生进行系统性的科学方法论的训练，学生对于探究的理解大多仅仅停留在控制变量一种方法上。遇到较难的研究型题目或者现实问题，就会一筹莫展。

新课标推行伊始，各个学校纷纷开设选修课，而化学学科的魅力就在于实验，于是化学实验类的课程非常受学生欢迎。笔者也从1999年开始在学校开设化学实验类选修课，经过多年的实践，也走了很多的弯路，而这些弯路很多学校还在重复。这就是采用两个模式，一个是做简单的趣味性实验，用趣味性实验吸引学生，实验操作简单、易行、安全，对知识和基本技能没有过多的要求，于是无论初中还是高中，名校还是普通校，都在化学课上做豆腐、紫甘蓝提取指示剂、茶叶中提取咖啡因……而另一个则是做知识拓展与下放，将原来大纲版教材上有而课标版删掉的内容拿回来，甚至将大学一二年级的无机、有机的实验选择一部分拿来给学生做。这两种方式一类强调趣味性，另一类强调了知识性，其实都忽略了实验相对于理论知识所不具备的特点，就是实验给学生带来的科学思维的训练。笔者也曾同样使用这两种方式开设选修课长达6年，虽然学生反馈一致较好，但每年都是高一学生爆棚，而高二学生选课人数锐减，这其中一定是课程出了某些问题。高二学生觉得趣味性实验太幼稚，对自己的学习帮助不大，而知识下放性的内容一般较难，理论性强，趣味性明显不足，对学生来说也没有过多帮助，只要有足够多的备选课程，就不选这门课程。而且这也是对学生正常学习的一种干扰，中学教师提前讲解大学课程，由于自身的知识和能力差距，很难讲到位，学生吃了夹生饭，对将来进入大学学习会产生不利影响。

恰好此时课程改革，学校开设国选"实验化学"课程，校选课程正好停止，闭门反思。而对《实验化学》教材研读之后，深感其中除了表面上的知识条理性之外还包含着科学思维的渗透。人教版第一个实验就是蓝瓶子，很多老师都认为上来就是一个氧化还原反应，有点难，然而其背后却有很多可以继续研究的课题，而不是一个单一的实验，并且对于不同程度的学生来说，可以将其简化为一个单纯的趣味性实验，作为一个课程的引入，对于成绩比较好的学生来说就可以作为一个研究课题，继续挖掘，研究影响蓝瓶子变色的各种因素。食醋中总酸量测定，那么除了乙酸之外其他酸有什么、有多少，也是可以继续探究的。

能不能设计一个课程体系，至少部分实验内容既可以作为简单的趣味性实验或者知识性技能型实验，也可以拓展成为研究型实验，做到一个教材适合多方面的要求。

2012年承蒙领导信任，在几位青年教师的积极配合帮助之下，笔者设计了一套从零开始的实验类课程。从接到任务开始，笔者就确定了几个基本原则：一、不做简单知识下放；二、不做简单趣味性实验；三、做到课程体系内部自洽，课程之间与课程内部做到螺旋形上升；四、每一门课程要有自己的单一主题，不能做成知识拼盘；五、课程内部的实验内容要尽量有拓展空间，便于拓展；六、突出科学思维与方法的训练。历经4年教学实践，部分课程经历了推倒重来，雏形初具。

本书共分为三个部分。第一部分为笔者及团队几年来教学过程的经验总结与思考。第二部分总结了探究模式下实验室管理、设计与常规教学模式的不同之处。笔者每年接待若干参观团队，其实表面上的硬件是次要的，通过内部管理使得实验室提高运行效率才是主要的。第三部分选择部分课程内容与读者分享，不仅有操作步骤和原理，还提供少量背景资料，并附有实验注意事项，可以作为教师上课的素材直接使用，减少上课前的准备工作。在内容选择上考虑到初中一般不太可能开设选修课，故素材选择主要针对高中学生。

本书从2012年开始，陆续写作到2016年才完成初稿，在此期间认识与想法也在逐渐变化，而后几易其稿，增删多处，依然有不够完善之处。笔者在此抛砖引玉，希望广大教师提出宝贵意见，涌现更多更好的实验课程，给学生提供更广阔的发展空间。

本书在写作和教学实践中得到很多老师的大力帮助和支持，黄文君老师、林静老师等参与了教学实践过程，提出了大量有建设性的意见。李新黔老师、刘雅莉老师、蔺东斌老师、彭实老师、刘少轩老师、秦佳佳老师为本书提出了很多中肯的修改建议。感谢化学工业出版社相关工作人员为本书最终付梓所做的辛勤努力。在教学和写作中，很多老师给予了无私帮助，不能一一列举，在此一并表示诚挚谢意。

最后引用生物学神经元理论创造者圣地亚哥·拉蒙-卡哈尔的一句话："身为教师，最纯粹的荣耀不在于培养出仅次于自己的学生，而是在于培养出超越自己的贤人。"

曹葵

目录
CONTENTS

第一章	实验科学与科学地实验	001
	一、从钱学森之问说起	002
	二、金字塔不是奴隶建起来的	006
第二章	化学实验中的科学方法论	011
	第一节 一般科学方法论及其演化	013
	一、归纳和演绎	013
	二、实证主义方法论	016
	三、证伪主义方法论	018
	四、历史主义方法论	021
	第二节 科学方法论在化学实验中的运用	024
	一、传统的科学方法论	024
	二、现代科学分析方法	026
	三、单因素试验法	031
	四、优选法	032
	五、正交法	033
	六、回归分析	036
	七、均匀试验法	042
	第三节 研究性实验设计的一般原则与过程	043
	一、自主设计或研究性实验的一般原则	043
	二、研究型实验的一般实施过程	050
	三、文献检索是开始研究的第一步	053
	四、研究的基本方法	058

第三章　做富于智慧的实验　　　061

第一节　什么是有智慧的实验　　062
一、如何定义智慧实验　　062
二、让小实验充满智慧　　065
三、获得有效信息是智慧的开始　　068
四、每一个实验都可以变得智慧起来　　071

第二节　智慧实验设计的内涵与外延　　073
一、智慧实验设计的内涵　　074
二、智慧实验设计的外延　　086
三、探究过程是内涵与外延的集中体现　　097

第三节　学生为主体的实验设计　　103
一、探究实验首先要让实验变得有趣　　108
二、最初的探究实验素材要尽量选自身边事物　　112
三、学习控制变量就需要制造变量　　116
四、探究要善于刨根问底　　119
五、探究过程要鼓励学生质疑　　122
六、探究就是一个体会科研的过程　　129
七、探究是个过程，是激发学生创造力的过程，不仅是要得到一个结论　　133

第四章　学生评价机制探索　　141

一、让学生适应新的评价方式需要一个缓慢的培养过程　　142
二、答辩提升学生表达能力，看到学生思想碰撞的火花　　147
三、开放性的研究与开放性评价推动学生思维的变革　　150

第五章　新课程体系下实验室设计与管理　　159

第一节　新课程体系下化学实验室设计　　160

一、现有实验室主要格局模式　　161
　　二、实验室功能与要求　　164
　　三、化学实验室总体数量要求　　166
　　四、实验室内部要求　　167
第二节　新条件下实验室管理　　168
　　一、人员管理　　169
　　二、规章制度建设　　170
　　三、常见废弃物处理　　171
　　四、安全救护　　175

第六章　智慧实验教学设计案例　　177

课题一　三种制氧气方法优劣的比较　　178
课题二　解决低钠盐困境　　179
课题三　薯片中的化学　　181
课题四　量热法测定混合碱中碳酸钠和碳酸氢钠的含量　　182
课题五　变质氢氧化钠的检验与纯化的研究　　183
课题六　如何得到纯净的碱式碳酸铜　　184
课题七　硫酸铜与氢氧化钠溶液反应的不同现象研究　　184
课题八　影响蓝瓶子实验变色周期的因素研究　　185
课题九　制备氢氧化铝最佳方案的研究　　186
课题十　研究如何利用氢氧化钠和氯化铁稀溶液制取氢氧化铁沉淀　　187

附录　　189

　　一、注意事项或参考答案　　190
　　　课题一　三种制氧气方法优劣的比较　　190
　　　课题二　解决低钠盐困境　　190
　　　课题三　薯片中的化学　　190
　　　课题四　量热法测定混合碱中碳酸钠和碳酸氢钠的含量　　191

课题五	变质氢氧化钠的检验与纯化的研究	192
课题六	如何得到纯净的碱式碳酸铜	192
课题七	硫酸铜与氢氧化钠溶液反应的不同现象研究	192
课题八	影响蓝瓶子实验变色周期的因素研究	193
课题九	制备氢氧化铝最佳方案的研究	194
课题十	研究如何利用氢氧化钠和氯化铁稀溶液制取氢氧化铁沉淀	194

二、学生公开发表论文选登　　　　　　　　　　194

第一章

实验科学与科学地实验

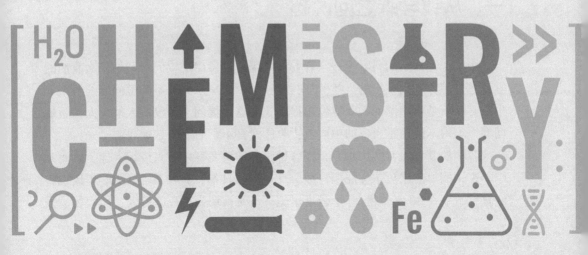

化学是一门重要的基础科学，也是一门实验性科学。通过在原子、分子水平上对物质的组成、结构、性质和变化的研究，促进人们对物质世界形成和发展的认识。所有的化学研究成就都源自于化学家在实验室的工作。可以说和数学、物理相比，化学更注重物质的个性。虽然近年来理论化学取得了长足的进步，例如计算化学作为新兴的化学分支对新物质的发现与合成，对化学学科的进步起到了重要的作用，但是所得结论仍然需要通过精心设计的实验来验证，这更说明了化学仍然是一门实验性科学。

实验教学是化学教学中最为重要的一环，在教学中，教师们的每一个讲解，如果不能得到实验的有效验证，其说服力就会大打折扣。俗话说，宏观看现象，微观找原因。也就是课标中提到的——宏观辨识与微观探析。"宏观看现象"离不开实验，实验是化学实现宏观与微观联系的基础和保证。实验不但为化学科学中概念和假说的形成提供基础材料，为化学科学的形成和发展提供科学事实，而且可以检验科学假说，否定错误的假说，支持和完善科学理论。笔者曾见过一位年轻老师上课时遇到学生提问，过氧化钠与水反应，滴加酚酞变红后又褪色，这是什么原因？这位老师显然没有做好充分的准备，回答学生因为空气中有 CO_2，CO_2 显酸性所以酚酞褪色。如果此时用一张 pH 试纸检测一下溶液酸碱性，这位老师不知又该如何解释。因此，化学科学研究和化学教学都离不开化学实验。化学实验在化学教育和教学中具有不可替代的地位。

实验还可以促进化学知识的应用，促进学生手脑并用，促进他们提高非智力因素。总之，化学实验教学有利于学生更好地认识物质世界，有利于学生全面地发展、更好地发展，要提高化学教学质量，一定要首先提高化学实验教学的质量。

一、从钱学森之问说起

中国德高望重的科学家钱学森曾向中国总理发出了提问："为什么我们的学校总是培养不出杰出的人才？"其实钱学森心里未必就不知道问题的答案，也未必就仅是对中国的教育界发出提问，而这个提问至今没有人能令人信服地回答，不得不说这是当下的中国人暂时还回答不了的一个悬疑问题。

我国的基础教育实力雄厚，在各种国际学科竞赛中一直成绩上佳，然而几十年来，摘得的诺贝尔奖屈指可数。反观近邻日本，其在 20 世纪 90 年代末曾经宣称，要在 30 年获得 20 个诺贝尔奖，当时被认为是夜郎自大，然而在过去

20年，确实已经有多人获得诺贝尔奖。两国的文化背景有众多相似之处，但是结果大相径庭。

清华大学钱颖一教授给出了一个很数学化的解释，他说，中国教育的特点是"均值"高同时"方差"小，"均值"是衡量一个随机变量的平均数，而"方差"则是衡量一个随机变量偏离平均数的累加起来的程度。简单地说，"方差"小就是两端的人少，出众的人少，"杰出人才"少，"拔尖创新人才"少。

我们老师和学生每天都困惑在均值中，所有的考试都要有平均分，教师评奖最主要的参考就是平均分，学生之间的比较比的也是平均分，学生回家报成绩，家长通常还会问一句班级平均是多少，以作为评判子女能力的标准。均值问题一直伴随着老师和学生，而个性学生通常并不为我们所重视，他在某一方面突出，但却会在其他方面拖累均值。我们在教育中要重视和突出方差，尊重学生个性，发掘学生潜力。

我们的学生缺乏好奇心、想象力和批判性思维能力。好奇心和想象力部分来自天生，至少有一些人是这样，但是后天会把它们磨灭。所有的老师都有这个体会，初中课堂或多或少有纪律问题，但绝不会担心课堂互动，不会冷场。然而到了高中，课堂上总是死气沉沉，提问时很少有人主动回答。方差被人为地缩小了。因此化学实验教学首先要做到的就是满足学生好奇心，激发想象力，培养批判性思维。

化学老师不可避免地会有上课演示实验演砸了的经历。笔者从教的第一年，演示铁丝在氧气中燃烧的实验（图1-1），上课前试做，听老教师一节课，第一个班上课正常，第二个班再做却怎么也做不出来。课后再试，有的成功，有的失败，究其原因就是铁丝放入氧气瓶中的时机，太早了，火柴梗首先燃烧，将氧气耗尽，现象不佳，过晚则铁丝温度不够，无法与氧气反应，就是必须在火柴梗将熄未熄时放入氧气瓶，此时，火柴梗已经燃烧完毕，不会消耗集气瓶中的氧气，而余温尚在，得以保证铁丝的温度，使其在氧气中能够燃烧，此时

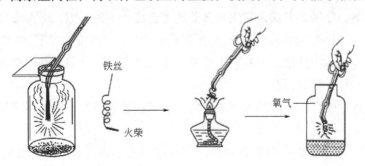

图1-1 铁丝在氧气中燃烧示意图

的现象最佳。而在学生实验时，面对这种情况，教师通常就会直接将最佳方案告诉学生，而不是让学生经历失败。学生少了一次发现问题、解决问题的机会。多年后，我将这个问题作为探究课题，让学生们来解决这个"难题"，而学生们的想象力大大超过了预想，学生提出的方法各种各样，他们研究了铁丝的材质、长度、卷曲程度、粗细等多种因素。我们过去为了追求课堂效率反而失去了很多很多，况且我们以为的正确答案难道就永远都是正确答案吗？

学生在探究、研究的过程中更重要的是其批判性思维得以发挥，依然使用铁丝在氧气中燃烧的案例，在操作规范中明确要求集气瓶底部要保留一些水或者一些沙子，以防止集气瓶因飞溅的火星炸裂，然而在实验中，我们发现，即使集气瓶底部有水，还是会有极个别集气瓶炸裂。而我们用沙子铺满集气瓶底部就没有炸裂的事故发生。其原因何在？是不是集气瓶保留一些水是没用的？如果要确保有效，多少水才能起作用？……

正如宋心琦教授所说：由于化学实验活动（包括教师的演示实验和学生在课外活动中进行的科学实验）中强化了实验者和研究对象之间的"互动"，出乎意料的现象、不同于预期的结果、不同实验者或实验组所观察到的实验现象或所获得的实验结果之间的差异，都能够对实验者进行实时反省、思考和采取新的探究路线等产生促进的作用，是课堂理论教学或阅读教材所难以实现的。一个氧气与铁丝反应的简单实验，就可以衍生出不尽的问题。

最近酸性体质致癌说被否定，而回顾之前的十余年，该学说一直被广泛传播，被很多人所信仰，却少有质疑，而作为生物学基本常识，学生早就应该知道人体是一个巨大的缓冲环境，一点酸碱物质对人体没有影响。同样，如果体液环境的酸碱值发生偏移，超出了 7.35～7.45 的范围，人体就会出现严重问题，甚至死亡。为什么此时就忘记将有关常识进行必要的联系？因为我们的学习从来就是碎片化的，缺少学科内、跨学科的有机联系，以及解决真实背景问题的训练。

很多学生包括老师在获取信息的时候，其来源大多是非专业途径，诸如电视、网络、报纸，尤其是学生大多养成了百度一下的习惯，而百度信息是不够专业的。2013 年曾经发生过十多个清华大学博士在百度上捍卫 PX 低毒性质的故事，并被传为佳话，但我们不妨换一个角度考虑，任何人都可以去修改的百科知识，其公信力何在！

在教学中已经形成的那些思维惯性或者说答题惯性，已经越来越影响到教学的效果。

很多老师喜欢将仰视俯视对数据读数的影响以及误差分析作为考点（图 1-2）。但究竟有几位老师认真去实验过，以滴定管为例，其最小分度为 0.1mL，估读到小数点第2位，即0.01mL，根据读数规则，允许最后一位有效数字 ±2 的偏差。笔者曾经做了一个实验，在滴定管中倒入任意体积溶液，然后老师和多个学生共同读数，发现最大和最小读数偏差都在0.04mL以内，符合数据记录规则，而后每个人再分别仰视和俯视读数，确认新的读数与原读数不同，而后测量视角夹角的度数，发现要发生读数误差，视角至少偏差5°以上，而此时同学们已经明显感觉到视线与液面不平齐。实验表明，仰视俯视超过2°所有同学都会明显感知。也就是说，此时其实是在明知错误的情况下强行读数，为了发生误差而发生了错误，为了能够进行误差分析而故意制造错误。

容量瓶的误差分析就更加荒诞，由于容量瓶刻度线为环形刻度，读数时，看到的刻度应该是一条线，而如果视线与刻度未能水平，就会发现刻度线变为椭圆环，此时就不能读数了。如果仰视或俯视就属于明知错误还要记录，而作为一个错误数据，按照计数原则根本就是无效数据，当然就不需要讨论什么误差了。前面刚刚提到滴定管，如果是完全符合国标的A级管，整数刻度也应该是环形刻度，其实也意味着仰视俯视是不存在的。还有更高级的蓝白道滴定管，如果不平视根本看不到液面（第三章将对此详细讨论）。

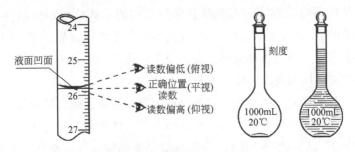

图1-2 仰视、俯视示意图

当这个实验结束时，参与的学生都对最终的结论表示震惊，因为课题的题目是仰视俯视角度达到多少度才会产生读数误差，而最终的结论是只有当我们明知是错误的时候才会产生读数误差。而在这之前，所有的学生从来没有考虑过这个问题，遗憾的是他们依然还要继续面对这种误差分析。老师的错误将学生带到了一个更严重的错误中，这不是一个知识性的错误，而是思想性的错误，一个盲从不思考，没有批判精神的深渊。

为什么会出现这一不应该出现的现象，一方面是应试的需要，考题中出现了这种"误差"分析，于是老师必须要按照考试的要求进行讲解分析，在黑板和电脑上做实验，而学生同样也是为了应付考试，按照标准答案背诵实验现象和结果，在纸上做实验。近年来，化学实验教学本来作为化学教学过程中重要的一环，却在现代化教学工具发展普及的时代越来越不能得到有效的发展，越来越多的教师利用视频来替代演示操作。一些学校的实验室仅仅就是个参观点，永远是一尘不染，有的则为了准备实验操作考核才安排学生实验。真正能够高效利用实验室资源的非常罕见。

郑长龙老师将教学行为归纳为2大类7小类24种行为，其中教师主体15种，学生主体9种，现将与实验直接有关的抄录如下，见表1-1。

表1-1　与实验有关的教学行为

大类	小类	种类	操作性定义
师主行为	讲	展示讲解	教师边展示边对有关问题所做的讲解
	展	实验展示	教师展示实验、学生观看
生主行为	思	独立思考	学生以个体的方式从事问题思考和方案设计
	动	动手操作	学生独立和小组形式进行操作
	交	小组回报	学生以小组形式进行生生之间的研讨交流

我们从中不难发现实验在教师教学环节中的重要性与地位似乎没有我们强调的那么重要。而在学生那里，实验的地位却非常的显赫。学生向来都是最关心最重视实验，只是各种原因使大多数学生没能在实验中展现自己的才能。他们的才能被平均而没能够体现方差。

而学生要茁壮成长就首先要发现自己的能力所在，就必须给他创造一个展示的平台，只有他的想象力、好奇心得到表现，他蕴藏的能力才会得到真实的发挥。他们需要这样的一个舞台，而教师就是要提供这样的舞台让他们去表演，而不是我们在舞台上，他们永远做观众。

二、金字塔不是奴隶建起来的

我们从小学习历史就知道，金字塔是古代埃及奴隶为法老修建的坟墓，从来没有产生过怀疑。后来也听说早在1560年，瑞士钟表匠布克在游览金字塔时，做出"金字塔的建造者，绝不会是奴隶，而只能是一批欢快的自由人"这一石破天惊的推断。很长的时间，这个推论都被当作一个笑料。我们何尝不也是一笑置之。

然而，2003年埃及最高文物委员会宣布：通过对吉萨附近600处墓葬的发掘考证，金字塔是由当地具有自由身份的农民和手工业者建造的，而非希罗多德在《历史》中所记载——由 30 万奴隶所建造。

不过最近又有新的说法,金字塔是近代人制造的假古董。

问题在于 400 多年前,那个叫布克的小小钟表匠,究竟凭什么否定了伟大的希罗多德？何以一眼就能洞穿金字塔是自由人建造的？埃及国家博物馆馆长多玛斯对布克产生了强烈兴趣,他一定要破解这个谜团。

真相被揭开：布克原是法国的一名天主教信徒,因反对罗马教廷的教规而入狱。由于他是一位钟表制作大师,囚禁期间,被安排制作钟表。在那个失去自由的地方,布克发现无论狱方采取什么高压手段,自己无论如何都不能制作出日误差低于 1/10 秒的钟表；而在入狱之前,在自家的作坊里,布克能轻松制造出误差低于 1/100 秒的钟表。为什么会出现这种情况呢？布克苦苦思索。

起先,布克以为是制造钟表的环境太差,后来布克越狱逃跑,又过上了自由的生活。在更糟糕的环境里,布克制造钟表的水准,竟然奇迹般地恢复了。此时,布克才发现真正影响钟表准确度的不是环境,而是制作钟表时的心情。

在布克的资料中,多玛斯发现了这么两段话："一个钟表匠在不满和愤懑中,要想圆满地完成制作钟表的 1200 道工序,是不可能的；在对抗和憎恨中,要精确地磨锉出一块钟表所需要的 254 个零件,更是比登天还难。"

正因为如此,布克才能大胆推断："金字塔这么浩大的工程,被建造得那么精细,各个环节被衔接得那么天衣无缝,建造者必定是一批怀有虔诚之心的自由人。难以想象,一群有懈怠行为和对抗思想的奴隶,绝不可能让金字塔的巨石之间连一片小小的刀片都插不进去。"

布克后来成为瑞士钟表业的奠基人与开创者。瑞士到现在仍然保持着布克的制表理念：不与那些强制工人工作或克扣工人工资的外国企业联合。他们认为那样的企业永远也造不出瑞士表。

也就是说：在过分指导和严格监管的地方,别指望有奇迹发生,因为人的能力,唯有在身心和谐的情况下,才能发挥到最佳水平。

借用布克的话语,真正影响学生成绩的不是环境,而是学生学习时的心情。在对抗和憎恨中,要精确地学习好语数外理化生史地政,更是比登天还难。

学习应该是快乐的,学化学更应该是快乐的。学化学的快乐就产生于实验。

高三总复习实验基本是重复过去做过的重要实验,对于这种简单重复的实验,学生们依然乐此不疲,认真完成规定的内容,与对待新课的态度是一致的。蛋白质的实验,学生自己提取面筋,在鸡皮上进行硝化实验,一边说着真恶心一边认真完成操作并记录现象。学生将实验带来的快乐放在第一位,无论是成功还是失败,实验给他们的快乐是他们永远不会忘怀的。正如这位学生的总结所说：

> 由于操作、试验设计和计算等出现问题，在要求的几个课题中都没有能够做出令人信服的结果。
>
> 在糖的性质与检验实验中，滴定法在数据和计算方面都有一些错误，并有很多可能出现大的误差的地方，比色法中因为浓度过大，机器不能读数。
>
> 在薯片热量的测定中，我在燃烧薯片时有极大的热量损失，使得误差达到几倍，也无法做出更精确的实验，即试验设计明显不足。
>
> 在从虾皮中提取壳聚糖的实验中，在过滤、洗涤中损失了大量的原料，无法得出相对精确的质量。
>
> 而在这一期课程中，在实验中，我在学习中获得了化学所独有的快乐。

这位学生非常的内向，甚至上课拒绝发言，而这篇"总结"是因为无法完成课程要求的课程分享而不得不写的情况说明，但是他道出了化学最受学生欢迎的原因，就是在实验中化学所独有的快乐。

很多化学知识是不能依靠口传身教来完成的，必须依靠实验，需要亲手来完成。至今有的老师还在说：我们那个时候现象就是靠想象的，为什么他们现在不行。过去艰苦的岁月不能成为让学生继续"艰苦"的理由。如果没有亲手做实验，如何分辨石蕊遇酸变红，酚酞遇碱变红这两种红色的差别？检验醛基的氧化亚铜砖红色沉淀和氢氧化铁红褐色沉淀有何差别？酚酞遇碱变红与滴定终点淡粉红色的差别，SO_2、NH_3、Cl_2 这几种刺激性气味的差别。

融雪剂一直是课堂上经常涉及的一个题目，大多停留在分析检测融雪剂的成分和对环境的影响。我们在课堂上将这个题目做了一个引申——冰雪在自来水和盐水中哪个溶解得快？自拟方法完成实验，学生课后在家自己完成。凭直觉，大多数学生认为盐水会溶解得快，可是学生观察到的现象是这样的——在盐水中的冰块溶解得慢，而在自来水中溶解得快。问题发生在哪？经过进一步实验研究发现，由于盐水密度大，不利于水分子扩散，形成上层水、下层盐水的分层现象，并且冰盐混合温度下降，更不利于溶解，而自来水和冰就没有这个问题，冰融化后的水和自来水密度一致，反而融化得快。事情还没有完结，既然发现了这个问题，环卫部门常规使用融雪剂的方法就是直接在雪上撒融雪剂，这种方法是否值得改进，应该如何改进？遗憾的是没能够通过实验检验学生的几种设想。一节非常枯燥的理论课，演变为一节实验课，学生从中得到了快乐，收获了知识和能力，虽然留下少许的遗憾，却可能会在今后收获更大的果实。

希望学生不再被理想、符号、词语所裹挟，而是直接和世界肌肤接触，闻见世界的味道和气息,触摸到它的柔软和质地,以其所见所闻去领会一个自己独有的世界,而不是教师赋予的世界。在学生认知这个世界的过程中,他的深刻的洞察力、领悟力都会得到充分的发挥。教育的意义是从孩提时代开始就不要去模仿任何人,永远都做你自己,是一个发现自我并创造自我的过程。

我们教师在上实验课的时候,经常会遇到这样的学生,拿起试管问:"老师,这个实验现象对吗?"

我曾经遇到这样一个案例,学生找我要求做一个探究实验——检验松花蛋中含有的铅离子。因为网络、社会、教师都在说松花蛋中有铅,不能多吃。当时我就给予否定,理由是松花蛋中根本就没有铅。学生大为不解,其实是不信,该学生又辗转找到其他老师,最后还是在其他老师的辅导下做了这个检测,结果其几个样品都检验不出铅的存在,就连他的辅导老师都很诧异,铅哪里去了!?其实铅根本就不存在。确实,中国传统的松花蛋加工方法需要用到含铅的物质,早在20世纪80年代,国家标准修订时已经明确禁止在制作松花蛋时使用含铅添加剂,所以只要是从正常渠道购买合法生产的松花蛋根本不可能含有铅。2015年,一个著名超市销售松花蛋时宣传的是无铅松花蛋,结果被一个有心人购买后送专业实验室进行痕量检测,最终检测到铅含量仅为0.07mg/kg,因此就不能说无铅,经诉讼,消费者获得三倍赔偿。这个案例再次说明,松花蛋生产环节没有铅添加,但是自然界中说绝对不含是不可能,试想,0.07mg/kg的含量,中学实验条件怎么可能检测出来,老师和学生都被考试所束缚,沉溺于习题集中,连生活中的一些基本常识都停留在几十年前。这是解放、鼓励学生吗?就如同因为看到硫酸钠中的硫酸两个字就认为硫酸钠显酸性一样荒诞。而现实生活中食盐添加抗结剂亚铁氰化钾被很多人当作剧毒品。当然,学生在实验中同样收获了知识、技能和快乐。

学生对自己的任课老师是非常崇拜的,老师的一言一行对学生都会产生重大而深远的影响,解放学生首先要解放老师的思想,老师首先要有一个科学的态度,具备科学的基本素养,更要紧跟时代的步伐,尤其是学科进步的脚步。

现在仍然有一些老师动辄就提到98%的浓硫酸,然而十多年前的国家标准就将浓硫酸的标准由98%以上改为95%~98%(见图1-3),所以现在市场上基本买不到浓度98%的硫酸,就更不用提使用98%硫酸来进行实验。虽然只

图1-3 硫酸标签

有这不到 3% 的差别，很多性质就发生了少许变化，例如脱水性明显下降，黏稠度下降，但主要化学性质不变，而最大的好处就是一旦溅落在身上，其腐蚀性下降，给人们清洗、施救争取了更多的宝贵时间。

身为教师，就更需要加强学习，关注新知识同时注意知识之间的关联，在阅读实验内容尤其是实验题的时候，更要亲自实验验证，不要想当然，很多我们老师以为正确的其实是错误的。例如，有这样一个实验题，利用硝酸铅制备黄色染料铬铅黄，题目最后有一个思考题，能否用氯化铅代替硝酸铅做原料，标准答案是不能，因为氯化铅不溶于水。笔者对这个论断表示怀疑，使用氯化铅试做了一遍，完全可以得到产品，只是产品的产量比用硝酸铅少一些，减少的质量大多会被学生当作误差。分析其原因，氯化铅虽然不溶于水，但因为沉淀溶解平衡的存在，氯化铅最终还是会慢慢参加反应。

随着社会的进步，知识不断地更新，现代化的教学工具不断普及，然而大多数学生和老师仍然把自己禁锢在旧的体系中。让我做和我要做一字之差，天地之别。老师们多抽出一点点时间，看一些文献，对自己和学生都是一种解放。

现在很多老师和家长热衷于各种"班"，总说孩子们不能输在起跑线上，然而人生是场什么比赛呢？其实一场运动有各种比赛，每个人也各有所长，一个适合跳高的运动员将其束缚在跑道上，他能取得什么样的成绩？

还是那句话：在过分指导和严格监管的地方，别指望有奇迹发生，因为人的能力，唯有在身心和谐的情况下，才能发挥到最佳水平。而化学学科在这方面的优势得以体现，多彩的实验不仅吸引着学生的目光和灵感，更吸引着他们的思想。

参考文献

[1] 宋心琦. 再谈中学化学实验教学改革. 化学教学, 2013.3.

[2] 何鹏, 郑长龙. 化学课堂教学行为特征解析. 化学教育, 2014.3.

[3] 吴俊明. 发展化学实验教学研究需要大智慧. 化学教学, 2013.2.

[4] 谷莹莹. 常态化科学探究中的科学思维及其核心价值. 中学化学教学参考, 2014.4.

[5] 余慧娟. 透视科学探究性学习. 人民教育, 2002.9.

[6] 毕华林, 亓英丽. 高中新课程教师教育系列教材：高中化学新课程教学论. 北京：高等教育出版社, 2005.

[7] 黄文君. 创设条件 经历探究 体会科研. 教学仪器与实验, 2014.8.

[8] 曹葵, 牛桓云. 探究课程设计要突出控制变量思维. 中学化学教学参考, 2015（Z1）：33-35.

[9] 郑长龙. 化学实验课程与教学论. 北京：高等教育出版社, 2009.8.

第二章

化学实验中的科学方法论

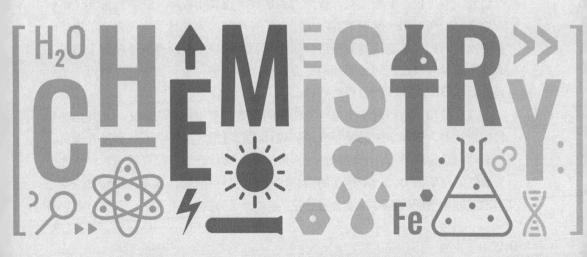

化学作为一门自然科学，科学方法在化学学科的发展中起到了不可估量的作用，在教学中我们经常使用的控制变量法就是最典型的科学方法之一，已经成为中高考重要的考点。不重视科学方法，不仅仅是考试失分，在化学教学中如果脱离科学方法的教育，对学科的本质理解就会出现偏差。

白春礼教授曾经说过，教育的核心是培养学生的思考方法和精神生活习惯，不是知识本身，而是知识渗透后的行为素养；不是技能本身，而是技能养成习惯后的创新能力；不是人文本身，而是人文启蒙后的理性的求真精神。皮尔逊则在100多年前就提出：就科学对于实际生活的价值而言，是它在方法上所提供的有效训练。可以说，科学方法论在这方面都起到了重要的作用，科学方法是一种思考方法，是一种技能，更是创新的基础。

我国应试教育的影响颇深，其实不仅仅体现在简单的做题上，而是我们的整个思考方式属于应试模式。我们的学生缺乏基本的逻辑思维能力，在大众创新万众创业的背景下，大多数学生没有能力进行创新。我们的教师同样在应试背景下成长起来，不但在中学是在应试模式下成长，在大学本科阶段也同样是应试模式，到了研究生阶段仍然是应试，只不过不再应付简单性笔答考试，而是应对导师操作性课题的考试，为了完成任务而完成，也普遍缺乏创造性思维，在科学、合理、有效率的思考方面缺乏基本的训练，仅仅能够完成限定内容的简单研究，这就不奇怪为什么有大学教师发牢骚：现在的研究生一届不如一届，做实验不知道空白试验，不知道平行对比实验，不知道随机分组，不知道归纳总结，不知道重复实验……他们走到中学教学工作岗位之后，如果带领学生进行研究性学习，除了自己博士或者硕士阶段研究的课题之外就不会进行研究了，离开了精密仪器就不会"研究"了，只具备将学生带到自己上学时的实验室做实验的能力，在中学现有条件的研究既不能解决问题，更不能发现问题，这不是研究，而仅仅是能做实验。曾经遇到这样一位青年教师，在学校带学生做研究性学习，高二第一学期带着学生经历了各种学习，并且学生也提交了规范的开题报告，第二学期该做实验进行研究了，才发现学校没有条件做这个题目，而这个题目与自己读博士期间的专业有很大的差别，没有资源可以利用，最后只能要求学生改题，把课程敷衍过去了。

现今阶段，适当对学生进行方法论的教育具有很重要的意义。尤其是在现代网络社会，很多学生已经养成了依赖百度的习惯，动不动就从百度查资料，当老师问及资料来源，一般都是说百度查的，而缺乏对百度资料来源科学性与准确性的判断能力。一个错误的信息比没有信息更糟糕。首先，研究方法论是理论发展和创新的需要，没有方法论的指导，研究就会走弯路；其次，掌握科学的方法论，可以更合理更有效地提高研究能力；最后，学生通过方法论的学习和运用可以培养和提高科学思维水平。

为了后续阐述方便，首先将有关化学学科的科学方法做个简单的回顾。

第一节　一般科学方法论及其演化

方法论的专门研究在西方已经有了几百年的历史。也正是方法论研究彻底改变了人们的思维方式，使得科学和技术有了发展的基础。这才有了工业革命以及现代科学技术的快速进步。

什么是方法论？《辞海》（1989版）的解释为：关于认识世界和改造世界的根本方法的指导。我国科学家现在给出的一般定义为从认识论角度总结认识世界、改造世界的经验，探索各种方法的性质和作用及方法之间的相互联系，概括出关于方法的规律性知识。韦伯斯特大字典的定义为：一门学科所使用的主要方法、规则和基本原理；对特定领域中关于探索的原则与程序的一种分析。韦氏词典（1968版）定义：方法的科学或者方法的有序安排；特别是与科学探索和哲学探索的推论原理应用有关的逻辑学分支；任何特定科学中的方法体系。

学习方法论可以改变人们的思维方式与方法，提高思维效率，是形成新的科学知识并被检验证实的手段，是能够和其他人对话的科学语言。在某一学科中，方法论形成了该学科进行推理所依据的一致同意或公认的规则。人们一般总说历史不会重演，但是对于科学来说，历史必须重演，而方法论就是做到重演历史的依据。

一、归纳和演绎

人类在生活实践中最早总结和使用的科学方法论就是归纳和演绎。

归纳就是从经验出发，通过对大量个别现象的观察，概括出具有普遍性或者一般性的结论。演绎是从一般原理或者理论出发，通过逻辑推论来解释具体的事件或者现象。

归纳是从特殊到一般，从个别到共性，从具体到抽象，从经验到理论。

归纳有很多种形式，在形式逻辑中分为完全归纳和不完全归纳。完全归纳是从全部对象中得出关于全部对象的一般结论。例如，数学中三角形内角和为180°。所有直角三角形内角和都是180°，而后发现锐角三角形内角和为180°，最后发现钝角三角形内角和也是180°，三角形的三种类型的内角和都是180°。所以三角形内角和为180°。

不完全归纳则是从几个现象出发，总结出一般性的结论。它又分为简单枚举法和科学归纳法。例如我们发现碱金属族具有相似的性质，而后发现卤素具有相似的性质，因此，我们认为同一主族具有相似的化学性质，这就是简单枚举，它是根据部分对象具有的某种本质特点和因果关系概括出来的推理方法。而科学归纳法则是根据某一门类的一部分对象的本质属性和因果关系的研究，也就是从事物的因果关系中揭示事物的必然联系，得出这一类事物一般性的结论。气体摩尔体积就属于科学归纳法，当时发现很多气体一摩尔时的体积差不多都是22.4L，科学家发现了这个规律之后，从理论上进行研究和分析，最终确定一摩尔气体的体积为22.4L。科学归纳法概括起来有求同法，也就是从不同场合中找到相同的因素；存异法，也就是在不同中找到因果关系；公用法就是将求同法和存异法结合起来寻找因果关系；残余法则是在一组复杂的现象中减去已知因果联系的内容，在其他现象中寻找原因；共变法是在某一现象变化引起的另一个现象变化中找出两个现象之间的因果关系。在我们实际生活中，求同法和存异法是使用最广泛的两种方法。

元素周期表的发现过程就是一次不同归纳法的擂台。每一个周期表都是依据归纳法进行总结的成果，最开始仅仅发现几组具有相似性质的元素，并且进行分类，这就是简单枚举求同法；而后有学者发现这些规律变化与分子量存在着叠加关系，这个过程就是共变法；最后门捷列夫抛弃简单的分子量排序法，而主要依据性质规律进行研究最终发现了流传至今的元素周期律，这就是残余法和存异法的综合运用。

归纳法在科学进步的历史上起到了基础性的作用，但是其也有局限。它只能依据已经具有的现象进行总结，不能穷尽所有的事物，它是以直观感性经验为基础的，不能揭露事物的本质，我们看到的是现象，而现象背后的本质是无法归纳的。例如最早当人类看到物质燃烧有火焰，就认为所有的物质燃烧都有火焰，而没能认清火焰只是气体燃烧的现象。

演绎法是从一般到个别的推理方法，是用已知一般原理推导有关现象、结论的方法。例如当我们发现一个物体有金属光泽，一般直觉都会认为这个物体是金属，这个过程就是一次演绎的过程。

演绎的过程就是一个推理的过程，是一个三段论形式，也就是由大前提、小前提和结论三部分组成。大前提是已知的一般性结论，小前提是研究的特定场合，结论则是将特殊场合归结到一般原理的新知识。例如刚刚提到的金属特性推导过程就是一个三段论过程，大前提是金属都有光泽，小前提是看到的物体有光泽，结论是这个物体是金属。一个三段论其前提一定是一般性定论，而结论是个别性的。

人们在进行科学研究时演绎法起到了关键性的作用，是科学研究的重要环节和推导基础。门捷列夫周期表的成功就在于其具备了演绎功能，能够从其一般性规律中推导出新的内容，并且新内容准确无误。

演绎法也不是完美无缺，在推导的过程中所依赖的两个前提不能错误，一旦出现问题就会导致结论错误。前面提到的金属推导过程就存在问题，金属都有光泽但是有光泽并不一定就是金属。这个前提的错误导致结论可能错误。简单机械地使用三段论就会导致错误结论，尤其是三段论推导过程容易出现偷换概念的问题。并且三段论大前提、小前提不能自身证明自己的正确性。

归纳和演绎这两种方法既互相区别、互相对立，同时又是互相联系和互相补充的。归纳是演绎的基础，演绎的一般知识来源于归纳。演绎是归纳的指导，归纳本身其归纳的思想其实是另一个演绎的结果。达尔文不是单纯地依靠自己观察就归纳提出了进化论，而是在前人拉马克进化思想的基础上，结合地球上历史的变迁，才最终形成了其完整的进化论思想，是利用拉马克思想进行演绎，进而在自己新的观察记录基础上进行新的归纳。

笛卡尔（图 2-1）是现代哲学的奠基人，其在建立自己的哲学体系的时候，同时创立了理性演绎法，并利用这个方法创建了解析几何。该理论的主要规则是：

第一，除了清楚明白的观念外，绝不接受其他任何东西，换句话说，就是绝不把任何没有明确认识为真的东西当作真的。现在学生经常犯这类的错误，学生经常说这是老师说的，这是某某说的，甚至说这是网上说的。对于学生来说，只要是老师说的，就是真的、对的，而忽视对这些结论来源可信度的评判。语文课最经常用的名言论证法就属于此类。

第二，必须从简单到复杂，按照次序引导思想，从最简单、最容易的认识对象开始，逐

图 2-1 笛卡尔

步上升到复杂对象。现在教学中普遍习惯于进行超前教育,例如很多老师喜欢将高考试题下放到高一进行练习,美其名曰能力训练,其实是拔苗助长,绝大部分学生的思维容量达不到综合性思维的高度。

第三,必须将每一个问题分解为若干的细小部分处理,细小到能圆满解决为止。例如讲解勒夏特列原理时,必须将其分解为各种情况分别分析,最后汇总成一句话——勒夏特列原理。

第四,把一切情形尽量完整地列举出来,尽量普遍地加以审视,彻底检查,确保没有遗漏。

二、实证主义方法论

19世纪中叶,以牛顿力学为代表的科学技术快速发展和进步,英法两国在科学和技术上取得巨大突破,例如连续发现新的化学元素,同时电磁学、热力学、有机化学也在这一时期建立起来,科学研究已经不再是一个个体的兴趣与爱好,而成为整个社会的研究重心。在这期间,为了争夺科学研究新发现,研究技术不断发展,学科不断分离独立,研究越来越专门化。一些研究技术至今为我们所用,化学光谱学在那个时期出现了萌芽,电解技术得到充分应用。就在这个背景下,大学、研究所、科学院体制得以建立和不断完善,至今全世界都在延续这个科学研究体制。而几乎同期,实证主义方法论也成为科学主义思潮中的开创性的流派。

实证主义在方法论上的主要观点可以归结为以下几点:第一,科学研究要具体化。实证主义认为科学是将世界分门别类进行研究的,科学研究的对象是具体的、特殊的物质运动,因此科学理论一般只提出和设法解决现实对象的有限理性问题,而不涉及无限和永恒的问题。第二,科学研究要经验化。认为经验是科学研究的逻辑起点,同时也是逻辑展开和逻辑归宿。科学观察与实验从经验开始,科学的认识论应具有经验意义,也就是说理论的获得离不开经验,理论的检验也应该以经验为标准。第三,科学研究要精细化。科学研究的结论要具体,要定量,要用公式、数据、图表来表示。第四,科学研究要坚持可检验性。一种理论或假说只有具有可检验性才能成为科学,凡是不能检验的就无法判断真伪,也就不是科学。这四条基本原则,至今仍然是判断科学研究的基本标准,也是对学生进行基本科学素养教育的基本要求,是老师和学生进行科学研究时的底线。

实证主义四项要求中可检验性是科学研究历史上第一次被提出来，具有非凡的意义。大家都知道的比萨斜塔实验，不管真伪，这是第一次将科学检验记载在历史书中。可检验性的提出具有三个意义。第一，可检验性依靠科学试验。科学试验是人们根据一定的科学研究目的，运用一定物质手段在人为控制的条件下检验理论以获得科学研究结论的方法。从此科学再也不是思维的推演而成为事实。第二，科学研究要得出理论，需要借助于假说，而可检验性为假说变为科学理论提供了一个基本的方法论原理。假说是根据已知的科学事实和原理，对研究的新的现象或者问题提出的一种假定性的推测和说明，它是科学思维的一种重要方式，因为具有猜测性，因此以前的各种假说由于没有时间检验已知仅仅是假说，同时，也为今后提出新的假说提出了理论要求，一个假说首先要在逻辑上经得起推敲，同时还要在实验中得到验证。第三，可检验性是科学发现获得社会承认的基本条件。在过去的科学研究历史上，理论仅仅是理论，现在必须经得起检验，理论的功能不仅仅是解释，同时也成为预言未来的实验事实，尤其当时对物理学、天文学、数学、生物学产生了极大的影响。例如对太阳系行星的发现就是理论推演而后试验观察，最后发现了海王星、冥王星。

恩斯特·马赫是第二代实证主义的代表人物。他的主要观点可以概括为四个论点：感觉一元论、中立要素论、语言符号论、科学实践论。

在马赫提出的科学实证论中，他首次提出知识与证实不可分，经得起事实验证的知识才是真正的知识，人只能有经验的知识，所以科学研究或者科学知识也只能停留在经验范围之内。然而只在经验范围之内还不能解决知识的正误或真伪问题，人们的知识还必须以事实来验证。

与马赫基本同时代的法国数学家和物理学家彭加勒通过自己对数学和物理学的研究，也在科学方法论上提出了独到的见解。其先后在1902年、1905年、1908年出版了三部关于方法论的著作《科学与假设》《科学的价值》《科学与方法》。例如，他写道：值得加以研究的数学事实是这样一些事实，通过它们与其他事实的比较，能够使我们了解数学定律。正像实验事实导致我们了解物理学定律一样，它们向我们揭示事实之间意料之外的关系事实，我们虽然早就知道其他事实，但却错误地认为它们彼此之间是陌生人。他更是提出发明就是选择。由于事实的数目是无限的，我们不能了解所有事实，选择是必要的。科学理论不是客观事实的反映，而是根据简单性原理制订出来的假设，假设是科学家的一种约定，科学理论是科学家为了方便有用而约定的假说，它的"真"不取决于客观的实践经验，而取决于科学家的约定。

约定论成为彭加勒的一大哲学创造，这一理论也是他创造出来的综合实在论，为现代科学技术的发展铺平了思想上的道路。从此，科学就不再是科学哲学，摆脱了哲学的羁绊，快步走向了现代科学之路。

也正是当时学科还没有像现在这样细分，学者们都是同时研究多门类的科学，才缔造了科学方法论的巨大进步。

到了 20 世纪初叶，自然科学革命的两大成果，相对论和量子力学再次彻底改变了人们在传统经典物理学思想束缚下的思维方式，开创了现代物理学的新型思维，同时也带动了化学、生物学等其他学科的思维转变。人类研究物质不再是停留在物质表面，而是深入到物质内部。化学的研究也在这个背景之下，从宏观世界向微观世界深入。化学学科不再是简单的方程式，而是开始注重反应机理研究，学科不断细分，往抽象化、逻辑化、物理化的方向发展，发展至今，物理与化学的边界正在逐步互相渗透。

从此，实证主义将命题分为综合命题（又叫作经验命题）和分析命题（又叫作逻辑命题），分析命题是根据逻辑推理得到的，而综合命题则是依赖经验科学而来。由于命题建立在经验事实的基础之上，其真假可以通过经验予以证实，因此具有经验意义。逻辑实证主义把确定综合命题是否有意义作为标准。而证实原则是一个命题是否有意义，是否是一个经验科学的命题，就是看有无方法用经验去证实或否定，而一个命题的意义自然就是在于证实它的方法。

方法论与当时的科学进步是密切相关的，当时的物理学最大的突破就是相对论，高度抽象高度依赖数学模型，突破原来物理学研究的桎梏。而同期的化学学科也发生了同样的变化，物理化学完全独立出来，用数学方法揭示了很多依赖传统化学实验不能解释的现象背后的秘密。

三、证伪主义方法论

广义相对论推翻了牛顿力学对传统物理学两个世纪的统治，爱因斯坦并不认为自己的成就有多伟大，他说相对论依然是通向更好理论的一个过渡环节。爱因斯坦认为，理论一旦被否定，不管它在逻辑上如何自圆其说，都要坚决放弃，爱因斯坦还为自己的相对论设计了更为严格的检验方案。

波普尔（图 2-2）就是在这个时代成长起来的，并且提出了一系列科学方法论的理论。《知识理论的两个逻辑》《研究的逻辑》《科学发现的逻辑》《猜想与反驳》都是他的著作，到了 80 岁高龄又出版《实在论与科学目的》，科学方法论走入证伪时代。

波普尔提出，科学与非科学的本质区别就在于经验上的可证伪，而不是有没有意义。他提出了证伪主义基本原则：科学理论或者命题不可能被经验证实，而只能被经验证伪。因为任何科学理论都具有普遍有效性，任何科学陈述都必须是普遍陈述或者全称陈述，但经验观察的仅仅是具体事物，经验所证实的只是个别或者单称陈述，而个别不能通过归纳法上升为一般，所以经验也不能通过证实个别而证实一般。

图2-2　波普尔

波普尔根据他提出的证伪原则，对什么是科学进行了划分，一切知识命题只有被经验证伪的才是科学，否则就是非科学。这里所说的是逻辑性的可证伪，也就是说，逻辑上不能证伪的，永远绝对正确的理论或者命题都是非科学的。举一个生物学的例子，DNA复制在遗传过程中按照传统实验认为是在分裂的第一步，然而最新的研究发现，人们多年的认识是错误的，或者叫作不准确的，因为确实有少数DNA复制不是发生在有丝分裂第一步。原来的观点已经被证伪，教科书将重新修订。再举DNA一例，最早人们认为只有DNA才能复制DNA，可是后来的实验发现RNA也能复制成DNA，原来的理论又被证伪。再例如核外电子排布规律的研究过程，最初人们发现电子必须排满内层才能排外层，后来发现有的原子核外电子排布异常，原来的理论被证伪，这才提出了能级交错理论，而后又发现了异常排布，理论再次被证伪，洪特提出了洪特规则对这一异常现象进行了解释，可是后来再次出现异常，不得不用洪特规则特例进行解释。每一次理论的进步都是对原来理论的一次证伪。

波普尔还指出，他自己提出的证伪标准既不是从先验的意义上必须被接受，也不是从客观上的意义上必须采纳，相反，它只能被看作对于一个协定或协议的建议，这个建议也应该是可以被批评和证伪的。波普尔设计了几种可能的批评来进行分析说明。对于可证伪划界标准设计的第一种批评是：科学理论应给我们肯定的信息，一个科学陈述所表达的信息越大，其价值就越高，同时它就越容易同可能的简单陈述相冲突，从而越容易被反驳和证伪。第二种批评意见是人们用以反对可证实的意见，同样可以用来作为反对可证伪的原则，可证实与可证伪在逻辑上是不对称的，从简单陈述的真或者可证实性，不能推导出全称陈述的真和可证实性。然而从简单陈述的假或者可证伪,就必然能推导出全称陈述的假和可证伪。

波普尔认为现代科学理论不但不能用有意义和有价值去形容,也不能用正确和真理去形容,科学理论都只是暂时性的,还没有被证伪的假设,否定其可能被证伪,就是否定未来的科学进步,等于是迷信。打个比方,羊都是白的是人们认知的基本理论,然而只要出现一只黑羊,原来的理论就是错误的。波普尔的这一观点,为将来科学的不断发展给出了哲学解释。如前面提到的核外电子排布规律发展历史,就在这一次次的证伪过程中,人们对电子排布规律有了越来越深的认识,而认清电子排布规律才能更好地揭示化学变化的本质与机理,随着第七周期被填满,第八周期元素会不会出现新的规律,等待科学理论的进一步发展。

证伪主义至少存在两个不可超越的优点,第一科学理论表达一般为全称判断,而经验一般是个别判断。所以经验可以用来证伪科学理论,如白羊与黑羊。第二证伪主义可以避免错误理论成为教条,按照传统的实证主义,一旦出现与理论相违背的经验,只能用特例进行解释,洪特规则及其特例,实际上,这样的设定往往是极不科学的,所有的科学理论都只是猜测和假说,都不会证实,但最终会被证伪。也就是说,科学的进步就是对以前的理论不断证伪,艰难前行。洪特规则及其特例未来也将被重新书写。

当波普尔提出这一貌似反潮流理论的时候,却赢得了很多科学家的大力支持与肯定。爱因斯坦、薛定谔、波尔都是该理论坚定的拥趸者。波普尔这个独特的思想,带动了思想史上一次重大的转折,使得这个当时一度被认为是异端的学说,成为今天的常识。从此改变了人们的科学观、历史观。

按照波普尔的观点,证伪条件越严格,就越容易发生意外,从理论上否定的可能性就越大。一个理论通用性越强,也就越容易被证伪。波普尔在其《历史主义的贫困》一书宣布:"所有的理论或一般化的科学都应该采用相同的方法论,不管它们是自然科学还是社会科学。"由此打通了社会科学和自然科学方法论的藩篱。

波普尔通过对归纳的分析,推导出自己的科学发展建构模式——猜想与反驳。波普尔认为,猜想和反驳要包括四个环节:第一步是提出问题,科学只能以问题开始,问题是科学发展模式的逻辑起点;第二步是针对问题提出各种大胆的猜测,即理论;第三步是在各种理论之间展开激烈的争论和批判,并接受观察和实验的检验,从中筛选出真实性较高的新理论;第四步是新理论被科学技术的进一步发展所证伪,又提出新的问题。这四个环节构成了波普尔科学进化逻辑和知识增长模式，是其科学方法论的核心。而这个过程不正是现在探究实验要求的过程吗？

按照波普尔的观点，人们不是单纯被动等待经验事实，并将规则强加在自己的头脑中，而是主动地试图把猜测的规则强加给对象，用自己发现的规律解释世界。人们不是等到有了充分的证据之后才有结论，而是不等前提就直接跳到了结论，这个结论如果被观察证明是错误的，就放弃自己原来的结论并做出新的猜想。例如：人们最初认为有机物和无机物是两个不同的物质体系，不能实现转化，而人工合成尿素，否定了过去的结论，让人们有了新的认识。

证伪主义的方法简单地说就是试错，试错法对理论的修正是没有止境的，试错法的结果只能是不断产生一个较好的假说，但不是最好的假说，最好的假说就是终极真理，是和科学精神相违背的，也与证伪的观点抵触。也就是中国人常说的只有更好，没有最好。我们永远是越来越接近真理。

把科学方法作为一个可以在科学中导致成功的手段是不可取的，没有达到成功的捷径和窍门。

四、历史主义方法论

历史迈入20世纪50年代，自然科学和社会科学不断发展、不断相互渗透，一些新的科学分支不断涌现并且成熟起来。而方法论也出现了新的流派——历史主义方法论。

历史主义认为科学哲学不会寻找出一个永恒的普遍有效的方法论，因为科学本身就是历史的，是发展变化的，方法论也就必然要跟随科学内容不断地变化，任何方法论都有着一定的历史局限性，对科学理论的评价、证实、证伪也应该放在整个科学历史的联系之中进行，甚至是放在整个人类的文化发展历史中去思考。科学与科学是结合，要把科学研究纳入科学历史和文化过程中，使哲学分离科学的功能转化为综合科学到文化中去。

历史主义认为，科学理论不应是传统的经验归纳，而应该是经验材料的建构。历史主义放弃了人们一直使用的理性方法论原则，主张用社会心理学来解释学科发展与进步。科学理论不是真理性知识，而只能是一种信念，科学理论的检验离不开非理性因素的作用，非理性是非逻辑规则性的行为方式，是科学思维的一种重要形式。科学思维主要还是模式思维，就是知识内在的规则性思维，非理性思维是出现在模式思维边缘的一种思维方式。

科学有两种性质截然不同的形式，一种是描述性科学，主要是描述和记录各种实验现象和经验，并不能创立任何理论，而仅仅是为了创立理论积累一些材料；另一种是解释科学，他对经验材料进行系统化的解释。与此相对应，科学有两种完全不同的发现，自然史的发现和理论科学的发现。自然史的发现是新的事实和材料的发现，是积累经验材料的方法。理论科学发现的方法是建构的方法，是一种图像推理的方法。

图2-3　库恩

库恩（图2-3）是美国现代著名科学家和科学史学者，是历史主义学派最重要的代表人物。库恩在其《科学革命的结构》一书中完成了其理论体系的建设。他提出不能把科学研究限制在各种知识组分之间的逻辑关系领域，科学研究要和人、社会和历史诸因素紧密结合起来，科学是人类的社会活动，是一定社会集团按照一套公认的理念所进行的专业活动。他还特别强调要把科学看作一种具有社会建制的互动的社会过程。而所谓的建制就是指有组织，它通常被用于表示一种社会的模式或者安排，科学作为一种社会建制或社会组织的基础和核心，是由科学家队伍构成的科学共同体。科学共同体一般是把全社会从事科学研究的科学家作为一个具有共同信念、共同价值观、共同规范的社会群体。库恩认为科学的发展实际上是一个进化与革命、积累与飞跃、连续与间断的不断交替过程，科学发展的社会组织基础是科学共同体，这种组织具有主体特征。

库恩第一次在方法论中引用"范式"这个概念，也就是一种特定的思维方式，是指导科学共同进行研究的纲领或者叫作行为准则。

范式在科学理论的形成和发展中起着非常重要的作用。范式的存在能使人们按照相同的模式运用能够认可与理解的方式进行研究、交流。

在两种思维方式或两种常规科学之间，因为相互具有不相容的概念和术语，这两个学科之间在逻辑上互不相通，就如同水相与有机相分层一样，互不相溶。这就导致科学门类之间的发展互相掣肘。因此各个学科范式的一致性也成为必然。在科学革命过程中，科学家在不同范式的指引下将会采用不同的观察与分析方法。

常规科学是科学发展的相对稳定时期，是科学发展的两边阶段。在这个时期，科学稳定发展，新获得知识不断渗透到原有的知识中，理论、概念的内涵外延都在丰富与扩大，随着科学的进步，原来常规科学解释不了的新现象会不断出现，当不能解释的越来越多，科学革命就要开始了。

库恩提出：科学革命是科学发展的非积累事件。旧的范式全部或者部分被一个新的范式所取代，当新范式逐步确立了自己在科学领域的地位，科学就进入到又一个相对稳定的常规科学时期。科学革命和政治革命有同样的特征，政治革命是从旧制度开始，科学革命是从旧范式开始。政治革命是清除旧制度，科学革命是清除旧范式。库恩将量变、质变、肯定、否定、渐进、革命这些对立起来的因素统一在了一起，也符合科学发展的历史与现状。

而在其后的拉卡托斯则在这个基础上进一步提出，科学作为一种理论，它最基本的单元不是孤立的理论或者命题，而是科学研究纲领，也就是由一些方法论相互联系，共同构成的严密的、有内在结构的、完整的理论体系，而所有科学研究的纲领都是由四个部分组成：硬核、保护带、正面启发法和反面启发法。

硬核是一个纲领不同于其他纲领的本质特征，是科学研究纲领发展的基础，是不容改变和反驳的，其一旦动摇，整个科学纲领的基础就动摇了。例如，旧化学的硬核就是燃素，而拉瓦锡实验推翻了燃素理论，这才引领化学走向新的高度。

保护带由许多辅助性的假说构成，其任务就是保护硬核不受到伤害，不能被证伪。一旦出现攻击硬核的问题，就将通过就该假说的方法克服这些攻击。

正面启发法和反面启发法则是最外层的保护措施。正面启发法是一种积极的鼓励，指导科学家不断完善和发展。反面启发法则是一种方法论上的禁止性规定，避免将矛头指向硬核。

可以说现代化学学科的核心内核是原子构成，围绕着的原子构成形成了诸如氧化还原理论、价键理论，而正面启发法则是一系列物质性质的研究规律与方法。

一个科学领域会存在相互竞争的研究纲领，拉卡托斯将其分为进步的、停滞的、退步的三种，一个理论是否是科学理论，不是看它是或否得到经验的证实或证伪，而是看其是否进步。而是否进步的标准就是看其能否不断预测新的事实。科学革命就是新的纲领替代旧的纲领。

第二节　科学方法论在化学实验中的运用

化学实验、化学研究性实验需要在一定的理论指导之下进行，该理论不仅仅是知识理论还包括科学方法论的理论。如果没有理论的支持和帮助，研究就会事倍功半，盲目实验很多情况就属于"乱试"的阶段，做了很多无效劳动。例如实验课题"氯酸钾制氧气最佳催化剂的选择与比例的研究"实验中，很多同学就是每次增加 0.1g 催化剂。而这种方法是非常无效的，例如如果实验中选定氯酸钾的质量为 4g，假定实验中发现 1.2g 是最佳比例，从出现最佳点而后确定数据出现拐点，整个实验过程就需要 15 个以上的数据，实验数据量非常大，而 0.6g、0.7g 两组实验数据之间能有多大的差距？实验中还会出现测量误差，能不能就因为这一点点的差距就确定结果？这都值得商榷。因此实验中选择一个适当的实验方案非常重要，可以有效地提高实验效率，减少实验的次数。

一、传统的科学方法论

提高科学方法论，人们最初总结了三组方法，它们是比较与分类、归纳与演绎、分析与综合。其中归纳与演绎前面已有介绍，这里不再赘述。

比较与分类就是要认识事物，首先要区分事物，要判断就必须有比较，这是两种最基本的逻辑方法。比较就是在不同事物之间找到它们的差异和共同点的逻辑方法。在科学研究中，运用比较可以揭示出不易直接观察到的事物运动和变化。比较最简单但是也应用最广泛；运用比较方法可以揭示事物发展的特色和规律；运用比较方法可以对事物进行定性鉴别和定量分析；比较方法是对科学理论的真理性进行验证的基本方法。比较方法的要点：真正的科学比较就是要在同中求异，在异中求同。

分类是在比较的基础上根据一定的标准对各种事物进行类别划分的逻辑方法，根据共同点和差异点进行分类。第一，分类可以在各种纷繁复杂的事物之间做出异同划分，使各种繁杂的材料条理化、系统化，从而为进一步的科学研究创造条件；第二，对事物的分类可以提高认识效率；第三，可以指导人们的未来的研究。分类必须根据统一标准，否则会出现逻辑错误；分类必须完整；分类必须按照一定的层次，否则层次混乱会造成逻辑错误；要根据本质分类而不是现象。

我们教学中最经常使用的就是比较和分类的方法。讲解周期律我们既要横向比较，又要纵向比较，比较之后进行分类，从而为后续的实验教学打基础。

分析与综合包括分析、综合两个环节。分析是把一个完整的对象分解为不同的方面和部分，把复杂的对象分解为各个简单的要素，并把这些部分或要素分别进行研究和认识的一种思维方法。将大的物体分解为各个部分研究是一种典型的分析方法。运用分析根据研究对象的不同，一般分为四个角度：①根据事物存在的性质进行分析，例如从分子角度；②从对象存在的空间结构进行分析；③从对象的时间结构进行分析；④根据对象的功能结构进行分析。分析是综合法使用的前提，局限在于容易只见树木不见森林。

综合方法就是寻求研究对象的各个部分、侧面、因素的内在联系，把对象的各个部分联系起来作为一个整体来加以研究的思维方法。综合方法运用可以根据对象的性质从空间和时间两个方面或横向和纵向两个方面来加以开展。空间的综合就是将分析所划分的对象的不同部分、不同方面、不同成分通过寻求在性质上的内在联系而把它们联系起来，并从理论上说明对象各部分的相互关系，然后形成对有关对象完整的认识和理解。而时间的综合就是按照对象不同时期的认识，按照事物规律自身历史发展的内在逻辑联系起来，形成对象整个历史发展的完整认识。

综合既是人类认识事物的重要方法，也是认识事物的目的，即使是同一事物，也总不能只是停留在研究某一方面的性质上面，而要综合起来找到各方面的联系，并形成对这个事物的完整认识之后，也才更有价值。综合方法可以把对对象零乱的认识组织成系统的认识，可以避免对对象认识的片面性和狭隘性。

这几种分析方法（见表2-1）不但在科学实验中可以运用，在社会科学中也广泛使用，是一种比较概括的说法，而对于科学技术而言，就需要更加具体的实验方法。

表 2-1 传统的科学实验方法

方法	教材中的运用	说明
等效法	（1）在"曹冲称象"中用石块等效替换大象 （2）在分析化学平衡时，经常使用等效平衡的方法进行分析	在研究过程中，将一个或多个量、装置或过程用另一个量、装置或过程来替代，得到同样的结论，这样的方法称为等效（替代）法，运用这样的方法可以使所要研究的问题简单化、直观化。如薯片案例中用乙醇燃烧热损耗代替薯片燃烧热损耗
理想模型	（1）分子、原子、晶体模型 （2）电子云模型，电子是不断运动的，运用其出现的概率	把复杂问题简单化，摒弃次要条件，抓住主要因素，对实际问题进行理想化处理，构建理想化的物理模型。在建立起理想化模型的基础上，有时为了更加形象地描述所要研究的现象和问题，还需要引入一些虚拟的内容，借此来形象、直观地表述物理情景。如薯片案例中必须坚定实验环境是个封闭环境，实验前后室温无变化
控制变量	（1）初中研究金属活动顺序时，不同金属应该形状大小相似 （2）研究燃烧条件时，红磷、白磷的实验条件相同	在研究时，某一量往往受几个不同因素的影响，为了确定各个不同量之间的关系，就需要控制某些量，使其固定不变，改变某一个量，看所研究的量与该量之间的关系。在很多探究性实验中经常用到此法。如薯片案例中要使被加热的水上升到相同温度
实验推理	浓硝酸在光照条件下变黄，说明浓硝酸不稳定，有有色物质生成，该物质能溶于浓硝酸	实验推理法以大量的可靠的事实为基础，以真实的实验为原型，通过合理的推理得出结论，深刻地揭示物理规律的本质，是物理学研究的一种重要的思想方法。如薯片案例中实测薯片热值为 5.4kcal/g，与碳水化合物的理论值 4 kcal/g 比对，进而推断薯片热值较高
转化法	分子运动看不见、摸不着，不好研究，但可以通过研究扩散现象认识它	研究时，有时需要研究看不见的物质（如电流、分子、力、磁场），这时就必须将研究的方向转移到由该物质产生的各种可见的效应、效果上，由此来分析、研究该物质的存在、大小等情况，这种研究方法称为转化法。转换法作为一种思维方式也时常在分析、解决问题时应用到。如薯片案例中将薯片的热值转化为燃烧热
类比法	铝和硅都具有两性，可以根据铝与碱的化学方程式写出硅与碱的化学方程式	用具体的、有形的、人们所熟知的事物来类比要说明的那些抽象的、无形的、陌生的事物。通过类比，使人们对所要揭示的事物有一个直接的、具体的、形象认识，找出类似的规律。例如薯片案例中直接测量薯片燃烧热有难度，故用乙醇进行类比

注：薯片案例细节请参看第四章。

二、现代科学分析方法

随着现代科学技术的不断发展，传统的方法论越来越不适应科学技术的需要，在试验设计上越来越需要简化，在这个历史背景之下，现代试验设计方法发端于 19 世纪 30 年代，迄今已有 80 多年的历史。

试验设计是由英国科学家费舍尔在 20 世纪 20 年代提出的，它成为数理统计学的一个分支，是进行科学研究的重要工具。

任何统计推断结论都是由两方面的因素共同决定的，一方面是数据的质量，另一方面是分析的方法。

试验是在人为控制下的活动，是获得数据的主要方法，设计试验就是要在统计学知识的指导下来制订试验计划。

试验设计在广义上是指试验研究的课题设计，也是试验的整体的设计。不仅仅包括具体的试验操作过程，还包括目的、依据、预期效果、具体方案、样本分组……乃至试验进度、人员安排。其主要就是为了能够控制试验，降低试验误差、提高试验精度、保证试验质量，使试验更具有代表性，使试验能够重复。经得起再次检验的试验才是可信的试验。试验设计方法是统计学的一个重要的分支，目前已经有多种试验设计得到广泛的认可和使用。主要包括全面试验设计、正交试验设计、均匀试验设计、分割试验设计、SN 比试验设计、回归正交设计、混料试验设计等，其中前三种使用最多。

试验设计中根据试验目的的不同，可以选择一个试验指标，就成为单指标试验。例如研究甲烷气体的爆炸极限，其实研究的是甲烷和空气的混合比。如果同时有两个或两个以上指标就叫作多指标试验，例如，乙酸乙酯的制备涉及物料比例、温度、反应时间、催化剂种类与用量多种指标。

试验设计指标主要分为定量指标和定性指标。

定性指标就是只能用文字表述的特性，例如颜色、气味、手感，例如实验室制肥皂是否成功就要看制得的产品是否有油腻感，又例如滴定终点颜色的变化是否合适，滴定是否过量。在试验设计中，为了更便于分析试验结果，往往会将定性指标变为定量指标，例如不仅仅看指示剂颜色变化，还要看 pH 值的变化。

定量指标是能够通过计数、测量、称量等方法获得准确数据表示物质特点的指标。

指标不是一成不变的，指标选择要依据试验的目的而定，例如皂化试验，肥皂的质量不是最重要的指标，试验时间才是重点，必须在 20min 左右完成试验，才符合教学要求，这就要求在试验设计上必须快而不得不放弃肥皂的品质，这就是实验室做出来的肥皂不好用的原因。再例如实验室制氧气，我们可以选择的指标有速率、纯度、安全性、经济性等，因为是教学试验，速率、安全性放在最前面，而经济性就不重要了。

试验设计其整个发展过程分为五个阶段：

第一阶段：早期的方差分析法。由于农业试验的需要，20世纪30年代英国统计学家和数学家费希尔（R.A.Fisher）提出了方差分析法，并将其用于农业、遗传等领域的研究，取得丰硕的成果。"试验设计"的名称就是Fisher命名的。20世纪30～40年代，在战争年代，由于军方的需求，该试验方法在美国、英国、苏联等得到了广泛的推广。随后，F.Yates，R.C.Bose，O.Kempthome，W.G.Cochran，D.R.Cox和G.E.P.Box对试验设计都作出了杰出贡献，使该分支在理论上日趋完善，在应用上日趋广泛。

第二阶段：正交分析法。第二次世界大战以后，日本面临着恢复发展的实际问题，他们把Fisher等人的试验设计方法作为质量管理技术的重要手段从英、美引进。我们知道日本人的模仿拓展能力世界一流，这种试验设计思想在日本人手里得到了极大的推广应用。20世纪50年代田口玄一等人在日本电讯研究所工作时对此法进行了较大的改进，发明了正交试验设计法，即用正交表安排试验的方法。并在方法解释方面更为深入浅出，通俗易懂。据称，在该技术推广的前十年，试验项目超过100万，其中1/3效果十分显著，获得极大的经济效益。在日本，正交表的设计已成为企业界、研究人员、工程技术人员以及管理人员的必备技术。

第三阶段：信噪比设计和三阶段设计法。该法在1957年由田口玄一提出。就是将正交表设计和方差分析相结合，使这种方法得到更广泛的应用。三阶段设计是系统设计、参数设计和容差设计的总称。事实上就是稳健及可靠性设计。

第四阶段：均匀设计法和单纯形优化法。1962年，数学家Spendly首先提出单纯形优化法，后来该方法又不断经过改良。事实上单纯形优化是一个循序（序惯，sequential）寻优的过程，该方法的完成通常要和化学计量学结合使用。1981年，我国数学家方开泰和王元为解决导弹设计中的问题提出了均匀设计法，他们将华罗庚在50年代末发展的数论方法应用于试验设计。

第五阶段：化学计量学方法在试验设计中的应用。方差分析、一元和多元线性回归、聚类分析、模式识别、遗传算法以及人工神经网络等在正交设计、均匀设计中成功使用。

试验设计在我国起源于20世纪50年代，此后我国科学家开始涉足这一领域，尝试将其应用于工农业生产中；60年代末，中科院系统所的科研人员提出很多简单易行的正交设计方法；70年代中后期，正交试验设计法在中国得到很好的推广；1981年，王元等发明均匀设计法，并于1993年得到国际上的认可。

在学习几种重要的试验设计方法前,首先要了解一些基本概念。

(1)试验指标。试验设计中用来衡量试验效果的物理量称为试验指标(简称指标)。试验指标按照指标个数可分为单一指标(包括综合评价指标)和多指标。试验指标按照性质不同分为定性指标和定量指标。定性指标是指不能直接用数值精确表达的指标,比如污水水质分析时的恶臭程度等;定量指标就是能用数值来表示的指标,如产率、回收率等。试验设计的目的就是要使这些指标最优化。试验指标的确定要考虑到这个指标是否能准确反映试验的效果,指标要选择客观性强的,避免主观因素干扰;容易量化的,敏感的,能够看到明显试验差异的数据;指标的数量也要适当,过多过少都不利于进行研究。

(2)因素。影响试验指标取值的物理量称为因素,有时也称为因子。如反应物的浓度、用量、反应温度、压力等等。

由于客观条件的限制,有时一次试验不能将所有因素都考虑进去,我们需要事前进行取舍,选择可能重要的、影响力比较大的因素进行试验。把试验中所研究的影响试验指标的因素称为试验因素,而除去试验因素以外的对试验有影响的因素叫作条件因素。例如中学试验中制备乙酸乙酯一般不考虑温度的影响,直接使用明火加热,则该因素就是条件因素,其余四个因素就是试验因素。

根据考察的试验因素的多少,我们将试验分为单因素试验、双因素试验和多因素试验。

所谓单因素试验就是只有一个考察的试验因素,只有这个因素对试验指标产生影响。单因素试验处理由该试验因素的所有水平构成,它是最基本最简单的试验。例如,氯化铜溶液浓度与颜色的关系,浓度增大,颜色变深,此时不考虑温度的影响。

双因素试验就是考察两个因素的试验,同样是研究氯化铜溶液的颜色,如果考虑温度的影响,因为温度会影响水合键的稳定性,此时就是双因素试验。

多因素试验就是考察三个或者三个以上因素的试验,如乙酸乙酯的制备条件研究。

试验因素的确定是影响试验成败的一个很重要的主观原因。试验之前要充分对试验目的、任务进行仔细地分析,专注关键因素,首先要预估可能对结果产生最大影响的关键因素,没有完全掌握其规律的因素或者还没有考察过的因素,不要选择过多的因素,一般只要找到1~3个主要因素就可以,对于不能确定又难以取舍的因素可以将试验分为两个阶段,先做单因素的预备试验,进行初步观察,再根据预试验精选因素进行正式试验。预试验通常要采用较多的处理数,但不作重复。单因素法能够解决的问题就不必使用多因素法。例如硫酸铜溶液颜色的试验,硫酸铜溶液浓度较低,温度对水合键的影响不是很大,因此不考虑温度的影响,但氯化铜溶液就不同,温度的变化会带来明显的颜色变化。

(3)水平。因素在试验中所处的状态称为水平。在试验中一个因素有几种状态就称有几个水平。如 0.5mol/L 硫酸亚铁和氢氧化钠溶液反应,假定氢氧化钠溶液的浓度可以采用 0.5mol/L、1.0mol/L、1.5mol/L、2.0mol/L 4 种可能,那么氢氧化钠浓度这个因素就是 4 种水平。一般情况下,所选因素的水平发生变化时,都将引起试验指标的变化,否则就认为该因素对指标没有影响,可以从试验方案中删去。

例如检验硫酸铜溶液浓度与颜色的关系,我们可以选择 10 个不同浓度进行比较,这 10 个浓度就是 10 个因素水平。研究乙酸乙酯的制备时,假定我们选定了两个因素,一个是冰乙酸与无水乙醇的体积比,我们可以称体积比为 A 因素;一个是加热时间,我们可以称其为 B 因素。体积比选定了 1∶2、1∶3、1∶4、1∶5 四个比值,我们称 A 因素为四水平因素,而加热时间选定了 10min、20min、30min 三个水平,称为三水平因素。

在试验中,水平的选择也是一件很重要的事,选择不当会影响试验结果甚至得不到预期结果。

(4)交互作用。如果所考察的两个因素在试验中相互影响,这时称这两种因素之间存在交互作用。交互作用的表示方式:如果因素 A 和因素 B 存在交互作用,则这种作用被记作 A×B。例如硫酸铜和氢氧化钠反应,其反应结果不仅仅和浓度有关,和反应温度也有关,那么浓度和温度就存在交互作用。

在试验设计时,既要考虑到影响因素,也要考虑到影响因子,通常我们在确定了因素之后,就要进行因子设计。考虑到每种因素在不同水平时组合的试验设计方法叫作因子设计法,也有的文献称作析因设计法(factorial design)(或称完全试验设计法)。对 k 个因素,每个因素取 2 水平的试验,用因子设计法设计试验时,需要做 $2k$ 次试验。同样若取 3 水平,则需做 $3k$ 次试验,4 水平需做 $4k$ 次试验,依次类推。由于试验次数以指数形式增长,每增加一个因素,工作量是可想而知的。

如中学试验中的银镜反应,涉及两种试剂和温度,如何控制最佳条件,这就是多种因素和因子的因子设计试验。譬如要设计一个有特定抗静电用途的塑料制品配方,那么树脂的牌号、抗氧剂、抗静电剂、增塑剂以及填料的种类和数量是必须要考察的几个因素,这就是 5 个因素了,如果每个因素考察 5 个水平，采用因子设计法则需要做 5^5=3125 次试验。这在现实中是不可能的。就需要采用更好的试验设计方法。

试验设计因为目的不同而设计不同。例如前面提到的皂化试验，皂化试验是为了在一节课完成皂化，而不是为了得到一块质量优良的肥皂，因此在试验设计时首先要考虑的是速度而不是质量。因此试验步骤是这样的：

在蒸发皿里，盛 10mL 油和 5mL 95% 的酒精，然后加 10mL 40% 的 NaOH 溶液。用玻棒搅拌，使其溶解，把蒸发皿放在石棉网上（或水浴中），用小火加热 10min，并不断用玻璃棒搅拌。将 20mL 热的蒸馏水慢慢加到皂化完全的黏稠液中，搅拌使它们互溶。然后将该黏稠液慢慢倒入 50mL 饱和食盐溶液中，边加边搅拌。静置后，肥皂便盐析上浮，待肥皂全部析出，用纱布过滤，挤压成型，肥皂即制成。

而下面的制肥皂工艺才是一个真正的制皂过程。

配制 50mL 30%NaOH 溶液。在蒸发皿中加入事前加热处理好的猪油（牛油也可以）40g，恒温在 60℃左右，边加热边搅拌，反应 1h 以上，加入甘油 30mL，冰糖 4g，搅拌，使其完全溶解，继续搅拌，得到完全均一的混合物，而后根据需要加入几滴香精和色素。趁热倒入模具中，待其冷却成型。逐一对比，各个操作环节和现行教材的主要差别在哪里？冰糖的作用是什么？

我们会发现，第一是原料不同，教学一般使用植物油；第二是温度不同，教学一般是沸腾；第三是时间不同；第四是甘油，教学试验时过滤操作滤掉了甘油，而真实制皂还要额外加入甘油；第五制皂需要加入冰糖。可以看出，试验教学与工业生产的差别导致试验方法巨大的差异。为何会有如此大的差异，就是因为指标不同，教学试验要求快，课内时间必须完成，不计成本，而工业生产要求质量和成本。

三、单因素试验法

单因素试验设计法又叫简单试验法，是现在化学试验中最常用的方法。很多发表的文章都采用这种方法进行研究，例如前面提到的氯酸钾分解制氧气催化剂比例的例子。按照大多数发表文章中使用的方法，其步骤是：通常为了考察其中一个因素的影响，总是先将另几个因素固定在某一定值（水平），然后考察该因素在不同水平下的试验指标值。通常取指标值最佳者作为最终条件。然后固定该因素的水平，用类似的方法考察其他因素，直到得到所有因素的最佳水平。先固定其他因素，只比较一种因素在不同水平上的试验方案有些文章或书里又称作简单试验法或简单比较法。

单因素试验设计法的数据分析通常将各因素在不同水平时得到的试验指标作曲线图，通过分析曲线的趋势而选出最佳试验条件。

单因素设计法的特点在于简单明了，易学易懂。由于只考察单一因素的影响，该法较容易归纳一些内在的规律。所以这种方法仍然为大多数科研工作者和工程技术人员使用。

单因素试验设计法由于设计比较简单，存在着一些不足。例如当因素间的交互作用影响比较大时，得到的试验方案往往不一定是各因素的最佳方案组合；用单因素试验法安排试验，同样的试验次数，提供的信息量不够丰富；用单因素试验法做试验，如果不做重复试验，给不出试验的误差估计。

尽管如此，单因素试验设计法仍然用得很多，特别是做基础研究工作的最常用，这是因为单因素法可以看到各因素的变化趋势，对研究反应规律、揭示一些内在的因素很重要。

单因素试验法是中学教学中最常用的方法，我们做题时经常使用的控制变量或者受控对比法其实就是一种单因素试验法。我们研究乙酸乙酯制取时酸的选择也属于单因素试验法。研究电解水影响因素的试验中电流大小、电压大小、电解质浓度，虽然因素很多，但是每次都是其他因素不变，仅仅改变一个因素的水平，还是属于单因素试验法。

四、优选法

优选法是尽可能少做试验，尽快地找到生产和科研的最优方案的方法，优选法的应用在我国从 20 世纪 70 年代初开始，首先由我们的数学家华罗庚等推广并大量应用，优选法也叫最优化方法。优选法使用必须是变量具有单调性或只有一个极值，否则就不能使用。例如如果实验数据具有周期波动性，优选法就不能使用。

现实生活中一支粉笔多长最好呢？每支粉笔都要丢掉一段一定长度的粉笔头，单就这一点来说，愈长愈好。但太长了，使用起来既不方便，而且容易折断，每断一次，必然多浪费一个粉笔头，反而不合适。因而就出现了"粉笔多长最合适"的问题，这就是一个优选问题，因为存在着一个极值。

优选法在实际使用中的过程大致如下，假如我们试验中某关键原料的添加剂量在 1g 至 1000g 之间,这样我们就可以借用黄金分割规律来简化试验次数,而不必从 1g 到 1000g 做 1000 次试验,我们用一个有刻度的纸条来表示 1g 至 1000g。在纸条上找到 618(1000×0.618)g 的地点画一条竖线,做一次试验,然后把纸条对折起来,找到 618 的对称点 382(618×0.618),再做一次试验,如果 382g 为最好,则把 618 以外的纸条裁掉。然后再对折,找到 382 的对称点 236(382×0.618)做试验,这样循环往复,就可以找到最佳的数值。由于现实中 0.618 数据计算起来比较麻烦,可以使用 0.6 进行分割。

前面提到的氯酸钾分解试验,选择优选法就是一种比较理想的方法。例如,氯酸钾为 5g,催化剂可在 0.1~5g 之间选择,按照黄金分割率选择试验点,而不是每次增加 0.1g 催化剂。同样,电解水条件的试验,为了确定硫酸的最佳浓度,可以推定硫酸的浓度应该在 0~95% 之间,利用优选法就可以很快找到最佳浓度。

优选法在数学上就是寻找函数极值的较快较精确的计算方法。1953 年美国数学家 J.基弗提出单因素优选法、分数法和 0.618 法(又称黄金分割法),后来又提出抛物线法。研究表明,用这种"优选法"做 16 次试验相当于用"均分法"2500 多次试验所达到的精度,大大提高了试验效率。

五、正交法

单因素试验法尽管减少了试验次数,但是各因素各水平出现的机会不均衡,而且有重复试验出现。优选法虽然减少了试验次数但是还有一定的局限性。因子试验法要花费大量的人力、物力和财力,而且耗时过长,时间太长可能导致试验条件的改变从而使试验失效,过多的试验次数试验费用很高,非常需要一种既减少试验次数同时又不影响试验精度的新方法。

例如化学实验室购买的乙醛溶液上层都会有一层三聚乙醛来防止乙醛的挥发,并且随着放置时间延长,乙醛还会自己聚合,这样三聚乙醛层会越来越厚。但是这些三聚乙醛在试验中没有任何用处,被集中后当作废液直接处理掉,造成浪费,更为严重的是未经回收,直接排放到下水道中,污染环境。

三聚乙醛是乙醛的环状三聚物,三聚乙醛在酸性催化剂作用下发生解聚反应生成乙醛,对化学废弃物进行回收利用,并且保护了环境。

要进行三聚乙醛解聚,就必须控制一定的条件,适当的条件可以快捷、有效地处理三聚乙醛。初步确定硫酸浓度、反应温度、反应时间以及原料物料比对试验结果存在影响。

在这里，我们以转化率作为试验指标，如果按照单因素试验法设计，单一因素最佳是不是对于整个反应环境就是最佳？应该说是不一定，假定就是最佳，需要试验多少次？可见如果每一种可能的组合都要考虑到的话，则需要几十次。假定每次试验反应时间达到1h，意味着完成这个研究大约需要半个月的时间，因此，简化试验非常有必要。

于是根据经验，认为每个因素有三个水平，如表2-2所示。

表2-2 正交表表头

水平	A 温度 /℃	B 硫酸浓度 /%	C 料液比	D 时间 /min
1	60	10	1∶5	10
2	80	20	1∶10	15
3	100	45	1∶50	20

而后根据正交表设计原则绘制试验设计表，如表2-3所示。

表2-3 正交试验表格设计

试验号	一	二	三	四
1	1	1	1	1
2	1	2	2	2
3	1	3	3	3
4	2	1	2	3
5	2	2	3	1
6	2	3	1	2
7	3	1	3	2
8	3	2	1	3
9	3	3	2	1

这样，一个非常复杂的试验就简化为只需要9次试验，最多两天就能够完成的研究。经试验验证 $A_1B_1C_2D_1$（60℃，10%，1∶10，10min）试验条件，收率为95%，试验验证性良好。

为什么正交法能够做到如此简单地完成试验呢？

单因素试验法存在着比较严重的重复试验问题。九次试验的水平组合为

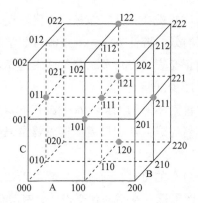

图 2-4　三因素三水平试验按照单因素法设计示意图

（ABC）：011、111、211、101、111、121、120、121、122（假定试验过程为：首先三组试验为 011、111、211，发现 111 效果最佳，而后进行 101、111、121 三个试验，发现 121 最佳，再进行 120、121、122 三个试验，见图 2-4）。各因素和各水平出现的机会不均衡，此时使用正交法实验次数就大大减少。其试验选点方法如图 2-5 所示。

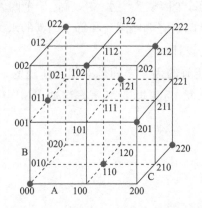

图 2-5　三因素三水平正交法试验设计示意图

可以看出，9 个试验点在选优区中分布是均衡的，在立方体的每个平面上，都恰好有 3 个试验点；在立方体的每条线上也恰有一个试验点。试验次数减少。其选点的特点就是已经出现的同因素同水平的试验不应重复出现。

正交法均衡分布，整齐可比。以较少的试验次数获得基本上能反映全面情况的试验结果。为了保证整齐可比和搭配均衡的特点，简化数据处理，试验点应在试验范围内充分地均衡分散，因此试验点不能过少。当想考察的因素较多，特别是因素水平数较多时，需要的试验次数仍然很多。

正交设计全称正交试验设计，又叫作多因素优选设计，是一种安排合理、科学分析各种试验因素有效的统计方法，理论源自数学的拉丁方理论，借助基于均衡分布思想设计的正交表，在众多试验条件中选择若干代表性较强的试验条件。该方法可以有效减少试验次数。

正交表有很多种，针对不同的因素、水平数有不同的正交表。这些常用的正交表已经由数学工作者完成，我们只需根据需要拿来使用即可，不用讨论设计原理。

每一个正交表都有自己的符号，通过符号就可以知道该正交表的用途。例如 $L_9(3^4)$ 表示的就是四因素三水平的正交设计。其具体含义为：

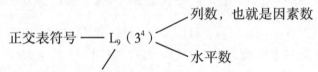

正交表行数，也就是处理数，需要进行的试验次数

例如乙酸乙酯制备条件研究涉及物料比例、反应时间、催化剂种类与用量4种因素，且我们设定每个因素3个水平，就是一个四因素三水平的试验，我们仅仅需要从化学角度确定好哪些因素和每个因素的水平，而后使用该正交表直接试验，不用再进行设计。

在设计使用时其实有的因素之间是有相互作用的，例如催化剂种类和用量，为了简化和降低难度，我们在此不考虑这种交互作用。如有需要请查阅有关书籍。

六、回归分析

如何在这些关系不确定的变量之间找到一些内在的规律，从而为科学研究做出一定的预测？譬如在我们的化学试验中，如何才能从有限的试验数据中找出一定的规律，从而为获得指标最优化做出正确的判断？

在科学研究过程中，往往会发现同一现象中的几个变量存在一定的关系，就如同半径与周长存在 $C=2\pi r$ 的关系一样，所以有必要对变量之间的关系进行分析与研究。

变量之间的关系与分析方法大致可以归纳如下：

统计学上采用相关关系分析来研究呈平行关系的相关变量之间的关系，对

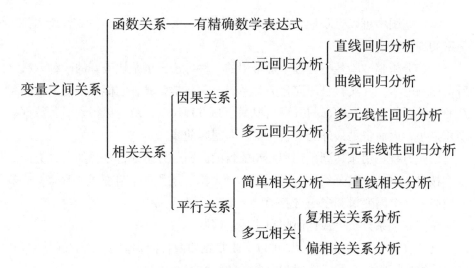

两个变量之间的直线相关分析称为简单相关分析，对于多个变量的研究一个变量与多个变量间的线性相关关系称为复相关分析，研究其余变量不变情况下两个变量的线性关系称为偏相关分析。在相关分析中，变量没有自变量与因变量之分，这是回归分析与相关分析最大的差别。相关关系分析是研究两个变量相关程度和性质或者一个变量与多个变量的相关程度，不能用一个或者多个变量去预测。

我们最常用的是一元回归分析。两个变量之间可能会出现的情况如图 2-6 所示。

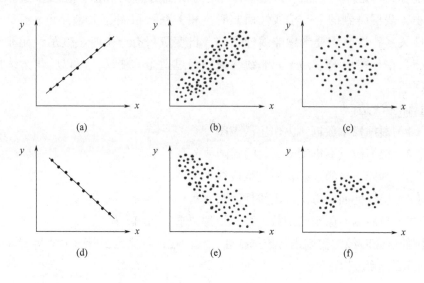

图 2-6　两个变量之间关系示意图

从这些图中可以直观地看到两个变量之间的关系，如正相关或者负相关，是密切还是不密切。

回归分析是试验数据处理中最常用的一种方法，也是比较好的一种方法。所谓回归分析，其实就是研究相关关系的一种数学工具，它能提供变量之间关系的一种近似表达，即回归方程，根据回归方程作图，就可以得到对各数据点误差最小，因而也是最好的一条曲线，即回归曲线。

回归方程可用来达到预测和控制的目的。回归分析通常进行如下分类：

按自变量的数目分类，一元回归：一个因变量和一个自变量（$Y\&X$）；多元回归：一个因变量和多个自变量（$\geqslant 2$）（$Y\&X_1$、$X_2\cdots$）

按回归关系分类，线性回归和非线性回归。

这两种分类方式相互交叉，可以产生常见的四种回归模式：一元线性回归、一元非线性回归、多元线性回归、多元非线性回归。

一元线性回归是我们最经常使用的回归分析，假设用（x_i, y_i）表示一组数据点（$i = 1, 2, \cdots, n$）。任意一条直线的函数关系可表示为：

$$y^* = a + bx$$

如果用这条直线代表（x_i, y_i）里 x 和 y 的关系，则每个点的误差为：

$$y_i - y^* = y_i - a - bx_i$$

使用一元回归分析时要遵从以下原则：即应使回归方程与所有观测数值的差方和达到极小值。因为平方运算也称为"二乘"运算，因此这种回归方法就统称为"最小二乘法"。最小二乘法就是最小差方和法。在很多实际的工作中，我们碰到的 y-x 按线性回归时，相关系数很差，意味着 y-x 不是一个线性关系。这时需要考虑非线性回归。自变量只有一个时，就是一元非线性回归。在一些情况下，一元非线性回归经过适当的变换，可以转化为线性回归问题。

具体做法是：

（1）根据样本数据，先作出散点图；

（2）根据散点图推测 y-x 之间的函数关系；

（3）选择适当的变换，使之变成线性关系；

（4）用线性回归方法求出线性回归方程；

（5）最后返回原来的函数关系，得到要求的回归方程。

例如研究时经常需要进行数据统计，我们在进行比色实验时可能得到如表 2-4 所示的一组数据。

表 2-4　比色实验数据表

x/nm	516	525	533	540	553	564	580
y/mmol	2.4	3.2	3.2	4.6	5.2	5.8	10.8

而要想找到自变量和因变量之间的关系，就需要画图。我们把它们在坐标纸上描出，得到如图 2-7 所示的结果。

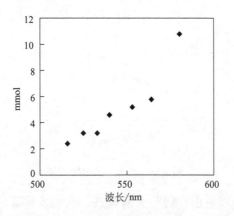

图 2-7　比色实验数据散点图

现在发现最后一个数据明显与其他数据关系不一样，此时如何处理这些数据就非常关键，假定我们认为数据之间应该是线性关系，且为一次函数，事实上我们已知浓度和吸光度就是线性关系，因此不会是二次方程。而且同时最后一次的数据经过平行实验后，确认属于有效数据不属于误差，因此不能予以舍去，这样就得到图 2-8 所示的直线拟合结果。

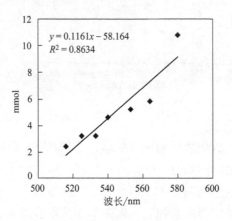

图 2-8　比色实验线性回归分析图

如果确定最后的数据有问题，就可以将该数据剔除后再进行直线拟合。

如果认为不能舍弃，认为一元回归不能准确表达，尤其是置信度不能满足分析的基本要求，就可以考虑进行二次回归分析，得到图2-9所示的分析结果。

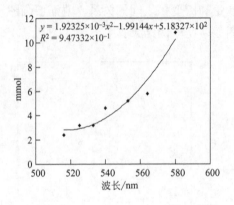

图2-9　一元二次分析结果

此时，从 R^2 可以看出，回归有所改进。我们发现置信度与我们的目标可能还有一定的差距，假定我们的目标是0.95，就可以考虑将多项式回归的阶数再增高一阶，进行一元三次回归分析，得到新的如图2-10所示的分析结果。

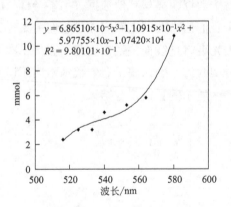

图2-10　一元三次多项式回归

分析结果显示，置信度得到明显提高，达到0.98，符合要求，那么是不是可以得到更高置信度的回归分析呢？可以更进一步，一元四次、一元五次、一元六次回归得到的图形如图2-11所示。

可以看出，似乎拟合阶数越高，回归的相关系数越高，但事实上六次式一般是不对的，因为实际上绝大多数都是单调增长的，并且该回归分析做到曲线

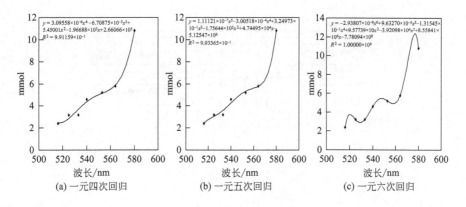

图 2-11　多元回归分析图

通过每一个点已经失去回归分析的作用。而且，我们也看到，五次式、四次式、三次式的相关系数都大于 0.99，已远远大于 99% 的置信度范围的临界 R 值（对 7 个试验点，临界 R^2 值为 0.874），因此实际工作中选一元三次式回归方程。事实上，考虑到试验的误差、试验点数目的限制等因素，一元三次回归方程已经完全能满足预测功能。

同学们进行过的溶解热测量实例中尿素在水中溶解的热效应（论文全文请参见附录），有同学根据自己测定的数据进行了有关回归分析，首先是一元一次分析，如图 2-12 所示。

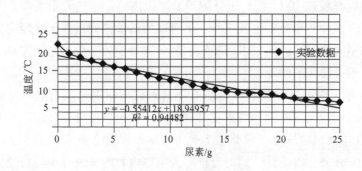

图 2-12　一元一次线性回归

回归分析显示，数据关系 R^2 略小，学生不满足于该结果，于是进行了二次回归。其结果如图 2-13 所示。

二次回归之后，$R^2=0.99$，已经非常好，就没有必要再进行三次回归分析。

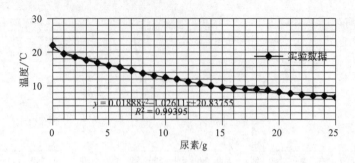

图 2-13 一元二次回归图示

七、均匀试验法

前面学习过的正交试验法已经是一种非常好的方法，提供了效率，但当影响因素和水平较多时试验的次数依然很多，为此，寻找一种适用于多因素、多水平而试验次数更少的试验设计方法是很有意义的。

1978 年，我国一项军事工程（导弹设计）在设计中提出了 5 个因素的试验，要求每个因素多于 10 个水平，而试验总次数要求不超过 50 次。与此同时进行的农业选种试验中也出现水平数大于 12 的因素。如果按照正交法进行试验，试验的次数都超过 100，而对于导弹试验来说需要花费的资金太多，对于农业来说，育种试种一年最多也就三季，上百次的试验需要很多年才能完成。这在实际中都不太现实。如何寻求用最短的时间和最少的次数，达到完整全面的试验效果是亟待解决的问题。

1978 年，中国科学院数学所的方开泰研究员和王元院士提出用数论方法构造了一系列均匀试验设计表来安排试验。"均匀试验设计"理论、方法及应用于 2009 年获国家自然科学奖二等奖（当年一等奖空缺！）。1993 年，由方开泰、王元合著，以论述"均匀设计"为主要内容的《统计中的数论方法》一书，也由英国卡帕兰-霍尔出版社出版。该方法得到全面推广应用。

均匀设计源自数论中的"伪蒙特卡罗方法"，它具有的特点可以概括为每个因素每个水平做一次且仅做一次，任意两个因素的试验点绘制在平面图上，每行每列有且只有一个试验点。例如一个 5 因素 8 水平的试验设计，均匀设计的基本理论可以使用图 2-14 来表示。

两种试验设计明显（a）方案优于（b）方案，因为（a）方案分布更加均匀。均匀设计表本质上就是一个最佳的均匀分布的设计。均匀试验法也就是如何在

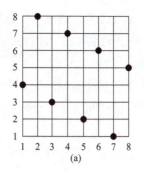 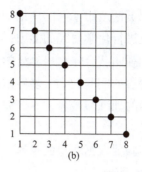

图 2-14　均匀设计示意图

众多试验水平中有效选择的方法。

均匀设计还涉及更为复杂的不等水平情况,更接近实际问题。因为中学一般不会用到均匀设计法,本书不做介绍。有兴趣的读者请查阅有关书籍。

第三节　研究性实验设计的一般原则与过程

一、自主设计或研究性实验的一般原则

学生在进行了一定数量的基本实验操作,掌握了其中的主要实验技能、方法后,就需要培养学生的综合实践能力,也就是可以进行探究实验教学了。而现行的探究性实验其实仅仅是已有知识、技能、方法的较低层次的运用,同时还要回到课本知识上来。要真正提高学生发现问题、解决问题的能力,就必须进行更深层次更高难度的实验,而这个过程需要分为两个阶段训练。第一阶段为教师提供研究性的题目,学生按照教师提供的研究题目、方向,结合教师给的参考文献,自己来根据已知的信息,完成设计实验、动手实践、总结规律、解释问题、提出新观点的完整过程;第二个阶段就是学生根据自己学习过程中发现的问题,用已知的知识不能解释,自觉地通过实验研究独立完成探索的过程。

自主设计实验的目的在于培养学生的自主能力,给学生一个自由发挥的机

会，希望他们灵活运用掌握的理论知识和实验技能。通过这些系统训练，不但培养学生独立进行化学研究的能力，在研究的过程中还可以提高发现和解决问题的能力，加强团队合作，培养科学精神。

我国现阶段的实验教学大多停留在简单重复性实验阶段，非常缺少对学生综合实验能力的训练与培养，而研究性实验或者叫自主设计实验可以有效地弥补这一缺憾。

设计性实验要根据实验的目的、实验条件以及学校师资决定。

1. 目标性原则

目标性原则就是在进行自主设计实验或者研究型实验课程安排时，首先要明确总体的目标，需要学生达到何种程度，而后再根据总的目标将实验课程分解为若干子目标，课程设置根据子目标逐步完成。例如我们确定总的实验目标是要训练学生掌握单一因素变量实验的研究方法，于是在所有的实验内容安排上都要体现需要运用单一因素实验法，而在内容安排上突出由简单到复杂。

例如我们可以首先研究课本中高锰酸钾与草酸反应时褪色的规律，课本上仅仅研究了 0.1mol/L KMnO$_4$ 与 0.1mol/L、0.2mol/L H$_2$C$_2$O$_4$ 的反应规律，我们可以继续研究相同浓度 H$_2$C$_2$O$_4$ 与不同浓度 KMnO$_4$ 溶液的反应规律，还可以研究溶液酸化使用的硫酸浓度对褪色有无影响。

当完成第一阶段的研究之后，学生已经基本掌握单一因素的研究方法，此时再将难度提高。例如人教版《实验化学》的第一个实验蓝瓶子实验，这个实验就有很多值得研究的地方。

该反应机理为：

$$\text{亚甲基蓝} \underset{\text{还原}}{\overset{\text{氧化}}{\rightleftharpoons}} \text{亚甲基白}$$

教材中仅仅要求发现蓝瓶子现象，发现其碱性条件是决定性因素，没有继续深入研究。而实际上影响蓝瓶子变色周期的因素非常多。例如，葡萄糖溶液浓度对变色周期有无影响、亚甲基蓝溶液浓度对变色周期有无影响、氢氧化钠溶液浓度对变色周期有无影响、振荡次数对变色周期有无影响、试管中氧气浓度对变色周期有无影响……可以研究的因素非常多。但是研究任何一个因素时都要保证其他因素不变。这个实验设计就比前一实验要复杂得多，以此提高学生能力。

而该实验完成后其实可以继续研究某一因素变化对其他因素是否有影响，不过这就是更高一个层次的研究了。如果当初在课程安排上有此计划，就可以继续研究。

2. 科学性原则

科学性原则就是在研究时必须遵从一定的科学原理，利用现有的科学知识、方法、规则进行实验。

从实践中直接选取研究课题，第一必须具有丰富可靠的事实依据；第二还要具有一定的普遍性；第三是要选择具体明确的课题，范围要小，不超过学生的认知水平；第四是选题指导方向正确，不能从猎奇角度进行研究，一些学生因自己知识水平所限，对一些科学结论提出质疑，学生的质疑精神值得肯定，但是这种研究是违背科学原理的。

学生对自己实验中得到的数据往往过分看重，不忍删除，例如上一节提到的比色实验，数据见表 2-5。

表 2-5 比色实验数据

x/nm	516	525	533	540	553	564	580
y/mmol	2.4	3.2	3.2	4.6	5.2	5.8	10.8

得到这样一张描点图，见图 2-15。

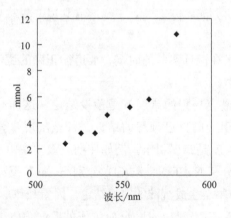

图 2-15 比色数据描点图

学生大多数因为不愿舍去数据，从而得到如图 2-16 所示的一个线性关系。

可是从统计数据看，$R^2=0.86$，不符合要求，直观上看，最后一个点也明显偏离直线，我们认为最后一次数据是错误，该数据不可信，就要予以舍去，得到了新的分析结果，如图 2-17 所示。

通过对比两组线性分析结果，我们自然就会发现，第一组 $R^2=0.8634$，而

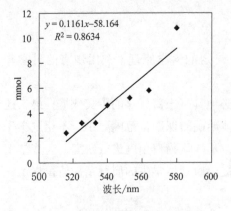
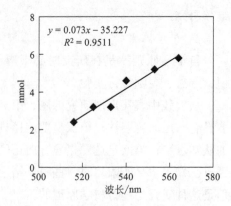

图 2-16 保留全部数据的线性关系图　　图 2-17 舍去不合理数据的直线拟合图

第二组 $R^2=0.9511$，当我们确认自变量和因变量之间为线性关系的时候，可以确定第一组数据分析可信度差，是错误的，因此可以认为最后一次数据属于错误。如果学生不能认识到数据处理的重要性，就会得到一个错误的结论。当然这必须建立在坚信自变量和因变量之间为一次函数关系的基础上，如果我们最后发现其关系不是一次函数，其结论就完全不同了。前面一节我们已经讨论了其他的数学关系，就是因为有的学生认为拟合不好不是实验数据问题，而坚持采用高阶拟合的方法，而实际上，对于稀溶液来说一般是呈现线性关系。

3. 逻辑性原则

逻辑性就是要求在设计实验的时候，要遵循正确的逻辑方法，才能保证研究的结果具有说服力。

学生在研究中最容易犯的错误就是预设结论，这样，在实验设计和数据统计中会有意识地引导向自己预想的结论，甚至出现牵强附会的事情。学生另一个最常犯的错误就是错误引申。例如在初三教学中由于不考虑水解以及二步电离等情况，在分析 $NaHCO_3$、Na_2CO_3 分别与 $CaCl_2$ 反应时，通常都会得出 $NaHCO_3$ 与 $CaCl_2$ 反应不会生成沉淀的错误结论，因为 $CaCO_3$ 不溶，而 $Ca(HCO_3)_2$ 微溶，于是就认为 $NaHCO_3$ 与 $CaCl_2$ 反应生成的 $Ca(HCO_3)_2$ 能够完全溶解。又例如因为 SO_2 溶于水，并且溶解度较大，因此就根据 HCl 和 NH_3 气体能发生喷泉反应，进而推导出 SO_2 也能发生喷泉反应的结论，而实际上，发生喷泉反应不仅仅要求气体具有很大的溶解度,同时也需要其溶解扩散的速率非常快，而 SO_2 不具备第二个条件，这两个推论在实验中都遭到了否定，这就是随意推导导致的结果。

又例如，有学生提出在研究酸碱滴定曲线的时候，为什么选择盐酸和氢氧化钠溶液而不是其他。该学生选定了草酸和碳酸钠研究滴定曲线，结果出现了他意料之外的结果，在理论上应该出现突跃的 pH 值附近突跃却没有明显出现，pH 值变化仅仅略微明显，如图 2-18 所示。

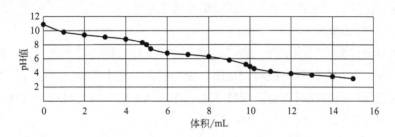

图 2-18　草酸、碳酸钠滴定 pH 值变化曲线

为何出现这一反常的现象？因为两种反应物形成了缓冲溶液。学生在研究时，往往只关注一点而忽略其他知识的关联，同时知识储备不足，随意推导非常容易出现错误，必须要在研究前加强理论学习和阅读足够的参考文献。

4. 可行性原则

实验设计时必须要结合本学校具体的实验条件，不仅仅是实验器材与资金问题，现在很多学校在支持学生科研上不惜血本，但是很多问题不是依靠资金就可以解决的，还包括人们往往忽视的化学品购买以及废弃物处理等要求。例如一些学校购买色谱仪，而使用色谱仪需要很多高纯试剂，有些属于管制试剂，而绝大多数学校是不具备购买资质的，为了使用购买的仪器，从非法途径购买，就为将来的安全埋下了隐患。同时一些老师和学生对实验后废弃化学品的性质不熟悉，随意从下水道排放废物。现在按照要求中学化学实验室废弃试剂必须处理后排放，无机试剂处理起来比较简单，主要是将重金属沉淀过滤，液体达到三级水质可以直接排放，而对于有机物来说就没有更好的处理方法，因此，学生研究时，需要提前了解副产物、废弃物的性质，了解如何进行无害化处理。例如，有学生希望研究食品添加剂对人体生理机能的影响，该课题可以说确有现实意义，然而现实中是无法进行人体实验的。又例如有的同学实验设计要求在 15mm × 150mm 试管上安装一个双孔具塞导管，而现实中和 15mm × 150mm 配套的 0# 胶塞很小，不可能打两个孔。

例如现在市场上销售的食盐一部分是加碘低钠盐（在氯化钠中添加氯化钾），但是对于大城市的人来说，加碘一般已经没有必要，而对于低血压的人群来说，低钠对身体有害。面对这种情况，如果家里购买盐时只有加碘低钠盐，如何保证家庭成员的健康？能不能将购买的盐简单处理一下就可以去除碘和氯化钾？有同学对此产生了兴趣，进行了研究。学生进行了四种方法的实验，分别是乙醇洗涤法、高氯酸沉淀法、蒸发析晶法和水洗法，从除钾和碘实验数据看高氯酸法最佳，然而这在实际生活中却是不可操作的，学生在研究中也意识到了这个问题，最后得出的结论是简单水洗法最实用。

5. 简明性原则

实验设计要尽量简单化，能用普通方法解决的就用普通方法，不能盲目追求"高大上"。有的学生做研究是出于评奖要求，而不是出于对解决问题的渴望，在选择研究课题时盲目追求科学先进性，例如研究液晶材料、研究分子结构等不切合实际的方向。

研究方案也要尽量地简单、易行、省时、省力。将复杂问题简单化才是研究的方向，才有意义，而将简单问题复杂化表面上看有技术含量，但实际上没有应用价值，是一种没有意义的劳民伤财行为。

仍以薯片热值研究为例，为了研究出一片薯片的热量值，不同的学生设计了各具特点的研究方案，如图 2-19 所示。可以说，学生在设计时也考虑到了各种可能的误差因素，以及如何消除或者减小误差，例如为了补充燃烧的氧气，需要制氧气，为了避免制氧气时产生的热量对数据产生影响，在通入燃烧装置前通过洗气瓶 A 来降低温度，为了能够达到薯片的燃点，用酒精灯加热，待燃烧后撤去酒精灯，燃烧后的气体通入另一个洗气瓶 C，测量该洗气瓶水温的变化，为了避免热量吸收不充分，洗气瓶安排了两个，但是无论怎样设计，装置都是越来越复杂，不够简明。在实际测量时确实问题不断，数据的偏差较大。

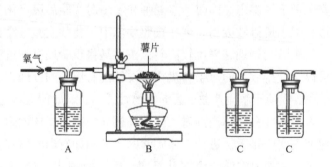

图 2-19 学生设计的薯片热值测定方案

6. 完成性原则

学生的研究不一定能得到一个明确的结论，但即使如此，也必须要求学生完成一个总结性的报告，有结论固然好，发现一个不可行的设计也是一个结论。杜绝学生因为没有得到自己要的结论而随意停止研究，也就是要善始善终。

例如有个同学发现镁粉与氢氧化钠粉末混合加热会有剧烈反应，认为两者会发生氧化还原反应，并以此作为课题进行研究，经过一系列的实验，最终没有得到自己预想的结果，然而实验没有得到预想结果并不意味着失败，尤其对于中学生来说，研究的过程其实比结果还重要。

7. 重复性原则

在一个实验中，将一个处理实施两次或者两次以上，实验中设置重复的最重要作用是估算误差。由于随机误差是客观存在并且不可避免的，只有一次实验若出现误差，无法判断误差的大小，如果还恰好一个正误差一个负误差，就可能得到错误结论，通过重复实验才能知晓误差的大小，也才能使得随机误差相互抵消，平均值趋于零。

学生在研究时还忽略另一个重要的重复原则，就是请其他学生重复实验。有时候因为个人操作的问题，使得结果出现了系统偏差，但是学生本人却不知道，误以为有了新的发现，只有通过其他学生的重复检验，才能确认发现的真伪。

8. 随机化原则

随机化就是指在实验中，每一个处理或者每一次重复都要有同等的机会设置在任何一个实验单位上，避免研究人员主观的影响，认为形成优势区域和劣势区域。例如研究中和热时，人为认定高浓度酸碱反应的效果好，因为温度变化大，观察明显，但是却忽视了高浓度酸碱稀释热的影响。

随机化也同时起到降低系统误差的作用，因为可以使得一些影响因子得到平衡，同时保证随机误差的无偏估计。随机化可以消除非实验因素的影响，有利于得到正确结果，实验时可以采用查随机数表的方法选定随机实验。

9. 局部控制原则

所谓局部控制就是指导干扰因子不能从实验中排除的时候，通过设计，使其影响力下降，但要注意不要在排除原有干扰的同时引入新的干扰。

任何一个实验都是在一定的时间和空间内完成的，不同时间空间条件都是有差异的。例如通常我们认定室温为20℃，但是实验过程中温度一般会缓慢上升，也就是会对实验结果产生微弱影响，对于大部分实验来说，这样微小的温度变化对实验没有什么影响，但对于个别实验却可能影响重大。时间空间越大，差异就越大，所以要尽量将条件控制在相同水平，为此可以将实验分为若干组，在每个组内条件一样。

这九大原则中前六条为宏观性原则，后三条微观原则包括随机化原则、局部控制原则、重复性原则，被称为费雪三原则，是实验设计中必须遵从的原则。其相互关系如图2-20所示。

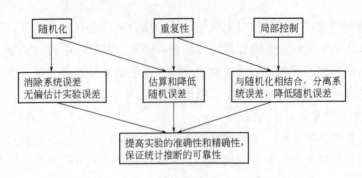

图 2-20 费雪三原则关系示意图

二、研究型实验的一般实施过程

研究型课程不同于常规的验证性实验课，学生完全按照教师事前安排好的指定程序一次完成实验，而是需要在教师引导下，独立完成实验的设计和实施。可以说常规实验属于规定动作，而研究型实验属于自选动作。研究型实验课程实施首先需要学生有一定的基本知识和实验技能，有一定的独立思考能力，既要胆大更要心细。课程实施要遵循学生的认知规律，逐步完成。

研究型实验的实施应该分为三个阶段：验证性探究实验阶段、深入探究性实验阶段、研究性实验阶段。或者叫作探究、探索、探秘三阶段。

第一阶段验证性探究实验，也就是现在绝大多数学校进行的探究性实验教学模式，即现在的探究式实验。这一模式的特点就是学生对实验结论基本是已知的，或者一部分学生对结论是已知的，尤其是现在越来越多的学生提前学习，教师在课上的探究对于这些学生来说已经变成验证，不再有任何新鲜感和好奇心。但是这种探究实验依然具有极其重要和基础性的作用。例如平衡球实验来验证温度对平衡的影响，利用 $FeCl_3$ 与 KSCN 反应来探究浓度对平衡的影响，利用重铬酸根研究酸碱性对平衡的影响。学生通过一组实验验证了课本上的理论知识，学习了基本的实验技术和思想方法。

第二阶段是深入探究性实验阶段，也可以叫作探索性阶段，在教师给定目标的情况下，或者给定研究方向或者给定结果，学生通过实验来进行验证。例如进行化学实验的时候，教学中一般都是使用硫酸作为介质，在教学中为了突出与生活实际相结合，很多老师都会使用水果电池进行演示，这样就很容易给学生一个积累性的误导——酸性的溶液体系才能发生原电池反应。此时给出疑问，如果将硫酸等酸性物质变为中性或者碱性物质，还会有电流吗？如果没有给出解释。如果有，请继续研究，有哪些因素会影响到电流的大小与电压的大小。又例如平衡实验中传统的实验方式两个 NO_2 球是连在一起的，而新版教材变为两个分离的 NO_2 球，这种改变的意义何在，两种方式对实验结果有什么影响？这可以作为实验拓展让学生继续研究。又例如利用 $FeCl_3$ 与 KSCN 反应在课本中仅仅用来研究浓度对平衡的影响，那么这个实验能不能用来研究酸碱性或者温度对平衡的影响，也可以作为后续研究课题。第二阶段的课题最好的出发点就是利用课本资源进行深入发掘。

第三阶段就是研究性实验，学生可以在教师引导下，在教师给定题目和参考文献的基础上自主研究，有些能力强的学生可以自己发现题目，自己独立研究。例如在实验中无意间发现不同同学制备的铬酸铅产品颜色有明显差异，大部分为橙色，个别为黄色，而同学已经想不起制备操作时的不同之处。在进行产品性质检测时两者则完全一样，于是就有同学要研究两种产品因制备条件的差异，产品颜色不同的机理。经研究发现，温度的差异导致分子内部结构的差异，进而导致外观颜色的不同。这种研究就属于典型的第三阶段研究。

现在探究实验是个使用频率非常高的词汇，探究这个词究竟如何理解呢，按照汉语发展的脉络来解释，古汉语一直是单音词，那么探究其实可以分解为两个词，"探"和"究"，探属于一个过程一种行为，究则是一个目的一个标准，属于动宾词组。在探究三阶段中，第一阶段为初级阶段，或者叫作狭义探究，这个探究偏重的是"究"，而探究的第二、第三阶段则是高级阶段，或者叫作广义探究，这个探究注重的是"探"。

三个阶段的差别在于教师的地位在不断转变，学生的主导作用越来越强。对实验结果的不确定性越来越强。第一阶段学生和老师都知道结论，第二阶段老师一般知道结果而学生不知，第三阶段则老师和学生可能都不知道结果，不确定性更强。见表 2-6。

表 2-6 探究三阶段对比

项目	探究性实验阶段	探索性实验阶段	探秘性实验阶段
主体	教师	教师	学生
客体	已知理论	已知理论	未知知识和方法
实验手段	重复性验证	探究	探究
目标	教学生知识	教学生方法	学生能力体现

学生如果没有经过系统训练，盲目从第一阶段就直接进入第三阶段，会由

于科学方法和知识储备往往不足而事倍功半，达不到预期的结果。例如一个初三的学生如果想研究如何将海盐中的各种杂质去除变为试剂级的NaCl，可能就无法达到目标。

在前两个阶段的学习和研究中，要有意识地安排学生进行平行实验、对照实验和空白实验的练习。其关系见表2-7。

表2-7 平行实验、对照实验和空白实验

项目	定义	目的	举例
平行实验	指在实验条件相同的情况下，重复进行两次或两次以上	防止过失误差，减少随机误差	研究型实验的原则一节中科学性原则中的"异常数据"就需要进行两次以上的实验，来确定该数据是属于正常的误差还是属于过失误差，如果属于过失，该数据就需要舍去
对照实验	指在改变若干实验因素（一般只有一个）而其他因素不变的条件下，进行两个或两个以上实验	检测实验操作是否正确，仪器和试剂是否可靠	在进行溴水与碘化钾反应时，如何确定黄色是碘离子被氧化，而不是溴水被稀释的颜色，需要进行一个对比实验，取同样量的蒸馏水，滴入溴水，观察两个颜色的差别，从而证明是碘离子被氧化
空白实验	是一种特殊的对照实验，把不含测量研究对象的空白介质作为实验系统的对照	消除空白介质对实验结果的影响	"异常数据"的实验是通过分光光度计来进行测量的，需要将蒸馏水加入相对应的所有试剂（除了显色的试剂外），进行一次测量，以剔除空白介质和比色皿自身对数据的影响

在研究型实验进行的过程中，它的课程与原来的实验课程截然不同，需要训练按照标准的科研程序进行。

第一步为确定实验题目，学生要和老师协商，确定研究的题目的大致实验方法，杜绝做不必要的无用功，但对学生的各种要求也不能无条件的满足，要按照研究型实验的原则进行。对于一些早有定论的课题，引导学生从探究知识到探究过程转变。

第二步要明确实验研究的目的和要求，要求学生明确实验目的，不能仅仅出于好奇而随意乱试。

第三步是查阅资料。很多学生对于要求是出于一时的好奇性，缺少对研究的基本了解，就可能做一些别人早已经重复过若干次的实验，就没有了意义，而且查阅资料之后，可以完善原有的实验目标和实验设计。

第四步是教师审阅，教师根据学生写的书面实验计划全面掌握其实验计划的科学性、可行性、安全性，对于不完善的地方要进行修改，不合理的方案要退回重写。

第五步是学生完成实验。整个实验要尽量让学生独立完成，如实验试剂要让学生自己配，仪器自己组装，自己完成操作、实验记录、实验论文等各个环节，教师不可以越俎代庖。

三、文献检索是开始研究的第一步

查阅资料是个非常重要的阶段，很多同学最容易犯的错误就是先入为主，看到一个方法就认为这正确的，就按照这个方法执行。却忽略了寻找不同的文献，不同的观点、方法。

仅以笔者自己的教学为例，笔者曾多次带学生进行硫酸亚铁铵制备实验，铁粉与硫酸反应后制得硫酸亚铁，再加入硫酸铵，冷却到室温，利用溶解度的差异得到硫酸亚铁铵产品。多年来一直使用以下这个溶解度，见表2-8。

表2-8　硫酸亚铁铵制备实验相关物质溶解度表1

温度/℃	10	20	30	40	50	60	70	80
$(NH_4)_2SO_4$/g	73.0	75.4	78.0	81.0	84.3	88.0	?	95.3
$FeSO_4·6H_2O$/g	20.5	26.5	32.9	40.2	48.6		51	
$(NH_4)_2SO_4·FeSO_4·6H_2O$/g	17.2			33	40		52	

多年的实验，一直有一个困惑，学生实际产量与推算的产量一直存在一定的差距。由于表格中没有20℃的数据，根据溶解度变化的一般规律，可以推测该数据应该在21~22g，考虑到反应中各个步骤的损耗，考虑到最后饱和溶液中残留的产品，多次实验也不能达到自己预估产量，即使原料采用分析纯的铁粉，实际产量也和理论推测的产量还是有大约2g的差距。多年来一直只能将其当作正常的误差。直到有一天，偶然发现了一个不同的溶解度表，见表2-9。

表2-9　硫酸亚铁铵制备实验相关物质溶解度表2

温度/℃	10	20	30	40	50	60
$(NH_4)_2SO_4$/g	73.0	75.4	78.0	81.0	84.3	88.0
$FeSO_4·7H_2O$/g	28	40	48	60	73	
$(NH_4)_2SO_4·FeSO_4·6H_2O$/g	17.2	31	36	45		

看到这个表,以前的疑惑迎刃而解,因为在室温条件下,表2-8中硫酸亚铁铵的溶解度数据小于表2-9的数据,如果实验按照第二个表的数据进行推测,反应最后剩余10~20mL溶液,对应的硫酸亚铁铵大约多溶解2g,正好与原来理论推测与实际实验的差距完全吻合。于是可以基本推测,第一个表的数据有误。而后笔者多方查找该溶解度数据,手册的数据分别采用了不同的数据,而同一物质同一温度的溶解度不可能有两个。于是又自己实际测定了一次,实测20℃溶解度为27g,与表2-9更接近。因此进一步推测第二个数据是正确的。

由于对数据没有事前进行充分的验证,给后面的实验造成了一定的影响。不过这个实验的影响不是很大,如果在其他的研究型实验中对文献和数据把控不当,可能就会导致比较严重的问题。笔者还有一次进行实验中,文献提供的酸化方法为用盐酸酸化,实际操作时加入很多盐酸仍然没有出现应该出现的现象,重复实验,依然如此,最后改用浓盐酸,现象才一切正常了。

再如,苯氧乙酸制备条件的研究,文献中对实验原料条件顺序有着截然不同的观点。第一种观点认为首先将苯酚和氯乙酸加热溶化后再加入氢氧化钠;第二种观点认为应该首先将苯酚溶解在氢氧化钠溶液中,然后再加入氯乙酸;第三种观点则提出为了抑制水解,要将反应原料添加到氯化钠溶液中。三种方法都有多篇文献进行详尽的讨论并且都有详实数据作为佐证。而面对这样的情况,如果实验前不能充分查找和阅读文献,最容易犯先入为主的错误,而缺少对各种文献的综合分析与判断能力,不利于今后学生的发展。

可见,文献检索与选择是非常重要的步骤,可以说直接关系到学生课题的成败。概括地说,让学生在探究教学中学习查阅文献可以起到多方面的作用。

1. 让学生初步掌握可提供选题的依据

确定课题过程中,对已有研究必须充分了解。前人有哪些研究成果?他们是怎么研究的?研究重点是什么?研究方法有哪些?哪些问题已解决或基本解决?哪些问题尚未解决?哪些有待进一步修正或补充?国内外对此问题的主要分歧是什么?焦点在哪里?有几种代表性意见?代表人物是谁?对于前人还未涉足的课题,则要通过相关文献的查阅,从侧面了解课题的研究价值。可从哪里入手?可采用哪些方法、手段?相近学科或课题能否借鉴?所有这一切,在没有查阅文献的基础上,是不可想象的。让学生意识到,一个研究型的题目不是可拍脑门就可以确定的。

2. 可以扩大学生的视野

查阅文献就好比站在巨人的肩膀上。充分阅读文献可以开拓研究者的思路,深化对问题的认识,启发深层次的思考。经常查阅文献可站在研究领域的最前沿，可跟踪了解国内外的最新研究成果和方法，并从中得到启发，寻找解决问题的可能答案，使所研究的课题站在更高的起点上。信息检索是获取新知识的捷径。

3. 可避免不必要的重复，少走弯路

文献检索的一个基本目的就是避免重复劳动，避免重复做别人已经解决的问题，避免重犯别人已经犯过的错误，少走弯路，提高研究效率。文献检索在整个研究中的作用至关重要，研究成果的价值与占有文献的数量和质量相关。在文献资料缺乏、情报信息不灵的情况下搞研究，往往不是盲目瞎碰，就是低水平的重复，是对人与资源的浪费。

基于此，探究式教学中要突出文献检索能力，引导学生看文献是一个必需的过程，而学会正确运用文献是研究型课题的重要过程。

文献的出处非常重要，很多学生一提到查阅文献就是利用百度百科或者百度知道，但这个方式有违科学原则，更应从正式出版物中查阅文献，见表2-10。现在电子版文献更方便，通常建议学生从中国知网、万方数据库和维普资讯网这几个主要数据库来进行查询。

我们查阅到的文献一般都是加工过的数据，通常文献根据数据加工程度可分为四个级别：

零次文献：指未经正式发表或未形成正规载体的一种文献形式。如：书信，手稿，会议记录，笔记等。特点：客观性，零散性，不成熟性。一般是通过口头交谈、参观展览、参加报告会等途径获取，不仅在内容上有一定的价值，而且能弥补一般公开文献从信息的客观形成到公开传播之间费时甚多的弊病。零次文献在原始文献的保存、原始数据的核对、原始构思的核定（权利人）等方面有着重要的作用。

同学们往往不重视零次文献，同时往往零次文献不易得到，其实同学们自己做实验的原始数据就是零次文献。而恰恰这非常重要的零次文献，学生通常随意记录在一张纸片上，而后重新整理干净地誊写在作业本上，以满足老师对整洁性的要求。而这一行为，违背了保存零次文献的基本要求，整理后的数据虽然干净整齐，但是却已经不是原始数据，严格地说，整理后的数据其可信度都值得怀疑。

一次文献：是指作者以本人的研究成果为基本素材而创作或撰写的文献，不管创作时是否参考或引用了他人的著作，也不管该文献以何种物质形式出现，均属一次文献。大部分期刊上发表的文章和在科技会议上发表的论文均属一次文献。

二次文献：是指文献工作者对一次文献进行加工、提炼和压缩之后所得到的产物，是为了便于管理和利用一次文献而编辑、出版和累积起来的工具性文献。检索工具书和网上检索引擎是典型的二次文献。

三次文献：是指对有关的一次文献和二次文献进行广泛深入的分析研究综合概括而成的产物。如大百科全书、辞典、电子百科等。

通常，同学们最容易、最普遍、最可信的文献来源属于一次文献。

表2-10　按照出版物形式检索文献

检索工具	形式	特点
期刊	有长期固定的刊名，定期连续出版的一种检索刊物，如《化学教育》《中学化学教学参考》等。报道文献以近期为主，能及时反映新发表的科研资料	有连贯性，可长期积累，卷期与卷期之间衔接，无中断及重复
单卷式	以某一学科或专题为检索内容，报道若干年内该学科领域的文献，可一期或不定期出版	专业性强，文献集中，专题文献检索方便，价值也高
附录式	不单独出版，附于图书或论文之后，常以参考文献的形式出现，是著者著书和写文章时的参考资料，是经过精选出来的文献，有较大的实用价值，是查阅文献的方法之一	它是专题索引，同一专题，文献集中，但有局限性，易漏检
卡片式	编制者按自己的需要，把所需内容摘录在文献卡片上，分类整理排列而成	可自由组合排列，也可随时增减，逐步积累，灵活性大，根据学科发展，不断进行更新，但体积大，成本高，不便携带

文献检索大致有以下五个程序步骤：分析研究课题→选择检索工具→确定检索途径→查找文献线索→索取原始文献。

分析研究课题是着手查找文献前最基本的准备工作，对整个检索过程和检索效果具有关键性的影响作用。它包括：分析研究课题的主要内容、所属学科等，确定出课题的主题词、相关主题词以及学科专业范围，确定一、二级分类目名称和相关类目名称等检索标识；根据课题性质分析所需文献主要出现在哪些出版物中，从而确定检索的文献类型；根据课题的要求，确定检索的时间区间；根据已知信息，如从一件专利产品上得到该技术的专利号或已知某专家学者的研究等等，通过专利号、著者姓名等检索标识。

检索工具的选择必须从课题要求和检索者的实际情况出发，综合考虑检索工具报道文献的语种、学科内容、出版类型等情况，选用适合需要的检索工具。选择检索工具应遵循如下三条原则：第一是权威性高即收录文献的学科覆盖面广，摘录的出版物类型多，报道量大，文摘的质量高。第二是报道速度快，即时差小，出版及时。第三是使用方便，正文编排科学，辅助索引齐备，著录项目易于识别。

检索途径一般根据所选用的检索工具来确定。检索工具有多少种辅助索引就能提供多少种检索途径。另外还可根据课题性质和所掌握的已知线索来确定，课题专指性较强就需要选用主题途径，而课题泛指性较强就需要选用分类途径，分类与主题途径的特点可见表 2-11。如果已知文献著者、序号，则选用著者途径、序号途径。

表 2-11 分类途径和主题途径检索特点对比

途径	形式	特点
分类途径	即按学科分类体系，以类号和类目名称为标识进行检索的途径，通过检索工具的分类目录或分类索引查找文献	学科系统性好能满足族性检索的要求。缺点是新兴、边缘学科在分类时往往难以处理，查找不便
主题途径	即以能代表文献内容实质的主题词、标题词、叙词、关键词等作为标识进行检索的途径。常用工具为主题索引。索引按主题词的字顺排列，检索时就像查字典一样不必考虑学科体系	用文字词汇作标识，表达概念准确，使用灵活。有利于把同一主题内容的文献集中在一起查出来，能较好地满足特性检索的要求

在查找文献时，如果发现文献属于二次、三次文献，就应该尽量查找一次文献乃至零次文献，查找文献线索一般可以参照文献后面附的参考文献，认真阅读文献著录款目，通过文献题名及文献摘要了解文献主要内容，判定是否符合检索需要。倘若符合检索需要则应准确记下正文篇名、著者、文献来源出处等著录项目以便下一步索取原始文献。索取原始文献是整个检索过程的最后一个步骤也是检索工作的最终目的。

在教学实践中，笔者设计了一个文献检索思考题，食物一般分为酸性和碱性两大类，其分类原则是按照食物在人体代谢后的酸碱性进行评判，日常生活应该如何控制酸碱性食物的比例，让学生去查文献，学生已经养成了百度检索的坏习惯，而该比例在网上有两种不同的说法，一种说法是 1∶2，另一种说法为 1∶4。正如所料，学生基本上仅仅看到一种说法之后就回答思考题，而没有去注意另一种说法，在第二次上课时和学生讨论这个问题，学生也无法确认哪种说法正确。其实这两种说法至少一种是错的。而后将这个问题继续追问，让学生继续去查原始出处，为自己的答案提供更准确的文字证据。其实这就是让学生从三级文献向二级乃至一级文献追踪的方法，让学生在这一次文献查找过程中体会文献的作用。

四、研究的基本方法

科学研究的方法对于中学生来说主要有观察法、调查法、比较法、实验法、理论分析法。

观察法是最基本的研究手段和技能，是人类感知世界最基本的心理活动。观不仅是看，还包括听、闻，而察则是分析研究。也就是说，观察不是单纯的看，而是有思考的观，英国科学家贝弗里奇就说，观察包括两个因素，感官知觉因素（通常是视觉）和思维因素，解释了观察作为心智活动的本质特征。

观察是获得信息最基本的途径，实验的观察不同于日常的观察，平日的观察多为不自觉、无目的、随机地看，而实验观察则是有目的、有计划的感知行为。不过需要注意的是，正是因为有计划，有时会犯主观错误，对我们观察前没有预期到的现象往往视而不见，从而会错误地作出观察记录。这就是典型的视觉选择。在实验观察的时候，这个现象也会存在，对非观察对象采取不自觉的屏蔽行为，而导致产生错误的实验观察数据。因此在设计观察统计方案时，要尽量避免主观干扰，尽量保持客观。

调查法是另一个最直接获得基础数据的方法，对于中学生来说，调查也是一种最简单可行的研究方法。例如人们对健康越来越重视，可是随着雾霾的常态化，平日戴口罩的人越来越少，关于产生雾霾的主要因素也有多种说法，有学生对就对此进行了调查，就发现了同样的课题，学生调查的结果大相径庭，人们对同一问题的回答为何有如此大的差异，调查问卷的设计就有很大的学问。例如汽车尾气是不是最主要的污染源呢？

学生 A 的问卷是这样设计的：

你是否认为汽车尾气是最大的污染源。是（ ）否（ ）

学生 B 是这样设计的：

你认为最大的污染源是：A 汽车尾气；B 工业废气；C 工地扬尘；D 其他（请注明）。

可以看出，第一个设计具有明显的诱导作用，这两份问卷调查后就会得到不同的结论。而与上边的两种方法相比，量化表是一种比较合适的方法，看看这个问卷方式是不是更好？

你认为汽车尾气是否是最主要污染源：

可以说，调查问卷的设计是否客观，在一定程度上会左右调查结果。

实验法是学生最喜欢的研究方式，也是化学学科最大的特点。对于中学生来说，学生能力时间有限，选题不能过于繁杂。然而不论多么简单的实验研究课题，其基本要素必须齐全。所有的实验研究其实都是一个选择变量和控制变量的过程，合理正确的选择变量就能比较容易获得预期的结论。

图 2-21 实验研究流程示意图

实验研究不论多么简单，都应该具备三个要素，如图 2-21 所示。

有人为的施加因素，研究者要把干预措施施加给实验的研究对象，而对照组的研究对象不做处理；

设置对照组，要得到科学的论证，至少有一个对照；

随机分布，避免实验研究的对象是经过选择的。

理论研究是人们认识世界的系统化研究过程，对于中学生来说理论研究一般还不具备条件，但在实验研究的后续分析中则必不可少地需要用到理论方法。

参考文献

[1] 酒井邦嘉.从模仿到创新——科学无捷径.日研智库翻译组,译.北京：海洋出版社，2014.

[2] 刘大椿.科学哲学.北京：中国人民大学出版社，2011.

[3] 李志西.试验优化设计与统计分析.北京：科学出版社，2010.

[4] 王德胜.化学方法论.杭州：浙江教育出版社，2007.

[5] 朱汝葵.现代化学实验教学方法论.北京：科学出版社，2018.

[6] 杜威.我们如何思维.伍中友,译.北京：新华出版社，2015.

[7] 王爱菊.教学冲突论.北京：中国社会科学出版社，2015.

[8] 叶高翔.科学思辨 24 则.北京：商务印书馆，2015.

[9] 李醒民.科学论.北京：中国人民大学出版社，2010.

[10] 韦伯.社会科学方法论.韩水法,莫茜,译.北京：商务印书馆，2013.

[11] 怀特海.教育的目的.庄莲平,王立中,译.上海：文汇出版社，2012.

[12] 柏廷顿.化学简史.胡作玄,译.北京:中国人民大学出版社,2010.

[13] 布斯.研究是一门艺术.陈美霞,徐毕卿,许甘霖,译.北京:新华出版社,2009.

[14] 韦斯顿.论证是一门学问.卿松竹,译.北京:新华出版社,2011.

[15] 查尔墨斯.A.F.科学究竟是什么.鲁旭东,译.北京:商务印书馆,2008.

[16] 皮尔逊.科学的规范.李醒民,译.北京:商务印书馆,2012.

第三章

做富于智慧的实验

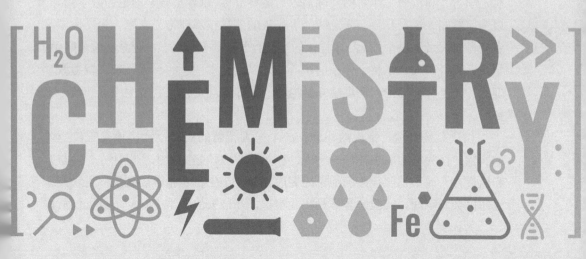

实验应该永远是为了人类服务的。它没有主动自觉性，不会主动学习更没有人工智能，不会变得智慧，一切的智慧都是人附加上去的，是实验者的智慧。知识不是智慧，只有知识的探索过程才涉及智慧。

第一节　什么是有智慧的实验

一、如何定义智慧实验

智慧一词被广泛运用，智慧教学、智慧课堂……

智慧是什么？智慧一词的起源已经无从查起，智慧的本意是什么？《现代汉语词典》解释为：辨析判断、发明创造的能力；《辞海》的注解为：对事物能认知、辨析、判断、处理和发明创造的能力；《新华字典》解释为：对事物能迅速、灵活、准确地理解和解决的能力；《韦氏词典》给出了不同的解释：一种对言行的敏感，以与他人保持良好的关系或者避免触犯他人。

杜威认为智慧异于一般的知识，是个体用来指导人生事情的一种能力，一种能够解决人生问题的能力。罗素提出智慧蕴含在人的好奇心以及求知的能力之中。可以说，智慧不等同于知识，拥有知识不能认为有智慧，知识是智慧的基石，知识为技术转化为智慧。

华东师范大学薛耀峰老师是较早提出智慧实验的老师，他认为智慧实验以满足学习者和科研工作者的实际需求为最终目标，以智慧教学理论为教学指导，以情境感知、泛在计算、人工智能等先进的信息技术理论为支撑，为广大学习者和科研人员提供个性化、多样化的实验教学和科研服务。在智慧实验范畴中，学习者和科研人员是整个体系的核心，是以人为本理念的具体体现。智慧教学理论、人工智能理论、情境感知理论和泛在计算理论都是紧紧围绕这一核心服务的。

智慧实验有别于常规的实验，一个充满智慧的实验设计应该是三位一体的实验。作为实验的主体——学生，在实验中应该是实验主要设计方、参与方和执行方，而不是照猫画虎地单纯完成任务，学生在实验中要有发挥主观能动性的机会和空间；实验的客体是实验本身，在过去的教学中实验本身仅仅承担了知识载体的作用,而智慧实验中的知识是众多目标的一个,实验本身还承担了认知社会、认知思维的多维度作用,一个实验不能承担起众多的责任,但是在每一个实验中都应该渗透各种思想;教师在传统实验教学中仅仅是个"保护神",保证教学计划的完成,保证实验按照规定程序进行,保证学生的成绩,而智慧实验教师则更多地要考虑实验内容给学生带来了什么,实验内容的安排是否符合学生个体的发展,对学生的评价也不能单纯地以实验是否成功作为标准,不是简单的对与错,而是学生在实验中的表现——思维是否活跃,是否有创造性,是否能提供多种实验方法,是否能联系其他学科知识……换言之,智慧实验不是知识载体,而是为了创造知识。

  智慧实验应该属于广义的探究实验,不是为了探究而探究的实验。一个智慧实验应该有着明暗两条线索,明的一条是展现给学生的问题或者是一个知识点,而暗线是科学思想与方法,是人文关怀与渗透。中国人习惯用聪明来夸奖小孩,然而与此相对的是人们又常用小聪明来指证某人没有远见。聪明总是短期或者是短视的,聪明是个中性偏褒义的词,而小聪明就不同了,是个贬义词。智慧一词则不同,我们似乎没听说过夸奖小孩为有智慧,更没有用小智慧来形容贬损某人。智慧是一个绝对的褒义词,是有远见的行为。

  教育理论家怀特海的一些观点可以很好地诠释智慧实验。他认为教育要培养的是有创造精神、有智慧,既能很好地掌握某些知识,又能出色地做某些事情,具有人文精神和审美能力的人。这是一个比传授知识更加伟大也更有重要意义的目的。让人充满智慧是教育的全部目的。知识和智慧并非总是呈正相关,"在某种意义上说,随着智慧增长,知识将减少。""当我们摆脱了教科书,烧掉了笔记本,忘记了为了考试而背得滚瓜烂熟的细节知识的时候,换言之,当我们不是成为知识的奴隶,而学会了积极地创造知识和运用知识的时候,我们才最终拥有了智慧。"怀特海强调:"智慧是掌握知识的方式。"知识是智慧的基础,但知识不等于智慧。不掌握某些知识就不可能有智慧,但人们也可能很容易地获得知识却仍没有智慧。何谓智慧,在怀特海看来,智慧就是对知识的掌握或掌握知识的方式。"教育绝不是往行李箱里装物品的过程",与教育过程最相似的是生物有机体吸收食物的过程。教育要使知识充满活力,不能使知识僵化,更不能向学生传授内容陈腐而缺乏新意的知识。怀海特说:"成功的教育所传授的知识必有某种创新。这种知识要么本身必须是新知识,要么必须是在新时代新世界里的某种创新的运用。"

  为什么现在需要智慧实验?从教育的发展历史上看,最开始的教育就是针对个体的小规模教育,在当时的历史背景下,劳动者不需要什么知识,只需要劳动经验，教育只涉及一小部分人，个别人的个性化教育就成为必然；到了工业革命时期，劳动已经从单一、简单的体力劳动上升到复杂的综合性劳动，机器成为工作的工具，没有基础文化知识就无法承担劳动任务，此时教育普及就成为必然。而大规模劳动者的教育就不能是个性化的教育，而是规模化的教育、标准化的教育，同时也是成本最低、符合工业化要求的教育；现代的信息技术使得知识的获取不再困难，知识灌输可以说已经不是当务之急，无论多么生僻的知识，以前查找非常难，而现在网络上可以很容易找到答案，教育承担的更应该是让学生学会学习，给学生多元化个性发展空间的责任。费孝通先生曾经提出二元差异格局学说，不仅是对社会学规律的阐述，同样可以引申到教育领域中。

现代的教育分工可以说非常清晰，各司其职，语文承担了理解与表达的训练责任，数学承担了逻辑与推理的训练任务，而理化生则是方法论训练的担当者。方法论是不可能通过机械背诵就能学会的，必须通过实践才能掌握。智慧实验必须是一个亲历亲为的方法论体验过程。

教育发展与经济发展是同步的，如图3-1所示，传统农业社会的个性化教育教师是主体，学生被动接受，因为那时的知识积累非常少，技术手段同样稀缺，而现代社会，教师只能利用自己的经验引导学生，学生是学习的主体，主动学习自己需要的知识和技能，现代的知识数量庞杂，教师已经不可能掌握那么多的知识，继续长期主导已经力不从心，教师必须从知识主导向经验主导转变，而这种转变要么是被动的，要么是主动的。被动的变化是考试方式的变化，导致现在的教学方式不适应考试，被迫改变做题主导的方法，很多老师都发现，现在的考试中探究题不容易得分，这不是学生不会做题，而是学生不会做实验；主动的变化就是教师在教学中突出实验的思维引领功能，让实验不是验证知识而是思维引导，让实验变得智慧起来。

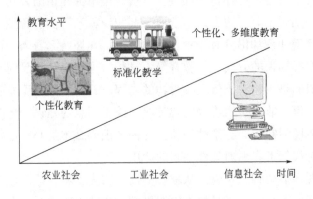

图3-1 教育的发展示意图

打个比方，刚出生的人就是一台计算机硬盘，教育就是软件，是让硬盘运转的外部条件。1997年超级计算机"深蓝"打败了当时的世界象棋冠军，那时我们还在自豪，我们的围棋博大精深，可是2017年，Alpha GO的连续胜利彻底颠覆我们的自傲。人工智能越来越多地取代人的简单劳动，人的优势何在，知识的获取必将转变为能力的获得。

智慧实验不是学生被动地参与实验，利用实验学习知识，而是利用实验手段，顺其自然地了解、体会的过程，是一个加入自己主观态度的探索性实验过程。

二、让小实验充满智慧

不要以为智慧实验是多么高级的实验，我们身边的很多细节，我们教材中的很多难点其实都是重要的素材来源。学生习惯于只有一个标准答案式的教学模式，而我们恰恰就是要利用实验课的特点，把标准化反向做成非标准化，把简单的变得复杂。

为此设计了比较虾皮和牛奶哪个更补钙的课题，这两个食品都是人们常说的补钙食品，究竟每种食品里有多少钙要实验测定。一提到测定钙，中学生最习惯的方法就是沉淀法，学生自然而然地就会想到用碳酸盐沉淀，当学生提出这个方法，老师并不给予否定，并且这个方法得到大多数同学的默认。那好，我们就来试试吧。

学生实验中就发现，牛奶的白色与沉淀的白色混在一起，根本不能判断沉淀是否完全，只有大量地加入过量沉淀剂的方法，才能保证钙完全沉淀。然而问题依然不断，由于牛奶中钙含量只有0.1%，当学生辛辛苦苦沉淀、过滤、洗涤、干燥之后，得到的沉淀竟然少到称不出来！学生非常失望，其实这又落到了前面提到的文献查阅，牛奶钙含量其实就印在食品包装上，学生却没有想起来去看看，看了也没有意识到，我们常规的实验方法在这种微量半微量实验中是无法使用的。而测定虾皮钙含量的同学就更加悲惨，因为根本得不到沉淀，而是不停地冒泡。原因在于为了让虾皮中的钙能够溶解出来，需要使用盐酸浸泡一天，而碳酸钙在酸性环境中是不能沉淀的。学生都学过利用大理石制备二氧化碳，但是随着环境条件变化却缺少将相应知识引入的能力，其实也暴露了教师们在常规教学中的一些问题，我们在讲沉淀的时候，忽略了沉淀条件的讲解，一提到碳酸钙沉淀只说难溶于水，却不提其对pH环境的要求。

众所周知，测定钙含量最简单的方法就是EDTA法，这对于中学生来说，理论上确实有点复杂，但是实际操作并不复杂，如果教师直接介绍 EDTA 滴定方法就失去了让学生自己研究的经历，失去了探究的过程，失去了思维的过程。课上最终介绍了 EDTA 法，但不是要求学生必须使用这个方法，而是在学生发现碳酸盐沉淀法不行之后，让学生在众多方法中进行比较选择。

让学生利用不同方法测定，表面上是认知测定钙的方法，其实是让学生发现不同方法测定的差异，让学生能从不同方法中学会比较和分析，究竟是方法上的不足还是自己实验技术上的差距。学生在跨越老师设置的障碍的时候，在实践中学会实验设计时需要考虑的因素有多少，事前要做多少准备。只有经历失败，学生才对科研有深刻的理解，才能在实践中学会思考，就如同在战争中学习战争，我们则是在思维中学会思维，在思维中智慧起来。

1. 科学方法是训练出来的而不是依靠讲授

实验中不仅要使用到各种实验方法，还要主动运用各种科学思想方法，例如中学最常用的控制变量。在笔试考题中出现实验探究，学生一定就会联想到控制变量，但是到真实的实验操作中，很多同学就不能主动使用科学思想与方法。这就要求教师在实验设计上要主动控制变量条件，让学生自己去体会、去运用各种方法。

实验中我们设计了饮料中糖含量的测定，让学生通过实验认识到长期大量饮用含糖饮料的危害。

课题提出后，具体的方法老师并不给出，要求学生根据文献和前期定性实验的知识自己解决问题。最简单的方法就是将水分蒸发，剩余部分就是糖（少量其他添加剂可以忽略），但这种方法误差最大，要么加热不足，糖中还有水分，要么加热过火，糖脱水。

而在开始进行研究饮料糖度之前，教师事前做了铺垫，安排了蒽酮显色法，让学生知道糖与蒽酮反应显蓝色的特性，在这个实验中，教师仅仅要求学生进行实验验证糖和蒽酮可以反应显现出蓝色，只强调酸化用的硫酸用量必须保证，否则会出现异常，但没有要求同学们取的样品数量一致，当时就有学生发现同学们做出来的蓝色是不同，老师进而提问，让学生思考为什么会出现不一样的蓝色，学生也意识到是因为取药数量不同造成的，而这个药品包括待测实际蔗糖，也包括显色试剂蒽酮。当开始研究饮料糖度的时候，就有学生意识到糖度不同，蓝色深浅不同，可以根据蓝色的深浅判断蔗糖的浓度。这不就是比色的基本原理吗？然而问题并不简单，使用肉眼比色方便，但是却只能得出一个非常宽泛的糖度范围。如何让比色更加准确，就需要学生在设计标准色阶上做足功课，而这个标准色阶的设计就完全依靠学生自己来完成，需要根据前面得到的大致数据，重新设计显色剂或者蔗糖样品浓度差，浓度差过大，数据结果范围过宽，过小，色差不明显，反而不便于比色，学生在此花费大量的时间摸索实验条件，最终绝大多数同学得到了符合要求的结果。在这个实验教学过程中，如果老师直接给出配制色阶的配方，学生节约了大量的时间，仅仅是做过一个比色试验，测定饮料的糖度，学生就仅仅是了解了一个新方法，思维容量小。然而让学生自己制作色阶，其中就涉及浓度差的选择，各种显色剂、助剂的添加数量，当数据不理想如何调整等一系列的问题，学生得到的就不再是一个单纯的实验，而是一系列发现和解决问题的方法，是科学方法与思维方式的提高。

2. 创新的起点其实就是模仿

薯片是学生非常喜欢的食品，但是其中含有大量的油脂，我们在课堂上设计了测定薯片中油脂含量的内容。由于是开放性实验，学生首先就要自己查阅文献，当然，查到的方法就是使用索式提取器，如图3-2所示，实验原理就是将油脂用溶剂溶解，然后将溶剂蒸发。当然学校没有索式提取器（有也不能给，因为实验没有了难度）。现在学生面临的问题就是，已经知道了实验原理，但是却没有实验用器材。如何解决这个困难。

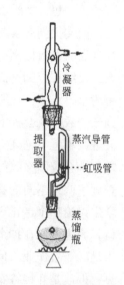

图 3-2 索式提取器

绝大多数学生选择了使用索式提取器的原理，使用常规实验器材替代，先将薯片用乙醇（文献用乙醚，因不安全，实际用乙醇替代）溶解，而后将乙醇油脂混合液用蒸馏装置蒸发，剩下的就是油脂，从而测定油脂含量。

然而这将几十毫升乙醇蒸干的过程耗时比较长（因中学没有旋转蒸发仪），有没有其他方法呢？其中有同学提出了更加简单的实验计划，将薯片称重，用乙醇浸泡，并适当加热，这样可以提高溶解度和溶解效率，而后将提取液倒出，剩余薯片干燥称重即可。那么这种方法可行吗？实践是检验真理的唯一标准，学生将设想变为一组真实的数据，再和其他同学的数据进行对比，与标称数据误差都不到3%，这在中学水平来说已经非常准确。对比两种方法，标准方法是将脂肪溶出，再将溶剂蒸发，测量剩余的液体就是脂肪，而学生的推理则是脂肪被溶出，则减少的质量就是脂肪的质量，这个方法简单实用，可以说是一种创新。当然学生的方法有理论缺陷，就是溶出的不一定只有脂肪，还可能有其他物质，而操作最终基本可行，一方面是因为乙醇替代乙醚后溶解性有一定差异，另一方面根据食品营养配方可以发现，其他营养成分一般不会溶解到乙醇中。

创新不是多么高级的事情，创新的本质就应该是将复杂问题简单化，创新就是从模仿开始的。

三、获得有效信息是智慧的开始

说到查阅文献，学生首先想到的就是百度，能百度一下就可以交的作业，就完全不动脑子，这不是我们要的效果，而是希望学生在查阅文献的时候能动脑子想一想，文献讲的对或者不对，不同文献的讲述有差别又该怎么办。

前文提到在实验课上就给学生留下了查所谓"最佳人体摄入酸性食品和碱性食品的大致比例"的作业，而这个作业就是要为后边的讨论留下伏笔，因为老师已经在查阅文献时发现不同的文献给出的数据差异很大，有的是1：2，有的是1：4……我们等待学生犯错误。果然，收回来的作业绝大多数学生看到一个数据就会抄上交差，而不会看其他的说法，更不会因为发现说法不同而去进行思考与论证，因为学生早已经习惯了单选题模式，而这正是我们要引导学生学会查阅文献的起点。于是首先让大家讲述自己查到的结论，现在同学们查到了两种不同的答案，那么老师其实还查到了第三种、第四种，哪种对？让学生讨论哪个是正确的，学生自然一脸茫然，无法回答，个别发言的也说不到位，因为他们在抄上数据的时候根本就没有思考，而这都在老师的预料之内，于是又布置作业，回去根据已知的几种答案，自己去进行分析，哪个答案更可靠，抑或是几种答案都不可靠，下次上课继续讨论这个问题。整个教学过程不是简单地将老师查到的或者说老师认可的答案作为标准答案让学生记住，而是让学生通过自己的实践，认识到文献的重要性与文献的可信性，文献之间的相互印证是多么重要。而在后期的几个实验课题还要不断地要求学生查阅文献，通过不断查、不断想，在练习中学会正确使用文献。

教学过程中，教师没有一开始就说文献的重要性，更没有通过一张张PPT，让学生背下来查阅文献的若干注意事项，而是让学生在实践中通过解决问题来发现文献的重要性，这就使得教学由虚入实。

1. 课程的开发与实施从阅读文献开始培养学生的信息处理能力

在带学生研究碘盐中的碘这个课题时，做课前准备搜集资料需注意要做到严谨而全面，切忌片面武断地得出结论。课前就布置了学生查阅有关碘的文献的任务，让学生课前做好功课。学生们查资料大多数依赖网络搜索引擎，快速便捷，碘是人体的必需微量元素之一，有"智力元素"之称，人体内的碘是构成甲状腺激素的重要成分,与甲状腺关系紧密。但是网络检索弊端在于信息庞复,真伪难辨。当问及补碘时最常见的加碘盐的含碘量的标准时,有的同学说了新标准,有的同学说了旧标准,但大都不能准确说明出处,因此缺乏严谨性。其实查资料的途径很多,例如图书馆,医学、保健、食品与营养学类书籍,也可利用学校网络数据库资源查阅有关碘与健康的关系、碘缺乏症以及地域区别的相关资料。而此前已经在教学过程中对学生训练过文献检索规范的教育。可见,让学生认知并且将一种行为规范融入自己的行为习惯不是一朝一夕的,不是在理论上掌握会答题,而是不断通过实践活动才能真正理解和掌握。

1994 年,全民食用加碘盐作为一项国策在中国推行,卫生部发布的食品安全国家标准《食用盐碘含量》在 2011 年推行新标准,食盐产品中碘含量的平均水平(以碘元素计)为 20 ~ 30mg/kg,这比老标准规定的 60mg/kg 的最高强化量再次大幅降低。在 2011 年之前碘盐中碘含量标准已经调整过三次。既然补碘益处多多,那么为什么会多次下调呢?由此引发学生们的疑问,进而继续深入调查,就会发现我国人群在长期食用碘盐后碘营养水平总体处于适宜状态,基于此现状,提倡补碘的同时也要注意到碘过量对健康的不良影响和对机体的损伤。中华医学会内分泌学分会作为我国甲状腺疾病的临床专业学会于 2011 年在南京发表声明,称食盐加碘是目前国际上公认的最好的补碘方法,应当坚持,但各地要实行"科学补碘、分类指导、因地制宜、不多不少"的方针。此处可以运用一个"混乱"的任务情境,为学生发现问题提供机会,还可以培养学生思考问题的严谨性。而这个环节其实又在为课题最后测定碘盐的碘含量做铺垫。

2. 培养学生在众多信息中的选择总结归纳能力

探究实验需要注重科学的研究手段,训练学生使用科学的研究方法。对照实验是探究实验中必不可少的科学的手段。探究碘及其化合物的基本性质,是一个定性实验。学生根据给定的实验材料和方案操作,将实验以表格的形式呈现出来(见表 3-1)。

表 3-1 碘及碘化合物的性质

项目	淀粉溶液	$Na_2S_2O_3$	双氧水	稀硫酸	碘化钾溶液	碘化钾+硫酸	NaOH	CCl_4	乙醇
碘单质(或碘水)									
碘化钾(溶液)									
碘酸钾(溶液)									

在三组对照实验中,学生们可以清楚地看到碘单质、碘化钾、碘酸钾的性

质特点，各自独有的颜色反应，总结其化学性质，选择可以作为鉴别试剂的药品，不但清晰地展现了实验条件和结果，而且提高了学生归纳总结的效率。例如，我们一般都说碘遇淀粉变蓝，但实际是碘单质遇淀粉变蓝。

在这个表格中，可以发现，有几个实验是没有现象或者说就根本不反应，为什么要设计这种"没有用处"的实验？很多同学课后对此表示都不理解，其实我们过去的教学给出的信息都是立即有用的信息，而那些提供对比和参照的信息一般会出现。而在本课题中，教师不直接给出性质规律，而是通过一系列实验，让学生自己从中发现，例如碘化钾的氧化，和稀硫酸没有明显现象，和碘酸钾没有明显现象，只有既有碘酸钾又有稀硫酸的时候才会有现象。这样，学生自己从实验中发现，而不是教师直接介绍，提高了学生选择和利用信息的能力。并以此为根据来设计实验判断华素片和碘盐中的碘的存在形式。而硫代硫酸钠与碘单质、碘化钾、碘酸钾的反应，其实就给学生一个信息，硫代硫酸钠只可以和碘单质反应，这样，如果要测定碘酸钾，就必须将碘酸钾转化为碘单质才行，这就为后边测定碘盐中碘含量做了铺垫，让学生利用已知信息和技术来创造性地解决未知问题。

在酸性条件下，用过量的 KI 将 KIO_3 还原，析出 I_2。溶液由无色变成黄色：

$$KIO_3+5KI+3H_2SO_4 = 3K_2SO_4+3I_2+3H_2O$$

向碘水中滴加硫代硫酸钠的时候，溶液发生了褪色：

$$I_2+2Na_2S_2O_3 = Na_2S_4O_6+2NaI$$

3. 训练学生信息加工能力

探究实验需要遵从科学性原则，培养科学的思维方式。探究实验的科学性更多地体现在实验原理和设计的科学性。测量碘盐中碘的含量，这是一个定量实验。原来的信息仅仅是定性实验，如果要测定碘盐的含碘量，给出的信息好像是不够的，对于学生来说，学生需要已知的唯一一个数量就是硫代硫酸钠的质量分数或者物质的量浓度。而一旦给出这个浓度，问题就变得简单了，学生自然会想到用硫代硫酸钠来滴定，其实根据前面给出的信息，学生可以根据方程式推算出数量关系：

$$KIO_3 \sim 3I_2 \sim 6Na_2S_2O_3$$

碘酸钾是待测物质，硫代硫酸钠又未知浓度，这时，唯一可以着手的地方就是碘单质了，学生通过首先利用已知质量的碘单质来测定硫代硫酸钠溶液浓度，进而用已知浓度的硫代硫酸钠测定碘盐中的碘酸钾。碘单质溶解性很差，但开始设计的性质实验已经做了铺垫，安排了碘单质溶解于碘化钾的实验，这个当时看似没有用处的实验，现在却有了用处，用来溶解碘单质，使得测定成为可能。当然这个推理过程对于大多数学生来说确实很难，多数学生没有想到这个方法。但仍有部分学生成功解决这一难题。

在实际操作中，各实验小组的结果差距大，组间误差较大，但不能据此就说这个实验不严谨，因为考虑到实验实施的学生个体和滴定器材的系统误差，不能单单凭借结果去评价一个实验。我们在课堂设计上，让学生根据自己发现的实验现象设计探究实验的具体步骤，重要的不是结果的一致，而是让学生敢于根据已知条件大胆设想，认识到一个探究实验是怎样严谨而科学地实施的，潜移默化地培养学生科学的思维方式。

四、每一个实验都可以变得智慧起来

每一个实验都是培养学生能力素养的重要工具，就如杜威所言：问得好则教得好。笔者在教学中多次以课本实验为蓝本，设定深入研究的课题，取得良好的效果。

初中碳粉还原氧化铜的实验一直是一个比较难的实验，装置如图3-3所示，实验的成功率不能保证，实验效果一般，需要很仔细观察才能看到一点红色，关于这个实验的改进方案也不断见诸化学期刊。各种改进也往往成为各种比赛的成果，没能最终落实到实际教学中，教师们在教学中还是一直使用传统的实验方法，而这正是调动学生学习积极性的最佳抓手。

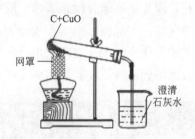

图 3-3 碳粉还原氧化铜实验装置

课上，教师首先给出问题，演示碳粉还原氧化铜的实验，让学生再次仔细观察，指出这个实验的不足，同学们你一言我一语，提出了不少假设，而这些假设是否合理，是否存在改进的可能，教师并不表态，而仅仅将其罗列出来，供大家思考讨论。而后提出本课题所要解决的目标，找出该实验可以改进的地方，先讨论设计方案，再通过实际操作进行验证。

1. 学生精妙设想

碳粉还原氧化铜是个非常经典的实验，绝大多数学生自然逃脱不了传统思维模式，例如认为是混合比例不合理，通过调整两种反应物的比例，寻找最佳实验现象；认为是原料不纯，通过烘干、纯化等手段进行改进；认为是混合不均匀，通过研钵研细进行改进；认为温度不够，改用本生灯、喷灯进行实验；认为还原实验需要隔绝氧气，在实验过程中不断通入二氧化碳或氮气；……不一而足，在此不再赘述。

可以说这些方法都对，都可以，可以完成教师预设的教学目标，也是很多老师进行改进的出发点和改进方向，但是让教师大为意外的是，几个学生的奇思妙想创造了奇迹。

2. 实验问题出在非密闭环境

有学生设想问题出在实验不密闭，如果通入保护气就会导致温度下降，对实验产生不利影响，故而要求对实验装置进行密闭性处理，这对于中学实验条件来说是个挑战，几乎不可能。学生最初将试管装满混合物，再进行加热，因为填装过满，受热不均匀，效果反而更差，于是缩小反应容器，更换小规格试管，效果依然不佳，也是因为中心部分的混合试剂温度不足，达不到反应要求。学生提出改用坩埚，扩大受热面积，效果还是不好，因为中心温度的问题依然存在，又提出改用导热更好的金属坩埚，因为学校没有条件，学生提出用铝箔将混合物包裹起来加热来代替金属坩埚，实际操作中因为粉末包裹起来非常困难，无法保证密闭环境，最后学生提出改用碳棒代替碳粉，这样少量氧化铜粉末就比较容易卷起来，并且因为中心部分就是碳棒，反应物都在表面，理论上解决了反应温度不均匀的问题，实际操作确实在碳棒表面看到了明显的红色金属铜。而后学生提出为了扩大比表面积，实验前用砂纸打磨碳棒，同时增强了氧化铜的附着力，实验效果得到提升。实验如图 3-4 所示。

图 3-4　铝箔包裹碳棒氧化铜以及加热示意图

在这个实验过程中,学生在自己原有的假设条件下,随着问题的演化,不断提出新的假设,不断完善初始设计方案,最终得到了意想不到的效果。

3. 实验问题出在原料不可能混合均匀

另一组同学提出的假设是:反应是分子之间进行的,因为反应进行过程中生成的铜阻碍了后面反应物的继续反应,而加热中试管又不能不断振荡,这就需要将混合物充分研细,做到分子之间充分接触,实验中效果不明显,那么问题出在哪?因为接触依然不够充分,学生提出改用润湿的纸片蘸取混合物,这样就可以形成一层薄膜,实验发现效果确实有提升,但是学生提出纸片燃烧过程就会生成碳,能否就用纸片代替碳粉,让纸片蘸满氧化铜,这样可以保证反应物接触更加充分,实验发现效果很不好,因为干燥后氧化铜就会脱落,如果湿润状态加热,氧化铜受热也会脱落,反应根本没法进行。

然而已经迸发出思想火花的学生绝不就此罢手,而是想从碳粉还原氧化铜中的铜是 +2 价,硫酸铜、氯化铜中的铜也是 +2 价,如果用湿润纸条蘸取硫酸铜或者氯化铜点燃后是不是也能得到金属铜?实验检验发现固体迸溅,学生继续提出,蘸取固体不行,如果改为蘸取溶液,这样分子之间接触就更加紧密了,实验发现该方法确实效果最佳,可以得到明显的铜单质,如图 3-5 所示,效果远好于还原氧化铜。学生继续假设,既然还原铜可行,还原其他金属是不是也可行?学生实验了几种金属盐溶液,发现 $FeCl_3$ 效果明显,但 $AgNO_3$、$ZnSO_4$ 等效果不明显。

一个小小的碳粉还原氧化铜实验,学生就能创造出一片新的天地。其实,这里学生的发现、发明大多数已经被发现过,但是学生重复这个发现的过程就是一个变得智慧的过程。

图 3-5 滤纸条蘸硫酸铜溶液灼烧法得到的铜薄膜

第二节 智慧实验设计的内涵与外延

智慧实验最直接的载体就是探究实验,通过探究这一重要的形式,尤其是广义上探究才能将探究的意义发挥出来,让实验真的智慧起来。

在逻辑学的学术范围内,概念的逻辑结构分为"内涵"与"外延"两个部分,任何一个概念都必然包括内涵和外延。

内涵是一种抽象的感觉,是某个人对一个人或事的一种认知感觉,内涵不是广义的,是局限在某一特定人对待某一人或某一事的看法。内涵不是表面上的东西,而是内在的,隐藏在事物深处的东西,需要探索、挖掘才可以看到。事物的特有属性是客观存在的,它本身并不是内涵;只有当它反映到概念之中成为思想内容时,才是内涵。

外延在逻辑学上指反映在概念之中的、具有概念所反映的特有属性的事物,是指一个概念所概括的思维对象的数量或者范围。

就拿化学这个概念来说,化学是研究物质的组成、结构、性质及变化规律的科学。这就是它的内涵。化学研究的对象涉及物质之间的相互关系,或物质和能量之间的关联。传统的化学常常都是关于两种物质接触、变化,即化学反应,又或者是一种物质变成另一种物质的过程,我们通过观察测量,根据能量、颜色、状态、气味等外在的变化体验到的就是化学的外延。

一、智慧实验设计的内涵

课标中对实验教学提出了比以前更高的要求,尤其是探究的要求更是首次明确提出。"通过实验探究活动,掌握基本的化学实验技能和方法,进一步体验探究的基本过程,认识实验在化学科学研究和化学学习中的重要作用,提高化学实验能力。""获得有关化学实验的基础知识和基本技能,学习实验研究的方法,能设计并完成一些化学实验。""学习必要的化学实验技能,体验和了解化学科学研究的一般过程和方法,认识实验在化学学习和研究中的重要作用。""认识化学实验是学习化学知识、解决生产和生活中的实际问题的重要途径和方法;掌握基本的化学实验方法和技能,了解现代仪器在物质的组成、结构和性质研究中的应用;了解化学实验研究的一般过程,初步形成运用化学实验解决问题的能力;形成实事求是、严谨细致的科学态度,具有批判精神和创新意识;形成绿色化学的观念,强化实验安全意识。"

按照新课标的要求,探究课程不仅仅是化学学科教学时的必需环节,也是其他学科不可或缺的重要内容。化学实验探究其本质包括什么,学者们已经给予充分讨论。杨玉琴、王祖浩撰文指出:"实验能力"是指学生运用化学实验认识和探究化学物质的组成、结构、性质及其变化规律的能力,其中含有操作成分、观察成分和认知成分。苏远坤将实验能力概括为化学知识、化学实验技能、化学实验智能。施永明则提出探究能力涉及预制能力、设制能力、精制能力。施瓦布认为科学探究一方面是科学知识本身的探究，另一方面是教学过程的探究。这些讨论将重点放在了人身上，强调了主体，忽视了对客体的讨论，很少提及研究的手段。一个探究活动，尤其是一个实验探究活动，是包括主体、客体和手段三方面的综合活动，三者缺一不可，如图3-6所示。

图3-6 实践关系示意图

探究的客体，也就是探究需要解决的问题，同样是需要讨论的要点。现在很多探究实验以及实验的改进都存在一个脱离教学与生产实际的问题。表面上解决问题，但是却将简单问题复杂化。例如下面的二氧化硫制取与性质一体化装置，表面上看装置美观科学，但在实际操作上，活塞过多，只适用于比赛，不能用于正常教学，一来需要和学生解释的过多，会喧宾夺主；二来装置复杂，连接点太多，非常容易漏气；三来可重复性差，如果想要进行重复实验，更换试剂非常不便。另外从图3-7上看横平竖直，实际搭装仪器基本不可能做到。

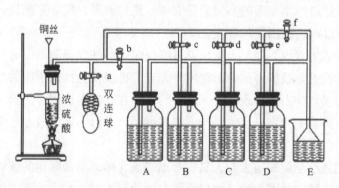

图3-7 一体化二氧化硫制取与性质装置图

人类对自然的认识过程一直是追求简单的过程，当年哥白尼提出日心说不仅仅是观察的总结，其中一个原因就在于如果按照地心说，观测的结果就将得出宇宙会有两个不同的轴，一部分围着地球转，另一部分围着太阳转这样的结论，这样世界太复杂。而最简单的设计只能是地球也围着太阳转。

作为一个探究实验，或者进一步说进行一项科研，客体都是非常重要的方面。任何主观的思想都要最终表现在客体上面，主观能力的水平也将在客体上得以区分。

一个设计良好的探究实验，应该具备三个方面的特质：可现性、科学性、思想性。并且不仅仅是探究性实验，每一个实验都应该是这三性的完美结合，只是在不同的目标下突出的重点不同。

（一）可现性

所谓可现性就是实验需要有鲜明的实验现象，可以直接被感知，就如同酸碱反应，能用指示剂证明反应存在和完成，就不必用pH计来证明反应存在。

初三教学讲到分子扩散的是原本实验设计如3-8所示。

由于这个方法可现性不好，很多老师做了各种改进。如图3-9所示。

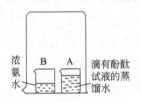 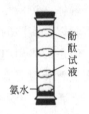

图3-8 课本上证明分子运动的实验装置　　图3-9 分子运动改进方案

这个方法将原本无趣的实验变得立体，更加美观、现象更明显，并且突出分子扩散的过程，突出了可现性。

对于中学生来说，如果一个探究最终仅仅是一些仪器测量出的数据，无论这些仪器多贵重，数据多精确，技术多先进，也仅仅能换来学生的惊奇，不能带来直观的视觉冲击力。现在越来越多的老师在教学中使用传感器，用数据说话，将定性实验变为定量实验，技术上先进了，但远不如溶液颜色变化给学生的印象深刻。

学生们从小学就知道人吸入氧气呼出二氧化碳，但是呼出的气体中就没有一点氧气吗？答案是否定的。视每个人身体状况不同，代谢水平不同，呼出气体中氧气一般在12%～18%之间，如何证明呼出的气体中还含有氧气？使用氧气传感器可以直接读到准确数据。然而这个实验不如收集一瓶呼出的气体，而后将点燃的红磷放入，观察红磷可以继续燃烧，证明还有氧气，再观察反应结束后液面上升的情况来确定氧气的含量。这个现象一定会给学生留下深刻的印象。传感器的作用在于让人们看到本来看不到的反应，本来就已经能够看到明显现象的实验使用传感器就属于画蛇添足。红磷燃烧可以证明呼出气体中含有氧气，而传感器的特征在于证明有多少。对于绝大多数学生来说，能用定性实验就不要用定量实验。定量实验就意味着实验难度的大幅度提高，需要在相对较高的年级使用。当然我们不能否定传感器带来的便捷。

对于中低年级学生来说，可现性就是将不宜观察的变为可见的。例如测定空气中的 CO_2 含量，如果使用传感器表面上非常简单并且准确，还显得有科技含量，但却丧失了可现性。笔者在教学中将其改造为探究性实验，利用氨水和二氧化碳的反应，利用酚酞作指示剂，使用100mL注射器作实验器材。探究包括两个子课题，第一个是研究多大浓度的氨水进行实验比较合适，第二个是研究是否不同环境中 CO_2 含量不同，课堂上学生兴趣盎然，做了非常深入的研究。

实验时，学生首先抽取一定浓度已经滴有酚酞的氨水，而后吸入空气，振荡，让空气和氨水充分接触反应，放出反应后的空气，再重新吸入空气，不断反复，直到氨水中的酚酞褪色，此时吸入空气中的 CO_2 恰好与氨水完全反应，根据吸入的空气量多少，就可以计算其中的 CO_2 含量。表面上看这是一个比较简单的实验探究，但其中却包含着实验设计的能力，如果要测定到比较高的精确度，就必须要配制非常稀的氨水，而氨水过稀，实验的次数就会非常多；反之，如果氨水浓度比较大，虽然很快就能完成实验，但是试验精度就会很差，并且无法比较不同环境中 CO_2 含量，学生必须在两者中间进行选择。首先要根据理论计算出一个可能适合的浓度，而后再通过实际测定来判定这个浓度是否真的适合。最终学生通过实践，发现氨水浓度在1∶（400～500）之间比较合适，确实不同环境中 CO_2 存在较大的差异，与自己当初的猜测完全吻合，尤其是有学生测量发现人员聚集场地的 CO_2 含量竟然比教科书中的正常数值高出4倍。

又例如化学反应速率一节中讲到浓度与反应速率关系时，如果单纯观察不同浓度的酸与锌反应产生气泡的速率，这是一个非常主观的判断，并且可现性不好，人教版教材改为图3-10所示的装置。将一个很主观的判断变为一个客观的数据，并且具有非常好的可现性。

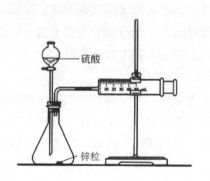

图 3-10　浓度与化学反应速率的关系

可现性并不等同于趣味性，趣味性是实验者主观的判断，但可现性是客观存在的。就如同同样的一个趣味实验，有的同学觉得有趣而有的同学可能就觉得乏味。随着年龄增长，本来的趣味性也会变得无趣，趣味性具有可变性。

可现性就是让不明显的实验现象变得明显，看不到的实验现象得以呈现。

（二）科学性

对未知事物进行探索是化学学习的一种重要学习方式，任何探究都必须遵循科学性原理，如果是学生自发的探究仅仅需要遵从自然科学的科学理论，但是在教师引导下的探究课程就不仅仅要遵循自然科学原理，同时还要遵循教育科学理论。任何一个探究课题都应该是自然科学与教育科学两者的有机结合。在过往的探究课程中，往往比较强调遵从自然科学而忽视了遵从教育科学原理。

1. 实验内容设计的科学性

化学探究实验设计需要遵从一定的科学性原则，这个科学性首先包括实验原理上的科学性，严格遵循科学规范，不能为了达到所谓的实验效果而弄虚作假。例如，乙醛银镜实验是一个很不稳定的实验，学生实验时总有大量的学生做不出美观的银镜，有时有的老师为了达到良好的课堂教学效果，就会在试剂上做一些"调整"。例如，有的就会在乙醛中加入少量的葡萄糖溶液，或者在实验时滴加一滴氢氧化钠溶液。可以说这些方法都可以有效提高实验成功率，但是其反应原理就发生了变化。如果仅仅用于常规教学实验是可以的，但用于探究实验就必须严格遵从科学原理，不能随意替代，但我们可以让学生探究为什么滴加氢氧化钠溶液可以使得银镜现象更明显。

教材中讲到胶体性质的时候，有一个对比试验，将红光分别通过氢氧化铁胶体和硫酸铜溶液，这个实验就存在科学性问题，因为硫酸铜溶液的蓝色与红光恰好是互补色关系，红光可以被蓝色完全吸收，虽然现象是对的，但如果让红光先通过硫酸铜溶液再通过氢氧化铁胶体，就会发现氢氧化铁胶体中没有光线，可见该实验科学性有问题。任何探究实验不能为了达到预期的实验效果而违背科学原理。所以该实验应该使用白色光源。

2. 探究设计需要遵从教学理论

探究实验设计中更为重要的科学性更多地体现在科学地运用教学理论。例如，按照建构主义理论，课程设计的中心在于设置一个完整真实的故事情景，使学生在此情景中产生学习的需求，进而产生亲手实验的冲动。在实验中，自主探索、合作交流，完成识别目标、提出问题、达到目标的全过程。此类课程的一个重要设计原则就是"抛锚"，"锚"就是情节逼真的故事场景，而学生的整个学习过程围绕着"锚"展开。

物质分离是化学教学的一个重要内容,在中学阶段,我们应该学会过滤、萃取、重结晶、蒸馏、层析等一系列分离操作。而这些内容分布在各个年级的教材中,相互独立,缺少有机的结合。因而笔者希望通过创设一个大环境,让学生在同一个环境中,尽可能运用更多的实验手段,从而实现知识和技能综合。

将众多的以物质分离为核心的实验知识和技能集中在一个背景之下,就首先需要创设一个适当的条件,使所有的知识技能得到有效的连接。环境问题是当今我国一个重要的问题,越来越多的人开始关注生存环境。以除去各种污染物为题材,固体用过滤,有机物用蒸馏,微量物质用层析,这样就可以达到预设的目的。于是在课上首先引用报纸上多次报道的一些地方新建 PX 项目,因为群众担心污染,强烈反对而被迫停建缓建的案例。给出环境问题严重的现实,在化学课上,污染物的排放是不可避免的,如何减少甚至不排放污染物是个很重要的问题。但是当污染已经产生,如何治理也是重要的任务,今天我们要研究的是污染物已经排放的情况下,如何分离出去这些物质。此时给出一大瓶实验室的"废液",里面包含多种物质(废液含有硫酸钡、硫酸铜、氯化铁、硫酸、乙醇),而分离这些物质的最可能方法就是过滤,如图 3-11 所示。

于是抛锚式教学的第一步创设情景得到完成,使得学习能够在和现实情况基本一致的情况下发生。而环境污染,分离有害物质就是"锚",学生得以确定具体问题,抛锚过程完成。

学生观察废液,首先发现的就是不溶性的杂质,于是将问题引导到过滤就是非常顺畅的一步。很多学生在小学科学课上就做过过滤实验,于是,此时将示范交给有过过滤操作经验的学生,学生讲经常是挂一漏万,很多重要的操作细节没有提到,而此时按照抛锚教学模式不能给学生提供完整的操作步骤,而是向学生提供解决问题的有关线索,提供资料来源,并且

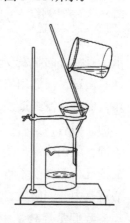

图 3-11　常规过滤装置

特别注意发展学生的自主学习能力。于是首先肯定示范操作的同学,其大部分操作是正确的,虽然有些细节由于时间关系淡忘了,因而不够准确。此时再给出过滤的标准操作示意图,让学生结合同学示范和示意图,自己发现操作中还有哪些需要注意的事情。

为了加深学生对过滤的理解,实验给出一个更难的问题,老师将事前准备好的 0.2mol/L $FeCl_3$ 和 2.0mol/L NaOH 溶液相互混合,让学生看到浑浊现象,

让学生看看能否通过过滤得到沉淀。而老师提供给学生的却是 0.1mol/L $FeCl_3$ 和 0.1mol/L NaOH。这一点点的浓度差距，结果却截然不同，0.2mol/L $FeCl_3$ 和 2.0mol/L NaOH 可以产生沉淀，0.1mol/L $FeCl_3$ 和 0.1mol/L NaOH 生成的却是胶体，而两者的颜色基本没有差别。这个看似简单的问题却难住所有同学，因为在这个浓度下的两种溶液混合后得到的胶体颗粒太小，所有学生都出现了透滤的现象。学生看着"沉淀"穿过滤纸，沿着漏斗慢慢流下而束手无策。

随后的问题再次产生：有何办法使得沉淀不再透滤？有个学生想出了多次过滤的方法（如图3-12所示），开始操作，还没有看到是否成功，大家立即模仿。然而不幸的是，他的方法没有成功。又有学生想出了多层滤纸过滤的方法，依然没有成功，这个实验给学生留下深刻的印象，过滤不是万能的，对颗粒度大小有着严格的要求。

图 3-12 学生制作的多次过滤装置

按照抛锚式教学的要求，学生学习要有协作学习的环节，就是学生之间讨论和交流，互相补充完善，进而加深对问题的理解，并且更有利于解决问题。因而老师在设计实验时有意识安排了几个"陷阱"，等待学生在实验中通过相互借鉴，相互交流，最终发现和破解。

问题还是需要解决的，一次次的失败后需要重新取滤纸，有细心同学发现老师提供的滤纸是不同的，有三种规格，分别是快速、中速和慢速。而选用不同规格的滤纸，透滤的状态就明显不同，快速滤纸透滤严重，而慢速滤纸透滤现象相对轻一些。而他们不知道，这是老师事前有意识安排的。而后，又有同学发现老师演示的效果不同是因为溶液和自己的溶液略有不同，颜色略深一些。自然，问题解决了，只要把自己的溶液浓缩到老师溶液的浓度，透滤就不再发生。于是几个老师有意识安排的"难点"在同学们的细心观察中一一破解。

我们常规教学中一般只强调过滤用于固液分离，从来不强调胶体不能过滤，而这个实验恰好就是利用胶体不能过滤的特点，给学生出了一个难题。

抛锚式教学对学生的评价要求学生要解决现实的问题，学习的过程就是解决问题的过程，而这个过程就直接反映出学生的学习效果。这种评价不是看学生的考试成绩，也不需要进行考试，而是在课堂上加强对学生的观察。于是这节课的成绩就出来了，最先发现老师秘密的和提出改进方案的同学得到满分。

一个简单的过滤实验，大多数老师可能只给半节课的时间让学生操作，让学生体会"几低几靠"的要点。而按照抛锚式教学的这节课，将实验转化为试验，整整用了 3 课时的时间，学生操作时间超过 2 课时。看似过于浪费时间，但是学生对过滤的认识，无论是其广度还是深度是其他学生无法比拟的。

（三）思想性

一个探究性的实验内容，在设计的时候还需要考虑学生探究时科学方法的运用水平，不能单一的无计划地试，而是有计划地、有目的地试，是主动运用各种科学技术方法论的试。

中和热测定（图 3-13）是高中教学中非常重要的一个定量实验，该实验起到了引导学生思考，学会误差分析的重要作用。而该实验设计存在一定的不足，由于系统误差的存在，学生测量数据普遍存在 10% 的误差，而学生很少去设计一个方案去测定系统误差或者屏蔽掉系统误差。

图 3-13　中和热测定装置

教学过程中，常规教学实验完成后留给学生思考题：如何在试验中测出或者剔除掉系统误差。并且给学生留出一节课的时间，设计方案并完成实验测定。

试验过程，学生提出了各种各样的测量方案，但大多数人都局限在平行实验减小偶然误差上，只有个别学生能够设计出抵消误差的方案。

改进实验装置当然是一个方法，但在现有实验条件下，实验的系统误差主要是系统吸热，所以学生测定的数据都比理论值略低。也就是说教材的设计假定没有系统吸热，也就是任意浓度测定其测定值与理论值都应该是一样的，如果将不同浓度溶液测定的数据连成一条直线，也就是图 3-14 所示。

然而真实情况是系统吸热，每一个测定值都会比理论值略低一点，这样不同浓度测定的数据连成一条直线就如图 3-15 所示。

该直线与温度（纵坐标）形成的截距就是系统吸热，这就是系统误差，将测定数据加上该温度值，再进行计算，就会发现，数据与理论值相差无几。

这种方法是科学研究中经常使用的简便方法，遗憾的是在我们的常规教学中却很少涉及。

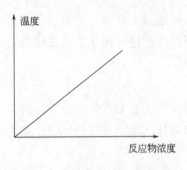 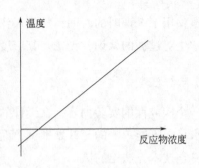

图 3-14　无误差时的温度曲线　　图 3-15　有误差时的温度曲线

当然可以采取更加标准的方法——差热法，现在很多学校都有数字传感器，此时数字传感器就发挥了非常好的作用。实验时先取一种溶液，插入温度传感器，待度数基本稳定，倒入另一种溶液，可以看到传感器会记录温度迅速变化，读出最高温度值，并将所有数据在坐标纸上描点。由于反应容器与外界存在热交换，所以最初的 $F\cdots\cdots H$ 数据和 $D\cdots\cdots G$ 数据不是水平而是倾斜的，取 FH 段最高温度 A'（通常 FH 是一条水平直线），DG 段最高温度 C'，取 $A'C'$ 的平均温度 J，经过 J 作横轴的平行线，与 $FHDG$ 曲线有一个交点 I，通过 I 点作纵轴的平行线，这个直线与 FH 曲线的延长线有交点 A，与 DG 曲线的反向延长线交于 C，AB 的差值就是能达到的最高 ΔT，以此计算就能得到准确的中和热。如图 3-16 所示。

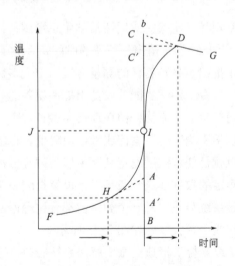

图 3-16　雷诺图校正法示意图

实际操作中，有学生采用简易方法，如图 3-17 所示，将一种溶液倒入容器，测量温度 T_1，而后倒入另一种反应物，记录最高温度 c，然后每间隔半分钟或

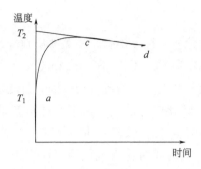

图 3-17 简化的差热法示意图

一分钟读取一个温度数据，连成曲线 cd，将 cd 曲线反向延长与纵轴的交点为 T_2，根据 T_1T_2 的温度差就可以中和热数值，因为上图起始阶段 FH 一般没有温度变化，该方法基本抵消了系统误差。

当然，这个方法还存在一定的误差，就是因为用温度计测量时无法读取 ac 段温度的准确数据，也就是实际测量时不存在 ac 段曲线，不能做更准确的系统校正，从而导致 T_2 点的温度略微偏高。

在利用硫酸铜溶液和氢氧化钠溶液反应制取碱式硫酸铜时，由于实验过程上的微小差异会发现制得的产品会呈现不同的颜色，一种是淡蓝色，而另一种是淡绿色。两者的差别在哪？制备时的差异又在哪？

一个探究的过程不能盲目地开始，而是按照一定的程序，首先是查阅文献，可知碱式硫酸铜有两种形式，$Cu_2(OH)_2SO_4$ 和 $Cu_4(OH)_6SO_4$，而哪一种是淡蓝哪一种是淡绿，就需要学生自己进行设计实验。测定的方法大致有两种，一种是测定硫酸根离子的含量，另一种则是测定铜离子的含量。测定硫酸根离子一般使用重量法，对于中学生来说具有一定的难度，因此碘量法测定铜离子为最便捷的方法。

因为不知道其是何物质，淡蓝色样品可能是 $Cu_2(OH)_2SO_4$ 也可能是 $Cu_4(OH)_6SO_4$，一种方法是按照质量分数推测，$Cu_2(OH)_2SO_4$ 中 Cu 的质量分数为 49.6%，$Cu_4(OH)_6SO_4$ 中 Cu 的质量分数为 56.4%，实验数据接近哪一个，就说明该样品是哪个物质。另一种是按照样品纯度推测，越接近 100% 的就越好。例如按 $Cu_2(OH)_2SO_4$ 计算得纯度为 96%，在误差范围之内，如按 $Cu_4(OH)_6SO_4$ 计算得纯度误差达到 15%，故可以确定样品为 $Cu_2(OH)_2SO_4$。淡绿色样品按 $Cu_4(OH)_6SO_4$ 计算得纯度为 105%，如按 $Cu_2(OH)_2SO_4$ 计算得纯度偏差在 20% 以上，因此淡蓝色粉末应为 $Cu_2(OH)_2SO_4$，淡绿色粉末为 $Cu_4(OH)_6SO_4$。这个判断的过程就是依靠统计学规律，根据误差大小来进行判断。

但是仅仅依靠这组分析数据还不够，还需要从制备条件和转化关系分析。

因为 $Cu_4(OH)_6SO_4$ 在 $Cu_2(OH)_2SO_4$ 和 $Cu(OH)_2$ 两种产物之间，若采用普通方法一定生成与其他产物的混合物，因此只能采用使适量的氢氧化铜浸没于浓硫酸铜溶液中转化的方法制得，事实证明效果较好。如果氢氧化铜较少，易转化为 $Cu_2(OH)_2SO_4$，较多则难以转化。如果用 3mol/L 硫酸洗涤沉淀，会看到氢氧化铜去除的同时粉末也从淡绿色变为淡蓝色。这也同时证明了 $Cu_2(OH)_2SO_4$ 与 $Cu_4(OH)_6SO_4$ 的区别与转化。

这样，一个问题从三个角度做了分析和验证。才能比较肯定地判断出蓝色粉末应为 $Cu_2(OH)_2SO_4$，淡绿色粉末为 $Cu_4(OH)_6SO_4$。这个多角度进行分析的过程就是思想性的简单体现。

在水中花园实验中，会发现晶体向上生长，为什么会向上而不是横向？也不会分叉？观察细致的同学就会发现，所有向上生长的晶体最上面都会有一个气泡，是不是就是这个气泡起到了关键作用？这就是一个假说，假说是否成立，需要进行对比试验，将一个晶体上面的气泡破坏，而其他的保留，观察两者是否存在差异。如果两者不同，气泡被破坏的晶体不再生长，而气泡完好的依然生长，则假说成立，否则，假说不成立，需要找新的假说。这个实验的过程就是一个控制变量的实验，而整个思维建模过程就是一个科学过程。

可以套用波普尔科学知识增长公式：

$$P1 \longrightarrow TT \longrightarrow EE \longrightarrow P2 \longrightarrow$$

公式的意思是：科学发现从问题开始，而后针对问题作出各种各样大胆的尝试性猜测，这些假说和理论激烈竞争，经受观察和实验的严格检验，在检验中清除错误并筛选出逼真度最高的新理论。我们每一个探究活动其实都应该是主动运用科学思维方法的过程，只有主动地运用才能做到引领学生提高水平与能力的作用。

思想本来是一个词，但同时也是两个词，思为思议，想为想象。既要善思也要善想。

在教学中，尤其是探究课程，不能是单纯的一个个单独的课题，而是要完成各个课题的逻辑自洽，也就是说，一个探究实验解决了一个问题，但是一个探究课程必须解决一系列问题，而且这些问题存在着思维逻辑的递进性，如果也用波普尔的公式表示则是：

$$P1 \longrightarrow TT \longrightarrow EE \longrightarrow P2 \longrightarrow T'\,T' \longrightarrow E'\,E' \longrightarrow P3 \longrightarrow \cdots\cdots Pn$$

（四）任何一个实验都应该是三性的有机结合

一个良好的探究实验设计，主体、客体与手段的三方面有机结合，必然是设计者具有必需的知识储备，也就是具有科学性，同时探究的方法是利用适当的手段，也就是具有思想性，再者研究的客体必然是可以有明显现象的，也就是具有可现性。

进而可以推而广之，其实任何一个实验都是这三方面内容的综合，一个趣味性实验依据一定的科学性，主要突出的是可现性；而一个教学演示实验重点在于科学性，以可现性作为辅助。这两种实验类型对思想性没有什么要求，而研究性实验就必须要在遵从科学性的基础上强调思想性。

同一个实验，在不同的教学环境之下其突出的特性也不同。同样一个水中花园实验（图3-18），可以将其作为趣味性实验，也可以作为教学演示实验，更可以作为研究性实验。

图3-18 水中花园实验

在小学科学课上就可以将其作为趣味实验，瓶底事先放好沙子，倒入水玻璃，再加入不同固体试剂，待晶体生长基本完成，用乙酸将水玻璃固化，塞好塞子，就成为了一个可以长期保存的水中花园。这个实验可以激发学生对化学的兴趣，同时要求学生操作认真细心，重点在可现性。如果作为上课演示使用则将重点放在解释反应机理上，巩固学生对硅酸盐反应的学习效果，重点在科学性。而作为研究性实验则要将重点放在引导学生探究固体向上生长的原因，为什么不能横着生长？引导学生从观察入手，学会从细节之处发现问题，并且能找到解决问题的方法，重点在思想性。

三个阶段目标不一样，对三性的使用程度不一样，也不是只有单一的，而是同时使用，侧重点不同，如图3-19所示。不能因为突出可现性而忽略了其科学性，科学性有问题即使具有很好的可现性也不可取。就如同我们使用葡萄糖溶液代替乙醛进行银镜实验，即使现象再明显，由于其试剂不同，实验作假而不可取，况且经常做实验的人都会发现，两者做出来的银镜颜色是不同的。

可现性不是趣味性，可现性是有后续教学目的的，为了后面的科学性和思想性做准备和铺垫，而趣味性做完了就结束，缺少后续的教学安排。不能用趣味性代替可现性,趣味性是主观评价,而可现性是客观事实。同样的内容,有的人就会喜欢而有的人不喜欢,这就是主观评价,同样的实验内容,由于实验设计不同,可能有的现象明显有的则不够明显,这就是客观事实。

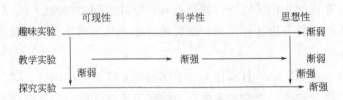

图 3-19 实验设计内涵关系示意图

现在的教学实验改进其实就是在保证原来科学性的条件之下提高可现性,而一直忽略思想性,也就是科学分析方法的主动运用一直停留在控制变量这一简易方法上,缺少更深层次的思想发掘。

如前面提到的验证呼出气体的氧气含量以及不同环境中的 CO_2 含量,如果仅仅使用氧气传感器来测定,就是仅仅强调了科学性,忽略了思想性和可现性,而改用红磷燃烧法则强化了可现性和思想性。可以说,一个实验做到兼顾三个方面是有困难的,需要根据教学的具体目标和要求实施选择。

英国科学家波兰尼认为:人类的知识分为两类,通常人们所说的知识就是书面语言,还包括公式、图表,是言传知识;而另一种形式的知识是意会知识。言传知识和意会知识分别表现为概念化的活动和体验化的活动。意会知识像是我们的行动,缺少言传知识所具有的客观性。言传知识具有清晰的逻辑特征,而意会知识完成了认知者对知识形成的参与。英国哲学家赖尔在《心的概念》中提出了类似的分类:知道如何和知道是何。

我们以前的中学传统实验设计往往在内涵上追求的是赖尔所说的知道是何或者是波兰尼所说的言传知识,而一直忽略了或者说重视程度不够,与其同时存在的知道如何、意会知识。而这一点同样是实验设计的重要内涵,是今后需要加强训练的。

二、智慧实验设计的外延

实验教学是化学教学中最为重要的一环,在教学中,教师们的每一个讲解,如果不能得到实验的有效验证,其说服力就会大打折扣。俗话说:宏观看现象,微观找原因。"宏观看现象"离不开实验,实验是化学实现宏观 - 微观联系的基础和保证。实验不但为化学科学中概念和假说的形成提供基础材料，为化学科学的形成和发展提供科学事实，而且可以检验科学假说，否定错误的假说，支持和完善科学理论。

现在探究实验可以说是非常流行，凡是教学必要探究，而过去教学中比较重视的是探究的形式，也就是让学生主动感知这是在探究，让学生认知对某件事或者知识的一种认知感觉，强化解决具体教学目标，却忽略了其实所有的知识学习从根本上都是探究，也就是探究是可以无限扩大的，即探究的外延没有得到重视。

（一）探究的第一个外延是想象力

爱因斯坦曾经说过："想象力比知识重要，因为知识是有限的，想象力概括着世界上的一切，推动着进步，并且是知识进化的源泉。"我们不妨认为现象力是制约学生能力提升的一个重要因素。

一提到思维能力，往往让人们想到习题，一提到想象力就会联想到艺术。写作文需要想象力，化学等自然学科也需要想象力，想象力不仅仅是将空泛的微观想象出来，也是将原本简单的重复实验变为探究的源泉。不仅要培养学生的想象力，老师更需要有充分的想象力。

1. 提升想象力先从教师开始

教师在进行教学时，讲到微观结构就会遇到困难，就是因为学生的想象力不够，其实作为教师，尤其是以演练习题为主要任务多年，想要提升想象力是件不容易的事情。

现在的中高考越来越重视能力考核，如何将学生的能力通过试题体现出来，最好的着手点就在实验题上，以各种情景设置为依托，单纯背诵答案的学生就很难取得高分。因此就出现了学生在实验题丢分严重的现象。如何解决这个问题，笔者所见到的大致分为两大类，第一类叫作以不变应万变，通过加大练习实验题，强化学生解题能力；第二类叫作温故知新法，将过去做过的学生实验再重复一次。

然而这两种都有很大的局限性，习题是编的，很多人编实验题但是却没有做实验，所有的现象和结论都是编者想象的，这就导致题目与现实可能不一致，不但不能帮助学生反而会误导学生。第二种则是典型责任推卸型，因为做了就比不做好，学生作为初三、高三学生理应站在比原来学习时更高的角度回看学习的内容，而简单重复实验，不加以任何的提升，对于大多数学生来说仅仅是再一次加深印象。

为什么老师不愿意在这方面多做一点努力？一方面是时间问题，想编一个创新实验需要很多的时间进行试做。另一方面，教师缺乏足够的想象力，没有能力将一个验证性实验变造为一个探究性实验。并且现在的考试探究题已经不再是简单地探究课本已知内容，而是进行课本外的探究，不仅仅是知识的探究，还有方法与技能的探究。如果老师没有足够的想象力，不可能完成这类探究实验的设计。

下面是某校中考模拟实验题。

课外小组在研究溶液浓度与溶液颜色的关系，分别配制不同颜色不同浓度的溶液进行对比，在研究铜盐溶液颜色时，选择了硝酸铜、硫酸铜和氯化铜三种试剂。如表 3-2 所示。

表 3-2 实验记录

次数 \ 溶质	硫酸铜	硝酸铜	氯化铜
1	1%	1%	1%
2	5%	5%	①
3	10%	15%	10%
4	15%	20%	15%
5	20%	25%	20%
6	25%	30%	25%

（1）表中①应该配制的氯化铜溶液的浓度是：_____。

（2）该课外小组的实验溶液配制方案中有明显缺陷，请指出：_____。

（3）实验时同学们发现硫酸铜溶液和硝酸铜溶液都存在浓度变大颜色变深的现象，但氯化铜溶液在浓度较稀时存在该特点，浓度提高达到15% 后溶液颜色从蓝色变为绿色。甲同学猜测可能是氯离子带来的干扰，为了验证猜想乙同学的方案为在绿色的氯化铜溶液中加入硫酸钠固体，丙同学的方案为在蓝色的氯化铜溶液中加入氯化钠固体。你认为哪个同学的方案可行_____，不可行方案的问题出在哪里？_____。

（4）丁同学继续研究温度对溶液颜色有无影响，将上述各种溶液分别放置在 20℃、50℃、80℃三种不同温度下，发现硫酸铜和硝酸铜溶液颜色没有明显变化，但 10% 氯化铜溶液明显从蓝色逐步转变为绿色。丁同学发现除了氯化铜固体为绿色，硝酸铜和硫酸铜固体均为蓝色。根据以上实验，丁同学提出如下猜想：
A. 铜离子本身不是蓝色，而是因为有水存在才显蓝色
B. 氯化铜溶液的绿色是因为氯离子的影响
C. 温度提高有利于氯离子和铜离子结合
以上猜想哪个在上述实验中缺少有效实验证明_____，请设计一个实验证明该猜想是正确的。_____。

如果教师没有自己做实验，没有想象力，就不能编出一道与我们初中知识有衔接但又有距离的题目。

教师的想象力在很大程度上制约学生的想象力。又比如，老师经常会提到Fe^{3+}是黄色的，并且将其作为真理教给学生，然而这是真的吗？正确的说法是水合铁离子是黄色的。这对于很多老师来说是不可思议的，因为似乎所见到的所有铁盐都是黄色的。为此笔者设计过这样一个实验，让学生检验未知溶液中有哪些离子，因为溶液是无色的，学生就会直接将铜、铁等离子排除。可是学生加入氢氧化钠溶液之后，"奇迹"出现了，溶液中出现了红褐色沉淀，所有的学生都大惊，明明无色的溶液怎么变出了红褐色沉淀，学生凭借过去学习的知识，感觉就是铁离子，但是原来的溶液没有黄色呀？原因其实非常简单，铁离子本身无色，形成的水合铁离子才显出黄色，那么溶液中那么多水，为什么不能显出黄色？因为是离子检验，选择的都是硝酸盐，配制溶液时有意加入一定的浓硝酸，由于过量硝酸的存在，抑制了铁离子与水分子的络合作用。

2. 想象力是学生基本科学素养的有机组成部分

知识不是对现实的纯粹客观的反映，它只不过是人们对客观世界的一种解释、假设或假说，它不是问题的最终答案，它必将随着人们认识程度的深入而不断地变革、升华和改写，出现新的解释和假设。化学知识也不例外，知识也许可以通过机械记忆的方式获取，技能也许可以通过重复训练的方式掌握，但科学思维却只能在学生积极参与活动的过程中有针对性地培养，而科学探究则被认为是培养科学思维的最有效的途径之一。在培养思维的过程中，想象力是非常重要的一环。

雾霾是近年来困扰我国广大地区的一项环境公害，每当讲到环境保护的时候，每个老师都会提到雾霾现象。而在我们的教学中，却缺少相关的实验。因为雾霾属于气溶胶，在中学进行模拟确实非常困难，但是液溶胶却是我们教学的一个重要环节。

当讲授到胶体内容时,笔者没有简单地让学生直接重复课本上的制取氢氧化铁胶体的实验,而是给学生出了一个题目。根据雾霾形成的机理,设计一个实验,在实验室中模拟雾霾的形成与消散的过程。

这个设计在原有教材的基础上有了几处提高,第一,学生必须依靠自己的想象力,将原本的胶体转换为气溶胶;第二,还要根据已知的雾霾消散条件,依靠自己的想象力利用实验将形成的胶体沉淀;第三,除了课本已知的氢氧化铁胶体,还要依靠想象力寻找其他可能形成胶体的物质。

由原来的知识储备和前期的训练,学生设计的方案各有特点,下面是一个学生设计并且实际完成的实验:

> 1.(模拟沙尘):取一只试管,在试管中加入1~2mL硝酸银溶液($AgNO_3$),再滴入1~2mL碘化钾溶液(KI),振荡,用激光笔照射,静置(不要倒掉呀)。
> 2.(模拟雾霾):另取两只试管,每只加入约1/3试管体积的蒸馏水,一只滴入1滴硝酸银溶液($AgNO_3$),另一只滴入1滴碘化钾溶液(KI),振荡,分别用激光笔照射,而后混合,振荡,用激光笔照射。
> 3.(证明雾霾的稳定性)隔一段时间,取出实验2的试管,观察,并再次用激光笔照射。观察与原实验有无差别。
> 4.(雾霾消散的条件)将实验2得到的试液分别倒入四个试管,其中三支试管中分别滴加盐酸、氢氧化钠溶液和饱和硫酸铵溶液,另一只加热,观察。

从整个的实验设计和实验效果看,雾霾的形成、特点以及消散都完整地呈现了出来,学生在设计和完成的过程中,依靠其充分的想象力,将原本的气溶胶全部转换为便于在实验室完成的液溶胶,这不仅要掌握雾霾的有关知识,同时要掌握胶体的主要特性,更提高了分析和解决问题的能力,提高了实验探究能力。这个探究不是简单地验证课本的知识点,而是将课本知识推广运用到实际生活中。

3. 提高想象力就要摒弃为师是从的传统思维方式

传统的教学师生之间是不平等的主从关系,而"唯师是从"的学习氛围中,学生的想象力难以挖掘。探究教学就是将这种传统关系打破,尤其是一个真正的探究,必须依靠充分的想象力。而比起想象能力,学生具有明显的优势。例如，在动物园有个小朋友问海狮和海豹是不是亲戚，我们会觉得这个小孩真可爱，但是如果这个问题是个中学生提出，我们就会觉得这个问题太愚蠢。其实小孩的优势就是在这个问题中体现的，那就是想象力，就好比梁思成和梁思奇两个人是不是兄弟一样，凭借直觉，当然认为海狮和海豹是一家。

由于教师多年来教学的思维惯性，会对一些新的事物本能地给予否定性的判断。然而这样的判断并不一定就是正确的。尤其是随着年龄的增长，人的想象力是逐渐退化的。

在讲授《化学与技术》时，其中涉及联合制碱法与传统索尔维法的优点，并且教材中也安排有相关的模拟实验，这个实验也经过多年的教学实践。然而有一次一个学生在进行完模拟实验后提出，现有实验设计没有体现出联合制碱法的特点，在一定程度上更像索尔维法。学生的这个观点确实非常大胆，课后反复对比两种制法之间的差别，确实现行课本中的实验方法没能体现出联合制碱法的原料重复利用和无废弃物的优势。在很多细节上更接近索尔维法。

过滤操作属于基本操作，如图 3-20 所示，可是一旦过滤的体积比较大，就要费很多的时间，教学时有学生提出了这个问题，很多老师就会打断学生的疑问，因为干扰了正常教学进程，而这其实正是发挥学生探究能力的良好舞台。发现了问题，能不能解决问题呢？既然过滤慢，提高速率的关键就是增高液面差，通过提高压差提高滤速，首先想到的就是增大漏斗，或者变得瘦高。可是还是有缺点，瘦高型滤速快但是容积小，单纯做成大漏斗又太过笨重，需要与之相配套的其他仪器。又有学生提出普通漏斗只有尖嘴一个液体漏出点，也会影响滤速，如果能增加漏液点就可能提高滤速，于是提出了一个改进型漏斗（图 3-21），这个漏斗有一个内胆空腔，漏斗外壁是玻璃实体，玻璃内壁充满小孔，虽然这仅仅是一个设计概念，但这个设计充分考虑到了漏斗过滤的作用机理，充分利用了溶液的特性，并且与现实中使用的布氏漏斗（图 3-22）基本一致。

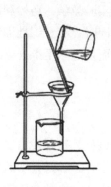  

图 3-20　传统过滤装置　　图 3-21　学生设计的漏斗　　图 3-22　布氏漏斗

在这个仪器设计的过程中,学生并没有直接背诵三低两靠等操作关键,但是却利用其想象力,对仪器进行了改造。而在改造的设计过程中,其实就充分考虑了过滤的基本要求。教学过程中,学生的想象力大大超过教师的预期。

通过学生自主、独立地发现问题,实验、操作、调查、搜集与处理信息、表达与交流等探索活动,可以让学生参与化学知识再生产的过程,在"做科学"的实践中感受科学方法和科学精神,使学生更好地理解化学知识。从学生身边的事物或生活入手,这有利于激发学生的好奇心和问题意识,教师要不失时机地引导学生不拘泥于书本,不迷信权威,充分发挥他们自己的主观能动性,独立思考,大胆探索,不断证实或证伪,才能不断获得知识、创新知识。教师要发挥自己的想象力,敢于和善于创设各种问题情境,提供丰富的思考和解决问题的素材,学生在发现问题、提出问题、作出解决问题的设想、收集资料、分析资料、形成结论等的探究过程中不断经历比较、分析、推理、抽象、判断、归纳、概括、想象等思维过程,能有效地促使学生思维能力的提高。从学生身边的事物或生活入手,这有利于激发学生的好奇心和问题意识,教师要不失时机地引导学生不拘泥于书本,不迷信权威,充分发挥他们自己的主观能动性,独立思考,大胆探索,不断证实或证伪,才能不断获得知识、创新知识。科学探究中的猜想与假设是科学发展的一个重要环节和思维方式,它不是凭空想象,也不是随意杜撰,更不是没有根据的无端猜测,而是一个集认识、理解、回忆、分析、推理等过程为一体的复杂的想象思维历程,进行猜想与假设能有效地发展学生的思维想象能力。

回到开头的问题,据说钱学森自己的答案是学生缺少艺术教学,而艺术不正是依靠想象力吗?想象力是科学研究中的实在因素。良好的想象力是化学形象思维能力,也是化学学习能力的重要成分。

在化学的实际教学中,实验是积累化学知识的重要方式,并且为提高学生的思维能力提供了广阔的平台。因此,教师应该重视化学实验教学,巧妙利用实验设置相关问题,在有效培养学生的分析、观察能力的同时,有意识地训练和培养学生的想象力,多元化地提高学生的思维能力,进而促进学生综合素质的全面发展。

(二)学科综合是探究的第二外延

学习是一种特殊的劳动。学习的过程就是培养自己的过程,是开发自己智慧的过程,是投资未来的过程。学习有两条路,一是书本学习,二是在实践中学习。无论是通过哪种方式,最终都是要将知识用到实践中去,去解决实际的问题。而如果仅仅从书本上得知，在运用到实践的过程中就必然还需要一次转化的过程。

素质教育就是培养好习惯的教育方式。实验教学是素质教育的基础，探究教学是素质教育最佳的载体。在探究教学中，不仅物理、化学、生物等自然科学，历史、哲学等人文科学也需要探究，而在教学中各个学科是各自为战的，缺少学科间有效的关联，很少有老师在教学中主动利用其他学科的知识与技能协助解决本学科的问题。

在教材中有一个乙醇和加热过的铜丝反应的实验，用来证明乙醇的催化氧化，这个看似简单的实验，有学生提出，这个实验使用的是无水乙醇，如果使用不纯的乙醇或者说含有一些水分的乙醇，该反应能否进行。或者换个角度来提问：当乙醇的浓度下降到多大浓度的时候该反应就不存在。学生能够主动提出问题非常好，这个探究不是个简单的定性实验而是通过定量研究，再寻找和运用一些基本分析方法，自己设计实验。学生利用业余时间几次调整方案，首先发现红热铜丝放入不同酒精溶液时的温度不能统一，如果温度不同就没有可比性，于是在铜丝上装上热电偶；红热铜丝放入测定过的酒精溶液，温度上升，误差就会增大，于是每次测定必须使用同样温度和同样体积的酒精溶液。实验中，学生发现当酒精浓度小于20%，就很难将铜丝表面的氧化铜还原，还同时发现了另一个规律，即随着酒精浓度的下降，反应时间（铜丝变光的时间）延长，通过反应时间可以近似测定酒精的浓度，并能用绘图的形式表现出来，见图3-23。

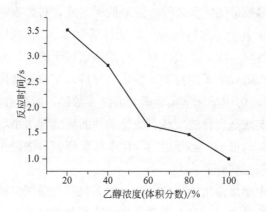

图3-23　学生通过实验发现的浓度与反应时间的关系图

虽然学生作的图有着明显的缺陷，没能进行直线拟合，但是瑕不掩瑜，其探究的思想和直觉值得学习和借鉴。而这个缺陷也暴露了我们学科之间缺少有效关联的问题,学生不能将数学知识正确运用到其他的学科中。

其实类似的现象还有很多,化学课上很少主动运用物理、生物、数学知识,而物理课也不会想起运用化学知识。

学生发现了新规律之后,问题并没有结束,更需要开阔思路,还有什么其他方法可以解决同一问题。学生最后利用类似思维方式,又继续探索,发现可以根据密度近似估算酒精的浓度,酒精浓度越大,密度越小,且密度与浓度之间也成线性关系。学生还大胆提出设想,沸点与酒精浓度有无关联。经过多次实验,学生发现,将不同浓度的酒精置于恒温水浴锅内加热,不但沸点不同,其加热至沸腾的时间也不一样,酒精浓度越大,沸腾得越快。几种实验方法得到的曲线惊人的一致。

学生最后的研究已经超过了教师的想象,并且已经从单一的化学转变为物理与化学的结合。

(三)符合学生认知水平的设计是探究教学最重要的外延

吴俊明老师曾经撰文指出,现在化学实验教学存在几个问题:

① 课题选择缺乏系统性,存在着重复和偏废现象,研究的资源配置不合理。② 对实验方案的评价标准尚未形成合理的和比较普遍、稳定的共识,使得一些研究结果难以得到广泛的认可。③ 应用科学理论指导不够,不善于应用化学和其他科学已有的成果来解决实验中的问题,有的甚至违反科学规律,得出不符合客观实际的结论。④ 方法粗放、手段落后、缺少计划。有的盲目地用尝试——试错法寻找最佳实验条件,效率低下,或者对影响因素的研究停留在简单比较的水平(甚至不进行比较),定性研究多、定量研究少。⑤ 实验研究成果表达形式各异,尚未形成规范;有的表达过于简单,或者不完整,使别人看了不得要领;研究结果的复核、鉴定、评价、交流制度尚未形成;等等。这些情况表明,目前的中学化学实验研究方法多数还停留在直觉和经验的水平。没有理论指导的实践是盲目的实践,缺乏理性的研究其水平难免低下。要取得中学化学实验研究的进步,必须用中学化学实验研究方法论作指导,应用科学理论和科学知识来提高研究水平。

控制变量是中学最常用的科学方法,然而只有在做探究题时学生才会有使用控制变量方法的意识,而对于平常的实验往往忽视科学方法的使用。

初三讲解到复分解反应的时候,如果单纯地介绍复分解反应规律为要有气体、沉淀、水生成,而后进行实验验证,这是非常传统的教学放式,对学生的科学逻辑训练没有任何帮助。笔者设计了一组探究实验。

实验室提供了以下试剂：硫酸铜 $CuSO_4$、氯化钠 $NaCl$、碳酸钠 Na_2CO_3、硫酸钠 Na_2SO_4、氯化铝 $AlCl_3$、氯化钡 $BaCl_2$、硝酸钡 $Ba(NO_3)_2$、氢氧化钠 $NaOH$、盐酸 HCl、酚酞、石蕊、醋酸 HAc。

学生按照表3-3中①、②两项完成实验，观察并记录现象。提出假设并利用实验验证。

表3-3 自主设计实验，证明硫酸根离子和钡离子发生反应

实验步骤	实验现象	结论与猜测
① Na_2SO_4 溶液 + $AlCl_3$ 溶液		
② Na_2SO_4 溶液 + $BaCl_2$ 溶液		
③		
④		

学生实验时就会发现一组有现象，一组无现象，是哪两种离子有反应？学生都能够提出应该是硫酸根离子和钡离子发生反应。但是仅仅这一个实验能说明硫酸根离子和钡离子发生反应，而这正是我们平常教学最容易忽视的问题。试图用一个实验就证明一个规律。

学生要真正研究，就要进行分类，将各种试剂分为酸、碱、盐，盐类中再分硫酸盐、盐酸盐、钠盐等等，通过实验对比，自主设计，对实验现象进行归纳对比。通过排除干扰，才能确定是硫酸根离子和钡离子发生反应。

问题既是研究的起点，又是研究探索的内在动力所在，善于提出和发现问题是创造性思维的第一步，也是科学发现的关键一步。爱因斯坦说："提出一个问题往往比解决一个问题更重要。"因为解决问题也许仅仅是一个数学或实验上的技能而已，而提出一个问题，从新的可能性、新的角度去看待旧的问题却需要有创造性的想象力，而且标志着科学的真正进步。难点在于如何引导学生发现问题。

初中三年级讲到水的时候都会提到硬水的概念，并通过实验对比硬水和软水的差别。这是一个非常简单的定性实验，此时有的学生就问，我们自来水的硬度是多少？此时，大多数的老师可能会跟学生说，测定水的硬度的方法比较复杂，属于大学研究的范围，中学无法准确测量出水的硬度。这确实是事实，以中学的实验条件和学生的知识储备，测定准确的硬度是做不到的。然而可能还会有学生不满足，继续追问，能不能大致测定水的硬度范围？老师可能会和学生说，我们的自来水硬度大约在12°～16°（硬度以氧化钙含量计，

1°=10mg/L）（北京地区南水北调前教学实测硬度，调水后，因各取样点混水比例不同硬度出现较大波动，在10°～15°之间），南方的地表水硬度会略低，一般在6°～10°之间。然而问题依然没有解决，如何在既有情况下满足学生测定水样硬度的要求。

其实对于这种情况，只需要将原本大学的定量实验转换为半定量实验，而半定量实验是我们教学中最缺乏的。定量要求的是精确，并且相对比较枯燥，而半定量实验却非常适合中学，尤其是初中学生。

面对这样的课题，其实并不要求老师直接提供最佳方案，根据已有的实验知识就可以让学生自己去设计和完成实验，测定出水的硬度。教师所做的其实就是给学生提供必要的时间和空间。学生的能力就充分展现出来。

学生课上讨论出几种方案，第一种是选定一种已知硬度的水，滴加肥皂水，记录滴加多少肥皂水开始出现肥皂泡，而后取自来水样，滴加肥皂水，同样记录出现肥皂泡的数量，利用二者的比值就可以推断出自来水的硬度。第二种方案则是反向实验，有学生认为硬水中出现肥皂泡不宜观察，所以是在肥皂水中加入硬水，比较加入多少水样之后不再出现肥皂泡。而还有的学生认为单一比较会有较大的主观性，设计了更为精确的实验，将原来一个基准样品变为几个不同浓度的基准样品，这样就将实验变成了一个类似于比色实验的比肥皂泡实验。更有学生提出蒸馏水作为基准，也需要进行测量，这个设计就连本底浓度都考虑进去了。整个实验设计充分考虑了各种影响因素，使用对比、归纳等科学实验方法。

在平时的实验教学中，其实有很多实验都是值得我们引导学生进行探究的。例如乙烯的制备实验都会出现副产物 SO_2 以及液体变黑的现象，因为已经见怪不怪，形成了研究的盲区。而引导学生在这类实验中进行一些探究则显得非常有意义，并且对学生来说不但强化了课堂知识，更强化了科学思维。

学生先查阅文献，而后进行一系列的实验，分别使用了浓硫酸催化乙醇制乙烯、浓硫酸和五氧化二磷混合催化乙醇制乙烯、氯化铁催化乙醇制乙烯、溴乙烷制乙烯几种方法进行对比，最后得到了"从实验室制取的角度来说，转化率、反应速率、副反应及副产物均是影响反应选择的重要因素。综合实验所得数据及分析，最适宜在实验室中使用的方法是浓硫酸、五氧化二磷催化乙醇制乙烯"的结论。但是这个结论却存在重大缺陷，因为学生没有做单独五氧化二磷催化的实验，那么得到浓硫酸混合五氧化二磷催化乙醇制乙烯最佳的结论就显得牵强。

郑长龙老师曾经归纳了四点实验学习的特点，实验是化学实验学习的基础,化学实验学习是大胆想象与小心求证相结合的过程;化学实验学习是动手操作与动脑思考相结合的过程;化学实验学习需要实现从现象到结论的飞跃。

当学生的能力达到一定的水平的时候,就能够自主发现问题,并且能够根据自己的能力和水平结合适当的工具来进行研究型的学习。而让学生达到一定的水平不仅仅是知识水平,更要强化科学思想的训练。

在教学中,我们发现对于初中的学生来说,绝大部分能学会正确使用控制变量的方法,而对于高中学生来说,仅仅停留在这个水平就远远不足了。在教学实践中,我们在不同年级采用同题课题的方法进行了一系列的对比实验,见表3-4,发现不同年龄的学生对科学方法的认知存在明显的差别,而与其知识水平基本无关,科学素养与知识无必然关系。

表3-4 学生能掌握科学分析与实验方法的最佳年龄对比

科学方法	初步掌握	基本掌握
控制变量	初一	初三
回归分析	高一	—
优选法	初三	高二
正交法	高一	—

注:初步掌握为大约30%的学生能理解运用,基本掌握为70%的学生能理解运用。回归分析、正交法高二年级未达到基本掌握,但未在高三进行实验。

现在的探究教学出现了一个不恰当的趋势,就是采用将大学课堂下放的方式,追求表面上的"高端大气上档次",但是学生并不能从这些高级仪器中学习到任何科学思维的方法,其能力也并没有因此得到有效提高,仅仅是开阔了视野。

学生的能力有着明显的差别,在教学中曾经有初一的学生就能准确运用回归分析的,但这仅仅是一个个案,部分高二的学生依然不能进行必要的误差分析。因此,任何探究实验的设计都要根据学生能力的差别进行个性化的设计。

三、探究过程是内涵与外延的集中体现

探究实验的过程不仅仅是要解决一个具体的教学知识点,不能仅仅起到强化教学的功能。探究过程是一个教与学完美结合的最佳学习方式。

探究过程就如同科学家研究的过程,科学发现有赖于灵感,是无意识活动参与进行的,那么,非常重要的就是对无意识形成的结果作出选择,抛弃不合适的方案。所以探究实验最重要的是必须发展到不预设答案的程度。不是要学生掌握影响化学平衡的因素所以才要探究,而是通过探究影响化学平衡的因素学习和掌握探究的方法,加深对探究的内涵与外延的理解与主动运用。

绝大多数划时代的发现或多或少都是意外做出的。这很容易理解,那些开辟新天地的发现人们事前很难作出预见。就如巴斯德说的:机遇只偏爱那些有准备的头脑。

道尔顿发现色盲症就是一个经典的案例。道尔顿给自己母亲买了一个蓝色的围巾,而母亲说橘红色太鲜艳没法用,道尔顿很是奇怪,明明是蓝色怎么母亲说是橘红色?于是叫来弟弟,弟弟也说是蓝色,可是母亲坚持说是橘红色,道尔顿请来周围邻居,邻居们都说是橘红色,这引起了道尔顿的好奇,并进行持续研究,最终发现了色盲症及其初步规律。这在科学史上也是一个奇迹,色盲的道尔顿竟然首先发现了色盲症。在其发现色盲症的过程中,其实就是主动运用探究内涵与外延的过程,简单的物理学上的颜色差异引发其对这一表象的好奇心,而在当时的历史与知识背景下,敢于提出不同的人对同一颜色有不同的感官感受也需要充分的想象力,在研究的过程中将颜色辨识的差异引入生物学领域属于典型的跨学科综合,研究过程中大量的调查分析,则是科学方法的综合运用。这些外延上的表现最终是因为其对研究内涵的充分理解与掌握,将可现性的表象运用科学方法得出了一个划时代的科学结论。

传统观点认为,在真善美这几个人类向往的目标中,科学追求真。科学本身就一定包含着美和善。科学中的善反映了科学与世界的关系,传统意义上的科学理性包括数学理性、逻辑理性、实验理性,这就是科学中的善,也是科学探究设计中的善。

(一)探究实验设计要体现实验内涵与外延的综合

实验室制备氧气是中学教学的重点,无论是原理还是操作对于今后的学习都是至关重要的。一种教材中对于制备氧气的方案一般就提供一种,而实际上化学法制备氧气却至少有三种方法。为什么教材在这几种方法中唯独选择了这一种?难道就不值得探究吗?

探究课题是三种实验室制氧气方法的比较。让学生通过实验来确认一种自认为最适合在实验室制备氧气的方法。三种制氧气的装置如图3-24所示。

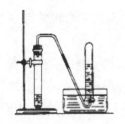 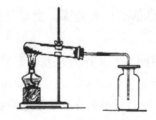 

图 3-24　三种制氧气装置对比

首先是问题情境设置，在学案中给出情景："氧气几乎是所有生物生存的必要物质条件，也是中学化学中接触到并且系统学习的第一种重要物质。在历年的中学化学教材中总计出现过三种制备氧气的方法。它们是氯酸钾分解制氧气；高锰酸钾分解制氧气；双氧水分解制氧气。现在使用的教材采用了何种方法？你知道实验室制备气体选用方法的基本原则吗？"

学生看到以上情景，就知道本次实验研究的是有关制备氧气的内容，在三个装置图中，我们发现它们有何异同，这些异同说明了什么？在三种实验方法中，你仅仅使用过一种，老师一定说过该方法的优缺点，尤其是优点，你是否记得？另外两种方法没有被教材选中，你能给出理由吗？

凡是遇到这样的课题，学生们通常就会认为教材选择的方法是最佳的，而没有被选择的就是不好的。就如同将人简单地分为好人和坏人一样，而现实绝不是那样简单。三种方法各有优点又各有缺点，而可供比较的方面还是比较多的，可以比较速率，可以比较产率，可以比较成本，可以比较安全性，……于是，根据其不同的出发点，设计实施实验方案。

学生实验实施阶段，要根据自己制订的子任务目标，选择适合的仪器、试剂、方法、操作进行探究。而在实施过程中，实验并不像他们想象的那样，首先是知识内容比较久远，其次是操作中一些细节在没有具体操作时是根本没有办法提前想到的。例如，学生在选择双氧水的浓度时就遇到问题，10%的浓度过大，根本来不及收集，5%的浓度时依然太快，1%浓度时速率太慢耗时太长，3%浓度时的速率才比较适合收集，而这一切都要在操作中遇到才会发现。学生在遇到问题后，需要适当调整自己的实验设计方案，而这种完全开放性的实验他们从来没有遇到过，任何问题都要经过实验之后才会暴露，而任何修改的方案也必须经过实验才能知晓是否合理，理论与实际的差异完全体现了出来。例如产率的比较，本来可以从方程式计算就可以得到理论数值，但是到实际操作中，一系列的实际条件差异以及误差使得实际值与理论有了相当的偏差，有的相差10%以上，这都与他们习惯于理论值为正确答案的思维惯性相违背，这也是一次对学生自信的全面考察，更是对他们认知心理的考察与检验。

  这个课题用了 6 课时的时间，对于课时紧张的教学来说，好像有些浪费，但是这种浪费却是必要的。首先，学生常规教学中的探究都可以从课本上找到标准答案，而本次的实验探究没有标准答案，学生最后提交的结论也各不相同，分别站在自己的立场上，根据自己的实验数据提出自己的结论。其次常规教学的实验设计仅仅是围绕着课本，非常"有用"，本次的实验设计则脱离教材和常规教学，显得没有直接的"用处"，但是却是一次完全贯彻教学心理学的科学探究实验过程，让学生完全体验一个科研的基本过程。

  在这个探究的过程中，实验设计必须具有比较便捷的测量和比较手段，也就是可现性要好；实验的方法要符合操作规范，符合制取氧气的基本化学反应原理，这就是科学性；学生在设计过程中寻找优缺点时就要进行各种数据比较、判断与分析，这是思想性的体现。实验中要打破固有的教材就是真理的信条，敢于设问，就要发挥自己的想象力；敢于问敢于做，实验中不仅仅要比较化学性质，很多选择是通过物理方法来进行的，甚至有同学考虑到价格因素，多学科知识得到综合运用；在实验中不是简单的单一控制变量研究，因为影响因素是不给定的，学生需要自己设定可能的变量，要在实验中主动运用分析与综合、归纳与演绎等各种分析方法。

  任何一个探究实验设计都应该做到充分体现内容的可现性、科学性和思维性，而学生在实验过程中有机会发挥其想象力，能够综合运用多学科的知识和技能，有多种科学方法可以使用。探究实验设计的内涵可以说是客观的课题表象，而外延则是学生能力的主观显示，两者的有效综合才能起到事半功倍的作用，使学生在探究的过程中不仅仅是掌握知识，更是提高能力。

（二）探究实验设计要体现内涵与外延的递进

  任何教学活动都应该是循序渐进的，探究教学同样如此，在具体的教学过程中根据实际教学内容的需要，我们可以把探究的各要素进行重组，逐步提高探究的难度。很多教师会认为，没有任何学科知识如何探究，要探究就必须先讲授好基本知识，只有掌握好基本知识后学才可能具有探究的能力。然而笔者进行了多年的教学实践之后，得到的基本结论却与之大相径庭，学生探究能力与学生的年龄有着很大的关系，只有到了一定的年级，才具备掌握较难的实验设计的能力，而与其是否具备较好的基本学科知识没有很大的关系。

笔者在教学中开设两个平行班进行对比实验，见表3-5，一个是已经开设了化学课的初二实验班，另一个是普通初二年级没有学习过化学的学生的选修课，安排相同的内容，全部为实验类课程，不做知识讲授，班级容量都控制在16~25人。这样既便于观察对比，同时也可避免因为样本过小而导致一个个体差异造成的差异过于明显。这个实验进行了三个学期，样本数达104人次。对比方法为一方面按照统一设定的评分标准对实验结果打分，另一方面观察课堂讨论的积极性、参与程度以及接近标准方法的程度。实验过程显示对于需要运用基础知识的实验课程，实验班具有明显的优势，平均成绩为87分，远远高于对比班级的81分，而对于主要依靠科学方法自主设计的探究类实验，实验班没有显著优势，平均成绩为84分，而对比班级为82分。可见科学素养不是完全依托于基础知识的。而后相同内容对初三年级常规教学班中的部分同学进行了三个探究实验的对照，因为初三学生时间紧张，没有更多的时间进行实验，基于基本知识的实验没能展开。在这种情况下，探究实验的成绩为88分，具有较明显的优势。

表 3-5　初中生科学方法应用能力实验成绩对照表

班级	基于知识的实验成绩/分	基于能力的实验成绩/分
初二实验班	87	84
初二选修班	81	82
初三对照班	无数据	88

在对比实验中，还存在着样本数量较小、单一样本对总成绩的影响依然较大、评分标准是否合理、教师按照自己的初步设想设定的评分标准是不是可以客观反映学生的思维过程的问题。尽管如此，基于对照数据可见，知识与能力基本没有显著相关关系，而高一个年级能力却有很大的差别，期间有多少是知识因素还待今后继续研究，但可以肯定的是，随着年龄增长，能力有明显提高。

有鉴于此，给学生进行探究式教学也必须按照学生的能力循序渐进。多年教学实践中还发现学生对于科学方法的理解与运用也和年龄有关。例如单因素变量实验初中学生可以很容易地理解并能运用，而优选法只有到了初三年级学生才能普遍接受，正交试验法则在高一之后学生才能基本掌握，但依然在因素与水平选择上存在很大差异。

传统意义上的探究实验都是为了达到某一个具体的教学目的而设置的，

其实其结论在教材中都是明示的，探究更多的是一种形式。笔者以为，探究最终需要带领同学走向未知领域。因此探究实验也同样需要分为四个阶段，见表3-6。第一个阶段是在教师的指导下进行的封闭式探究，此时的探究教材有答案，学生可以很容易地找到结论，我们的训练目的是让学生了解和掌握一些基本的探究方法，并以此巩固课堂学习，属于课堂教学的有效补充，所有的学校都具备这个条件；第二个阶段是开窗式指导，在教材知识基础之上，对一些教材细节做探究，此时的结论基本也是已知的，或者是几种可能性中的一种，在这种探究中，学生要学会运用课堂知识和技能，自己设计和完成探究，属课堂教学的有效延伸，大部分学校可以完成这一步，现在很多学校的研究性学习一般停留在这个阶段；第三阶段是半开放式或者叫作部分开放式，此时学生仅仅依靠课本知识已经远远不足，教师一般可以给出一些辅导性意见，而探究的结论也具有一定的不确定性，课题难度与广度也大大超过课本要求，现在只有部分学校才能完成，但是应该是所有学校应该达到的目标；第四阶段可以叫作完全开放型或者研究型实验，内容已经超越课本束缚，是学生自主研究，中学教师大多在知识上甚至方法上已经无能为力，以学生自主学习与研究为主，是探究式教学的最高境界。

表 3-6　探究性实验分级目标

阶段	结论是否已知	方法是否确定	教学目标	教师与学生的关系	难度
封闭探究	是	是	课本知识	教师引导学生	低
开窗指导	是	是	知识拓展	教师指导学生	较低
半开放	不确定	否	能力训练	教师辅导、共同研究	较难
完全开放	否	否	能力提升	共同讨论、自主学习	难

这几个步骤，开放性逐步提高，从封闭到开放；答案从已知到未知、从单一到多样；解决的方法从已知到未知，从简单到多样；学生从被动到主动，教师从牵引、帮扶到最后放手，学生能力得以全面提升。从解决具体教学目标和单一方法的内涵式教学，逐步转变为向强化学科综合、培养想象力和多种科学思维与方式论综合运用的外延式发展。

科学探究的每一个要素或步骤中，都包含或隐含着科学术语、科学知识、科学思想、科学方法、科学情境、科学判断、科学过程，对提高学生的科学素养都是必不可少的。

第三节　学生为主体的实验设计

改革开放 30 多年，经济建设取得卓越成就，教育改革也在不断深化，尤其是新课标取代大纲之后，教育理念发生了重大的变化，课程的改革不再是局部的改革而是整个课程体系与评价体系的变革。例如近年来北京卷高考题，灵活程度加大，试题容量增加，试题"陌生"度增加，综合性提高，越来越强调学科内知识的综合性、灵活性和拓展性。正如《2011 年北京卷高考化学试题分析》所言："选拔性是高考试卷的基本功能。……引导功能也是高考试卷的重要功能，肩负着引导'应试教育'向'素质教育'理念转变的重任。"通观近年来的高考题，难题愈来愈少，灵活性越来越增强，区分度不是依靠单纯的难度和复杂计算来完成，而是依靠灵活与综合运用来区分。尤其是实验题，没有做过实验而仅仅依靠在黑板和 PPT 上想象实验的越来越难以应对高考。例如 2012 年北京高考题，硫酸与铜反应白色烟雾的探究，做过实验的都见过，教师一般都解释为酸雾，学生就不再追问，但确实多数老师没有进行过深究。而没有做过实验的同学必然没有见过，只能理论揣测。

笔者作为普通的化学教师，以化学探究课的方式在学校进行了多年的化学探究式教学实践，深感探究教学之不易。首先是传统教学方式的根深蒂固，大多数教师很难转变教学方式，即使转变，探究式教学也仅仅是一种陪衬，做课的手段，而不是教学的手段；其次，探究式教学往往是个人的单打独斗，都是一个个单独的个案，即使是成功的个案设计，也无法形成系统的课程。而将众多的探究设计统一协调，系统完善，就是一个点到线，线到面，将探究从课例变为课程的，由量变到质变的过程，还没有人做到。如果要概括一下化学探究甚至科学探究课程，笔者认为核心可以概括为：培养科学精神、树立科学思想、训练科学方法、养成科学习惯。在整个的探究实验教学过程中，围绕着这四个中心思想进行课程设置。但是，教学是个遗憾的艺术，总感到还有很多不足，如何将探究式教学系统化还将是一个永恒的话题。

探究就是对未知事物或产生事物的原因进行系统的、遵循一定科学基本方法的研究。探究实验课程要遵循学生的能力和认知水平，逐步前行，最简单的探究实验从改造教材实验开始。

现行教材中多处要求学生进行探究。例如人教版《化学》九年级下，介绍溶解吸放热时要求学生做系列探究,见表3-7。

表3-7 溶解吸放热实验记录

水中加入的溶质	NaCl	NH_4NO_3	NaOH
加入溶质前的水温 /℃			
溶解现象			
溶质溶解后的溶液温度 /℃			
结论			

学生在课堂上通过亲手实验,体会到溶解过程中存在吸放热的现象。

在现实教学中,探究并不能得到顺利贯彻。一方面,学生实验费时间,导致课时紧张;另一方面,越来越多的学生通过课外班的形式提前学习,探究对他们来说已经没有意义。经济越发达的地方进行探究教学的条件就越好,提前学习的现象也越普遍,使得探究反而更没有意义。笔者曾调查一个重点班,85%的学生在初三之前比较系统地提前学习了化学课程,并且学业越好的学生,平均水平越高的学校,提前在外学习的现象越普遍。上课对他们来说是复习,探究其实变成了验证,课本上的探究在一定程度上意义越来越小。在经济发达地区这是非常普遍现象。最重要的是,通常这些结论在课本上都可以找到答案。

设想在课本探究基础之上,设计一个实验,运用同样的原理,而学生一般一时无法找到答案,此时的探究对学生来说,应该更符合探究的本质,更符合学生的好奇心,更能提高教学效果。而这也是我们设计探究的最根本出发点。即不在现有教材上选取现成的课题,借鉴之后,必须有颠覆性的设计。

在教学中我们进行了一系列大胆的尝试。以溶解吸放热实验为基础,我们调整了实验方案。

学生学案

实验室给你提供了几种化学试剂,请你试一下他们溶解过程中热量有无变化。

实验室提供的试剂包括:氯化钠、硝酸铵、无水硫酸钠、结晶硫酸钠、无水碳酸钠、结晶碳酸钠、碳酸氢钠、氢氧化钠、浓盐酸。

将以上各种试剂各取少量于试管中,再向试管中加入少量水,振荡,用手摸试管壁，感觉温度的变化。

友情提示：如果你选了浓盐酸做实验，要先在试管中加一些水，后加浓盐酸。盐酸有很刺激的气味，用后立即盖好塞子。并且在通风口附近进行实验。

在实验记录本上记下有关的现象。

下一步我们要将实验进行定量测试，从上面热量变化明显的试剂中选择一种，测试一下加入药品的质量变化后，温度变化与加入的试剂量有无关系。（请自己设计方案）

提示：今天我们进行的是定量实验。如果我们选的试剂改变、试剂的质量改变、溶剂的质量改变，那么实验就没有可比性。所以，做实验只能有一个条件改变，这叫作受控对比实验。本次实验建议使用相同的水量进行对比，例如水量为10mL或20mL。

在实验设计上，在教材的基础上增加了几种物质，无水硫酸钠、结晶硫酸钠、无水碳酸钠、结晶碳酸钠、碳酸氢钠、浓盐酸。这几种物质恰好结成几对，无水硫酸钠、结晶硫酸钠一对，无水碳酸钠、结晶碳酸钠是一对，碳酸氢钠、碳酸钠是一对。而它们的温度变化恰好不同。通过这种"超纲"的实验，学生无法获知其温度变化，尤其是无水盐与有结晶水的盐，这细微的差别有可能造成温度差别，有学生猜测：带结晶水的盐是不是温度变化少一点？好奇心驱使他们非常认真地完成实验。并且学生只需要完成一个试剂的实验，而后互相交流、汇报结果。无水碳酸钠和结晶碳酸钠溶解时一个升温一个降温，对学生来说这是不可思议的差异，但更能激发他们对化学的学习兴趣。

而接着的深化实验更能让学生体会探究的乐趣，在已知温度上升的基础上，加入1g、2g、3g、4g、5g……不同质量的氢氧化钠，温度曲线如何？学生提出了三种可能性，并给出了适当理由。有学生提出每克药品放出的热量应该是相同的，所以曲线应该是直线；有学生提出容器也吸收热量，但是药品用量大后容器吸收的热量相对就小了，曲线应该拐头向上；还有学生认为温度高热量散失就快，因而曲线是向下拐的。见图3-25。

三种都有道理。教师又补充三种，见图3-26。理由是，加入很多氢氧化钠之后，水沸腾，温度就不再上升，学生们也觉得有理。但是究竟谁对，需要靠实验确定。

实验前，学生的任务是大胆想象，而后就是小心求证了。在教学中，探究

图 3-25 学生提出的氢氧化钠溶解在水中温度变化的三种可能曲线

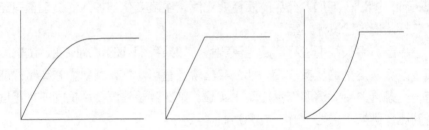

图 3-26 教师提出的三种设想

的过程是为结论服务的。而这里的探究要的不仅仅是结论,过程其实比结论还要重要。

学生实验数据实例见表 3-8。

表 3-8 学生实验数据

NaOH 质量 /g	1	2	3	4	5	6	7	8	9	10	20	25
温度 /℃	30	36	42	47	50	52	55	58	62	67	86	90

实际教学中,一方面配制高浓度的氢氧化钠溶液会非常呛人,不宜继续展开实验;另一方面课堂教学时间有限,很遗憾没有让学生们看到曲线最后是否走平。并且由于各组学生实验的水平差距,以及仪器等各方面的原因,现象也不尽相同,自然结论也就不完全一致,竟然出现了谁也说服不了谁的现象。此时如果教师说出一个"标准答案",这就是常规教学方式,也是学生们最习惯的结果,最习以为常的学习方式。而这又恰恰是科学研究的忌讳。科学的结论,必须是可以重复验证的。学生们已经习惯于认为在实验中出现了与老师给出的结论不同的现象时,就是自己做错了,因为老师不会错。而我们就是不想让学生们形成这种惯性思维,要让学生们坚信自己实验的结果。如果大家的结果不同,也给学生们留下一个问题,以后通过实验解决或者找文献解决。同时,在这个实验中有意识地提出了受控对比的概念。学生们得到的结论不完全一致的

原因之一就是实验细节的略微差异，进而导致数据差异。例如有的学生溶剂选用 30mL 水，而有的学生选用 50mL 水，我们试图通过这种最笨拙的方式对学生进行初步的科学方法的训练。

同时在教学中要求学生采用绘图的方式体现实验结果，更暴露出部分学生综合能力的欠缺。数学学习过的方式，就不会运用到化学中，将曲线图绘成折线图的大有人在。探究也是综合能力的体现。

无论是物理课还是化学课，在讲分子的时候都提到过分子间隙，讲的时候用到图 3-27 所示的实验器材。实验中乙醇和水混合后可以看到液面下降，从而证明分子有间隔。但几乎没人注意到，混合后的溶液温度略微上升。上课时当教师拿着温度计用实际温度数据作证据，提出是温度变化导致容器变大，从而液面下降，而不是分子之间有间隙的假说，学生们十分震惊。下面的工作就是学生自己设计实验方案，对教师的假设进行实验分析，验证或者否定。一些学生提出，只要将试验器冷却到室温，观察就可以知道假设

图 3-27　分子间隔试验器

是否正确，原实验设计是否合理。然而问题仅仅解决一半，因为此时仅仅解决了室温情况下的体积变化问题。如何确认混合而温度升高时，当时的容积变化和溶液体积变化究竟谁是主要的？看似简单的问题，解决起来并不简单，随着讨论和实验的逐步深入，最终演变为测量水和玻璃的膨胀系数。最后，学生发现老师的假设居然是错误的。在以往课堂上，老师的地位崇高，老师一言九鼎，不会犯错。而此次在课堂设计上，有意识地根据实验现象，提出一个貌似科学的假想，让学生在体验探究的过程中，综合利用多学科的知识和技能，尤其是让学生敢于设想，认识到真正的科学研究大部分是失败的，而科学研究也恰恰建立在大胆假设的基础上。

所有的化学老师在读大学的时候一定都做过一些无机盐的制备实验。当遇到有结晶水的无机盐时，结晶条件非常重要，不同的温度、浓度、降温速率、溶剂等都会导致不同的结晶产品。而当时我们都是按照教材给出的标准步骤完成，对这些问题往往没有多想。但当我们作为老师，要设计一个探究实验的时候，就需要充分思考。在教学中，我们尝试设计了一个探究实验，用碱式碳酸铜和甲酸为原料，制备两种含不同结晶水的甲酸铜晶体，且产品质量要达到一定的要求。事前，我们曾担心学生面对如此开放的课题，不知会出现什么情况，无从下手还是盲目开始……课堂上，学生们面对这个课题，并没有出现我们所

担心的状况。他们互相探讨，设想可能的影响因素，而后分工试验，分组研究，很快对比结果就得到了，并且与理论基本一致。这些学生在设计细节上存在一些欠缺，例如没有先做小样试验，而是直接称取较多的原料进行试验。但是瑕不掩瑜，学生不但完成了老师布置的任务，也对含结晶水盐的析晶条件有了更充分的认识和了解。

在探究教学中，我们最大的问题是将探究作为上课时让学生掌握某一知识点的手段或者方法，而忽视了探究的本质其实是一种认识世界的思想。老师要保持一份探究之心，不能将思想局限在应对考试。很多看似简单的问题都可经过努力转化为研究课题。我们原来担心学生可能做不到，其实是担心自己做不到。当我们总保持一颗探究之心，学生的探究活动自然就会生机勃勃。这些研究短期看与高考中考无关，但给学生的是潜在的综合素质的提高。知识常常会随着岁月的流逝逐步忘却，但通过探究训练而得以提高的技能，提高的综合素质，它会成为学生潜意识的组成部分，将伴随他们的一生。

凯恩斯在《通论》中的最后一句话："快还是慢，真正对一个社会产生好与坏的影响，不是既得利益，而是思想或者思潮。"我们要说的是：探究不仅仅是教学的一个手段，不必在乎短期的教学成绩，探究更是一种思想，是解放我们思想的思想。

一、探究实验首先要让实验变得有趣

作为实验科学的化学，在现代科学发展的背景下，一线教学反而越来越脱离实验。随着网络技术的发展，原来不好做、有污染气体产生、现象不明显的实验都可以很容易地从网络上找到相关的视频，于是越来越多的老师喜欢在课堂上放视频，而不是做演示实验。这在一些实验条件差的地方本是件好事，但是现在的趋势却是越来越多的实验条件好的学校的老师也在采用这种方式，这不能不说是一种倒退。

化学实验教学作为理论教学的辅助手段不可或缺。在教学中实验教学也存在着一些简单枯燥的现象。例如基本操作练习，仅仅就是为了让学生了解与掌握某个技术而设计的，并且大多数的实验围绕着教材，是简单的验证实验，而缺少对学生科学方法论的训练。

几年来，我们进行了一些改革试点，以实验为载体，基本脱离教材知识系统，进行实验教学的改革尝试。在内容安排上突出趣味性，注重实用性，贯穿科学方法论，将一些复杂的操作分解在不同实验中，做到层层递进，螺旋上升。不以知识为主体，而以实验为载体，力求融会贯通。

1. 将简单操作练习变得有趣

对于第一次进实验室的学生来说，他们对一切都感到十分新鲜。但是现在普遍存在着学生提前学习的现象，再加上现在的学生知识面宽，因此如果仅仅依照教材进行称量、量取、药品取用、溶液配制的操作练习，就显得十分枯燥。在教学中，我们将其转变为"有用"生活用品的配制。不但内容有趣生动，并且做到了多次重复操作，使得基本操作更加过硬，而学生确实在不知情的情况下完成了操作练习。

学案示例1

夏天，我们最烦恼的是什么？蚊虫，流汗，酷暑，暴晒，……化学实验室能为你们去除一些烦恼。

1. 配制花露水

量取 75mL 酒精，加入 2～3mL 玫瑰麝香香精，加水稀释到 100mL。（标准配方中说还要加适量色素，我们就不加了）罐装在瓶子中即可。

2. 配制爽身粉

滑石粉 14g，碳酸镁 4g，硼酸 1g，硬脂酸镁 1g。混合均匀，罐装在瓶子中。（可以加少量的香精）

教学过程中，学生操作十分认真，互相监督，害怕操作失误导致配出来的东西不能使用。

同样，加热操作也是基本操作重点，实验教学中也是学生经常犯错误的地方。总有学生对一些细节不够注意，导致液体喷出。我们在教学中，将简单的水加热变为合成香味物质的实验，不但进行了基本操作的练习，同时还让学生体会研究过程和养成注意观察的好习惯。我们还曾经让学生自配洗手液来练习称量、量取和溶液配制。学生每次实验课后，用自己配的洗手液洗手，充满了成就感。

学案示例 2

实验记录示例：请根据你的实验情况在自己的实验记录本上如实记录

反应物 1	反应物 2	反应物一气味	反应物二气味	反应后气味
乙醇（酒精）	乙酸（醋）			
丁醇	丁酸			

本实验给出甲酸、丙酸、丁酸、苯甲酸、柠檬酸、甲醇、乙醇、丁醇，请同学尝试，找哪两种酸和醇混合加热后有香味。答案不是唯一的。

提示：将一种酸和一种醇混合后要加入几滴硫酸帮助反应。

本实验将一个简单的加热水的练习，转变为趣味实验，学生操作认真、小心而准确。而当他们得到那一点点有香味的物质，非常惊喜，相互传递，交换配方，其意义远远超越了一个基本操作的教学目标。

2. 在实验中学会快乐地观察

学生在开始学习化学的时候，经常分不清什么是现象什么是结论，尤其是不善于观察和记录。要做到在实验中一次就击中学生要害，让学生学会观察、学会记录是个很难的事情。我们设计了一个火山爆发实验，后来的调查中，很多学生都说这是印象最深刻的一个实验。

所谓的"火山"实验就是重铬酸铵分解实验，利用其分解产生的类似火山喷发的美丽现象吸引学生。在学生完成实验，兴奋之余，让学生描述实验现象，学生描述基本准确。例如药品用量、颜色变化、操作步骤……但是总有几个地方大家有争议，通常出现的争议有："火山"爆发时究竟是红光还是火焰？"火山"喷发后体积扩大了多少倍？"火山口"喷出的是烟还是气？这些争议如何解决，一般传统方式就是老师总结，把结果公布，而学生的任务就是记录下来，背下来，作为今后考试的标准答案。但是这种方式就使学生慢慢地放弃了自己观察，认为老师说有的就有，老师说没有就是没有，甚至认为只要自己做的和老师不一样，那么就是自己错了。为了避免这些问题，我们安排了二次实验。学生们这次实验就有了很大的目的性，主要观察和记录有争议的地方，实验中欢呼雀跃的不见了，低头观察的多了。实验完成，一切争议就自然解决了，甚至连体积扩大的倍数都经过了仔细计算。整个过程教师所做的就是在一旁保证安全。只要给他们空间和时间，他们可以创造奇迹。学生们的创造力暂时被一个个的标准答案禁锢了。

3. 让科学方法训练变得生动

优选法是非常重要的一种科学分析与实验方法。把它形象化地传授给学生是个既简单又困难的事情，简单到用语言表述解释仅仅只需要几分钟，而困难就在于缺少一个实验来让学生体会到优选法的优点。

我们在教学中设计了氯化铜浓度变化与颜色的关系的研究试验。由于该溶液颜色不是简单地随着浓度变大而变深，而是由淡蓝经蓝色转为蓝绿色，再变为绿色，最后变为墨绿色，仔细观察至少会有四个以上变色点，即使观察不够仔细也能看到3个变色点。这本来是个简单的定性实验，但是我们将其转化为一个半定量实验。

上课伊始，提出这个氯化铜浓度与颜色的关系的问题，首先就在学生中引起议论。这种现象的出现违背了学生的常识（一般情况下有色溶液，越浓颜色越深），因而激发起他们的兴趣。我们进而引导学生讨论设计实验方案，学生一共提出了三种实验方案，最简单的是一点一点增加溶质的方法，稍复杂的是配浓溶液再逐步稀释法，最复杂但是最科学的是优选法。而后让学生自选实验方法，寻找氯化铜浓度与颜色的关系，找出颜色变色点所对应的浓度值。实验中，三种方法都有学生进行实验。并且由于增加溶质方案最简单易行，采用的学生最多。而且三种方法，最先看到效果的是最简单的逐步加溶质法。但暂时的领先优势很快就失去了，稀释法和优选法很快就超越了。最后，最复杂的优选法最快完成实验。虽然仅仅快了十几分钟，但这个实验，立即让学生对优选法有了深刻的认识。

4. 让单调变得丰富

蒸馏实验是个比较单调无趣的实验。高一教材中这个实验在教学中一般老师会设计为蒸馏酒精，或者蒸馏硫酸铜等溶液，整个蒸馏过程单调乏味，学生也没有成就感。尤其是设计成蒸馏硫酸铜或者氯化钠溶液这种实验，虽然可以进行实验前后对比，但是不符合蒸馏的基本要求，科学性上有一定的缺陷。

我们将蒸馏设计为蒸馏葡萄酒或者黄酒，检测标称酒精度是否正确的实验。由于实验不再是为了练习基本操作，学生对实验的态度就发生了根本的变化，从听讲到组装仪器，再到收集馏分，整个操作都十分认真，也变得有耐心。以往实验中学生看到馏分出来，简单检验一下，就会立即拆掉仪器，因为任务完成了。而现在做蒸馏酒实验的学生，受到任务驱动，在馏分收集这个枯燥的过程中，反而十分认真，就不会放走一滴有用的液体。收集好还要认真量取，对比标签，如果不同还要分析偏差的原因。他们对蒸馏操作的理解比常规做法印象更为深刻。

实验教学，尤其是一些基本操作的教学通常比较枯燥。但是如果改变一下思路，把这些实验赋予一些功能，或者说将这些操作练习不再作为一个教学目的而是一个教学手段，实验的内涵和外延都将得到充分的拓展。实验不能是单一功能的，而是力争做到综合。例如上文提到的氯化铜变色点的实验，其中就包括固体称量、液体量取、溶液配制、比色等一系列操作。如果单单做一个溶液配制实验，学生操作需要20min左右，配出来的氯化钠溶液也没有用处，基本都被老师偷偷倒掉，而一个氯化铜变色点实验，至少要配制7次溶液。试想如果让学生做7次氯化钠溶液配制会出什么课堂状况？表面上看，浪费了课时，但是学生对化学的认识却截然不同，而且其中还隐含着一个目的，即学生通过这个实验就会清楚地知道化学试剂用量不是多多益善，太多有时会出现异常，事倍功半。校方在任课老师不知情的情况下曾经做过调查，这种实验课满意度100%，非常满意的占94%。

化学一直就是学生比较喜爱的课程。但随着年级提高，喜爱程度快速下降，在很大程度上是由于化学实验缺乏亮点，难以满足学生的好奇心。教师在设计实验时，有意识进行定量半定量的要求，并不会提高难度，只要适当放弃一些精度要求，重点注重方法论。我们在实验中过于强调定性实验，忽略定量实验。而定性到定量实验跨度过大，因而在教学中有必要主动安排和设计半定量的实验。不要求做得准确，而是要学生有定量的思想，这样就更容易培养学生的科学逻辑与思维。定量实验必然导致难度的提高，但难度不是障碍，反而可以激发学生的好奇心和求胜欲，达到意想不到的效果。

二、最初的探究实验素材要尽量选自身边事物

探究式学习应有广义和狭义两种理解。狭义的探究是指对一个问题，经过一系列的资料搜集、整理、思考、实验、论证等研究过程得出结论。这种探究必须在学生掌握了一定的知识、储备了相当的经验、具备了一定的思想方法和解决问题的能力的基础上才能进行，而且需要较长的时间。广义的探究是指学生通过探讨某个问题得出结论的过程。广义的探究目的不是要得出一个什么样精确的结论，而是培养学生探究的精神。

探究的课题一般都来源于教材。如何利用课本之外的资源，使之成为实验

素材或者是探究课题，让学生在不知不觉中完成实验，在不知不觉中学会探究，是我们更高层次的追求。

我们认为：①知识重要但不是最主要的。学生可以从各种途径搜索到知识信息，用学生的话就是"百度一下"。②操作要点比较重要。习惯从开始养成，规范操作才能得到可靠结果。③兴趣最重要。没有兴趣就没有学习的动力，尤其是对于那些接触化学不多的学生，他们对化学的爱就是出于好奇，而这种好奇将是驱动他们学习的最大动力。

我们不想大张旗鼓地提出探究，而是希望在无声无形之中完成探究的训练，而整个过程还要逐步深化递进，学生在完全没有意识的情况下完成探究的训练，并且主动地参与。

我们曾设计了一个测定食品含水量的实验。给学生提供了两种水果，将烘干箱的温度设定在105℃，但是怎样才能测准，标准方法我们没有直接提供给学生，而是让学生自己决定实验条件。现在温度、水果种类已经确定，剩下的就只有样品的质量一个变量，我们通过这种方式，将受控对比的理念第一次"隐秘"地传递给学生。同样的水果，学生的取样的方式各不相同，切下的水果大小、形状各不相同，片状、块状、条状……纷纷放入烘干箱，烘干一小时之后，随着烘箱打开，伴着果香满屋，学生们的含水量数据纷纷出炉，结果当然是可想而知，数据之间的偏差很大，最高的数据为含水量92%，最低的只有40%。

学生最大的坏习惯就是问老师自己做得对不对，而缺乏自己独立的判断。此时的学生自然又来问，哪个结果是对的？而我们的答复就是，和其他同学的数据对比并讨论，发现问题，独立判断。等大家找到了最佳方法并分析出比较准确的数据，老师就会公布文献值（文献称干重0.2g是最佳实验条件）。凭着直觉，学生们知道数值大的可能更准确，但是不准确的数据是如何得来的就需要自己去寻找。很快学生们就发现这是因为：自己的水果切得太厚或者太大，烘干一小时时间太短；而太薄质量小，称量就不准确。我们不要求学生的答案和文献值一样，而是追求学生探究的过程。

我们通常的考试仅仅反映了一个结果，知识学习的结果，缺乏对技能的考察，尤其无法完成学生对科学分析方法的准确运用的考察，而探究式教学正好弥补了这个缺陷。

滴定实验是最有化学气氛的实验。但是如果严格按照滴定操作规范来进行，单调又枯燥，会打击学习兴趣。我想这也是新课标取消滴定操作要求的原因之一。我们特别安排了系列实验，让学生在几次实验中多次使用滴定管，在使用中逐步了解滴定管的使用规范。

第一个安排的实验是测定油脂的酸价。学生基本都知道酸碱可以反应,并且当其完全反应时可以用指示剂来表现出来。为了增强趣味性,我们特地准备了两种植物油,以便对比酸价的不同。在这个过程中,对滴定操作没有任何要求。由于油脂中的酸含量很少,往往几滴氢氧化钠溶液就达到终点。即使是过期的油脂,也仅仅需要0.5mL左右。所以这个实验就是让学生感受滴定和会判断滴定终点,知道不小心可能会滴过,实验就不准确,而对学生来说不准确并不意味着实验失败,可以重做,让数据准确一些。学生在快乐中学习。

第二个实验是测定食醋中的氨基酸。由于氨基酸酸性很弱,氢氧化钠溶液会先和醋酸反应,而后才能和氨基酸反应。而氨基酸酸性太弱,必须通过化学反应将其转化为较强的酸才能测定。为了方便学生、降低难度,实验室主要提供的是白醋,而陈醋样品作为较高要求选做。由于陈醋有颜色,还要做脱色处理,而这个选做实验就是为下次实验做准备。酸碱滴定内容在前面的实验中学生们大多已经有了经验,除了氨基酸转化是个新的操作,这样基本操作和知识就没有大的问题,只需要在滴定技术上再提高一些。例如,如果学生选用白醋做样本,其氨基酸含量极少,往往仅需要0.1mL氢氧化钠溶液,虽然不用脱色,但不小心就可能无法测到氨基酸。此实验是对学生滴定技术(主要是滴定终点的判断)的一次很好的考察,从难度上说也提高一步。

第三个滴定实验是测定可乐中的磷酸。可乐的配料表中明显显示其主要成分含有磷酸。按照我国法律的规定,配料中的顺序是按照原料多少排列的。而磷酸一般排在倒数第二的位置,可见其含量很少。

上课时同时告知学生可乐中含有的CO_2会干扰实验测定。如何将捣乱的CO_2去除呢?如何将捣乱的颜色去除呢?学生们通过前面两次的实验,已经具备了必要的知识和技术储备,能够通过讨论寻找解决方法。而滴定的操作也要更进一步提高,因为氢氧化钠溶液的用量大致只要1mL,这就存在正确读数问题,少许的偏差就会导致结论的较大差距。此时才给学生讲解如何读数如何估读,使得滴定技术要求提高一步。

这次实验,给学生的实验讲义就仅仅是个课题,教师不再给学生实验方案,只给出一些必要的补充知识,而实验的整体设计不再给任何提示。由学生自己拟定方法,最终以小论文或检测报告的方式提交。从学生课上的表现看,大多数都根据前两次实验自觉归纳出合理的实验方案,能用正确的方法测定出磷酸的含量,结果比较满意。

三次实验,学生基本掌握了滴定管的使用,从会用到用好,逐步提高。

我们安排了白酒品质检测课题,有意识地将科学方法训练隐藏其中。

第一个实验是真假白酒检测。利用假酒中含有甲醇的特点,在一定条件下加入检测试剂可以变红色从而检测出是否是假酒。我们在课堂设计时,只是提供了试剂,隐去一个具体条件,而是让学生自己发现草酸-硫酸混合液的最佳用量。由于实验条件明确,实验中学生很快就通过受控对比的方法发现了较好的实验环境。

接着又是一个探究实验——近似测定白酒的度数。实验方法很多,我们提供了一个乙醇的性质——还原性,它可以在一定温度下将氧化铜还原为铜,而还原的时间与浓度有关。于是利用乙醇的还原性,用氧化的铜丝加热放进白酒中,利用变回的时间来近似测量白酒的浓度。而实验方法与上面的方法类似,需要使用受控对比的方法,描点作曲线来寻找规律。在前面实验的基础上,学生们都能选择适当的方法,比较准确地测定出结果。

整个实验过程,学生处于一个评价、鉴定的地位,而不是学习者。而这种"当此不知谁客主"的效果,正是我们所追求的。

从学生交回的数据看,数据不是很准确,有的甚至得到相反的结论。但这并不妨碍他们的成绩。只要他们的数据记录完整,设计基本合理,尤其是浓度选点合理,就说明他们掌握了基本的科学方法,成绩就比较高。而那些设计不合理,仅仅碰巧数据精准的并不能得到高分。

曾给学生这样一个课题,如何近似测量一袋薯片所包含的热量?由于学生大都做过初中生物实验中花生燃烧的实验,都知道可以利用点燃薯片的方法进行测量。例如有学生在实验报告中写道:"将薯片点燃,用其作为热源加热水,测量水升高的温度值,从而推断出一定质量薯片包含的热量,随后计算一袋薯片包含的热量。薯片取了 10g,温度升高 13.4℃。推断:一袋薯片检测出来的热量约有 655kJ。"

学生的方法基本没有问题,然而实际测量值与食品包装袋标称值却有着几倍的差异,可以说这个差异已经不是误差,而是错误。原因何在?当学生发现这个问题时,他们都认识到这主要是点燃薯片放出的热量大多以辐射热的形式散失了,真正能起到加热水作用的比较少,这时学生要解决的问题是如何粗略测量热量损失的比例?

但问题摆在学生面前,绝大多数学生茫然不知所措,对于学生来说就是不能测量热损耗,有学生提出使用密闭仪器,确实,在大学和科研机构的测量装置是封闭的燃烧罐,而中学不具备这个条件,我们就必须使用的替代环境来完成近似测量。而我们都给学生讲解过差量法,解决这个问题的方式其实还是差量法。

此时教师提出要解决的第一个问题是利用控制变量的思想，在这个实验中，有很多的变量，哪个是可以改变进行分析的？学生讨论分析存在的变量主要有：实验室环境温度、石棉网隔热系数、被加热的水、容器、燃料等。

而后老师引导学生分析，在实验中哪个条件能够改变，并有助于我们的实验分析？学生很快就想到更换可燃物的方法。通过点燃酒精灯，使烧杯中的水达到同样温度，此时通过称量酒精减少的质量，可知酒精消耗量，而后查阅酒精的燃烧热数值29.7kJ/g，就可以计算出酒精总放热，扣除水吸收的热量，估算出热损耗。在假定其他外界条件不变的情况下，认为薯片的热损耗与酒精的相同，就可以推算出薯片真实的热值，经过如此修正，计算值与标签值已经比较接近。

然而事情还没有结束，教师进一步提问：在控制变量中，本实验还有一项重要的差异需要修正，学生自己就指出燃烧后的产物并不一致，薯片燃烧后剩余的是碳，而酒精充分燃烧生成CO_2。如何消除这一差异？学生讨论，很快得出了结论，没有充分燃烧的碳中还有一些能量。只需要称量一下剩余碳的质量，查出碳的热值为32.7kJ/g，就可计算出薯片的总热量。

经过如此一番讨论、实验、计算，调整后的数据与包装袋上的标识数据就所差无几。而整个的分析和实验过程就是不断地利用控制变量的方法，不断地修正数据，在实验中定量思维贯彻始终。看似简单的一个实验，总结一下却发现多次利用到控制变量的方法，见表3-9。

表3-9　控制变量统计

序号	控制变量	目的
1	实验环境一致	避免外界温度等条件的影响
2	水体积与温度上升一致	热量损失相同
3	更换燃料	测量热损失
4	相同的容器	避免热量损耗不同
5	燃烧产物对比	避免系统误差

三、学习控制变量就需要制造变量

一门科学如果不能进行定量的分析和研究，就不是一门严格意义上的科学。但是定量不能简单理解为用滴定等技术直接测量具体数据，而是利用定量的思维方式来解决问题，需要创造性地利用已知技术来解决问题。要帮助学生表现得更有创造力，首先应该扩展老师自己的对创造力的理解。而创造力不仅仅是创造新的事物，还包括对已知知识和技能重新进行组合利用。

食用盐中都加有碘，现在有一种说法：人们生活水平提高，一些疾病是由于碘摄入过量造成的，如果想减少碘的摄入，只需要先放入碘盐，加热过程中碘酸钾就分解了，从而减少碘的摄入。这个观点传播非常广泛，还上了电视的健康节目。然而这个观点正确吗？我们在课上要求学生设计实验方案来解决这个问题。

作为必要的信息，两个主要的反应首先介绍给学生：
在酸性条件下，用过量的碘化钾可以使其转化为碘单质：

$$IO_3^- + 5I^- + 6H^+ = 3I_2 + 3H_2O$$

硫代硫酸钠可以与生成的 I_2 反应。

$$I_2 + 2Na_2S_2O_3 = Na_2S_4O_6 + 2NaI$$

学生由于有了滴定的知识，很快提出利用已知浓度的硫代硫酸钠与 I_2 反应，测定 I_2 的质量，进而可以计算出食盐中碘酸钾的质量。再取样品加热，重复以上实验，通过对比加热前后碘酸钾含量，就可以知道加热对碘盐的含碘量有无影响。首先肯定学生的思路与方法很好。然而在老师给的信息中没有提到硫代硫酸钠溶液的浓度，对于未知浓度来说，滴定的方法显然不能成立。学生一时无法解决。

学生现在面临的情景没有具体的解决方法，就要将已知情景转化为目标情景。而中学生的创造性就是在解决问题中显现出来的，问题的不断出现促使他们主动运用自己的创造性寻求新的方法。

对于学生来说，困难在于所有的量都是未知的，而此时又是控制变量的技术大显身手的时机。虽然没有已知量，但是我们可以创造出已知量，中学生不知道如何滴定硫代硫酸钠溶液，我们也不希望学生采用这个方法。现在唯一的突破点在碘酸钾了，原来是未知量，我们可以将其转化为已知量。经过一番引导和讨论，学生很快给出了方法：

称取一定质量的碘盐，加入过量的碘化钾，并酸化，用淀粉作指示剂，滴入硫代硫酸钠溶液，直到蓝色褪去，记录硫代硫酸钠溶液的体积；再称取相同质量的碘盐，充分加热，重复以上步骤，也记录硫代硫酸钠溶液消耗的体积。对比两次消耗硫代硫酸钠溶液的体积即可知碘盐样品中碘酸钾是否有损失。整个过程其实根本不需要知道硫代硫酸钠溶液的浓度。

而后教师追问一句，如果需要检验碘盐中碘含量是否符合标准又该如何进行实验?

在解决前面问题的基础上,实验方法很快就出来了:称取一定质量的碘酸钾,加入过量的碘化钾,酸化,用淀粉作指示剂,滴入硫代硫酸钠溶液,直到蓝色褪去,记录消耗的硫代硫酸钠溶液的体积;再称取一定质量的碘盐,重复以上步骤,也记录消耗的硫代硫酸钠溶液的体积,对比两次硫代硫酸钠溶液体积的比例,即可计算出碘盐样品中碘酸钾的质量。

作为教师,没有下班和上班的准确区分,回家判作业其实也是上班。在生活和娱乐中有时也可以发现有探究价值的课题。

有一部叫作《大染坊》电视剧里面有个细节:有个奸商,为了降低成本在染料中加入硫酸,而不是草酸。在这个大多数人不关注的细节中,我们发现了问题,因为这其实就是一个化学问题。染料中加入草酸的目的何在?如果是调整酸性,为何不能用硫酸?如果是因为腐蚀性,草酸同样具有腐蚀性。而草酸的稳定性要比硫酸差很多,也更容易形成难溶物。这一连串的疑问,让我们找到了探究的课题。在书店翻阅有关专业书籍,原来草酸是染料工业中常用的助剂,主要是增强染料的附着力。但仅有书本知识还不够,经过一系列的试做,于是我们设计了实验课题,让学生自制染料用来染布。课堂上学生发现染料的颜色很难附着在白布上,不但染色不均匀,并且晾干后一经漂洗,大部分的颜色就洗掉了。原因何在?于是引导学生先行讨论,改进步骤,检索资料,逐步深入,最终得到了一块染色均匀而稳定的布块。如果我们直接给学生实验方案,学生很快就可以完成实验,学生记住了步骤1、2、3,但这就不能让学生体会到一个探究的过程。按我们的方案虽然探究用掉了很多的时间,但从课后学生的反馈来看,学生对整个的探索过程记忆犹新,学生掌握的是科学分析方法。

很多老师感叹没有实验素材,其实素材很多。举个例子,从植物中提取指示剂,很多老师做过,都知道用紫甘蓝最好。但是为什么别的植物不可以或者说不好?换个角度,如果我们不直接将紫甘蓝给学生,而是让学生自己选择不同的植物,在实验中发现规律,这不就是一个新的探究实验吗?这就将一个简单的趣味实验上升为一个探究课题。如果真的这样做下去,其背后可探究的问题还颇有些意味,值得继续研究的内容很多。

最让我们欣喜的是,有几个学生交回的实验报告总是提出一些问题,有时提的问题比实验报告内容还要多,其中有一次实验有个同学竟在实验报告上提出了九个问题。我们觉得这才是我们要达到的目的。

一个实验能够给予学生的十分有限。而能够通过一个实验,引发他们的思考，并且引导他们继续探究下去，让学生在快乐中学习，这才是我们设计实验的价值。

四、探究要善于刨根问底

探究过程其实就是一个学生发现问题而后解决问题的过程。例如前面刚刚提到的一个学生在实验报告中给老师提出了九个问题，其中很多问题教师可以继续将其演化为更深层次的探究题目。

蜡烛燃烧是初三年级学习化学后比较早接触的一个小实验，这个实验看似简单，其实却蕴含着非常多的探究问题。法拉第曾经就蜡烛展开过专门的演讲，见表3-10，虽然这个研究已经过去了多年，但其蕴含的科学思维模式却值得我们学习。

表3-10 法拉第讲座中提出的核心问题及解释

编号	问题	解释
1	蜡烛是用什么制成的	开始是用动物脂肪——牛脂做原料，后来将动物脂肪制成了硬脂（硬脂酸），也可用黄蜂蜡、纯蜂蜡或石蜡制造蜡烛
2	火焰和烛身接触的地方为什么形成凹陷的杯子状？烛油为什么不外流	加热使气体对流，补充进来的冷空气起到冷却的作用，使其形成杯状
3	烛油如何脱离"烛杯"，跑到燃烧的部位	烛芯的毛细管作用
4	为何烛芯不全部燃烧？为何烛杯中的烛油不燃烧	温度未到达着火点
5	吹灭蜡烛时产生的白烟是什么	主要成分是气化的烛油
6	火焰的形状是什么样？为什么呈这种形状	明亮的长椭圆形，长椭圆形的上端比下端亮，烛芯在中间，烛芯周围和接近底部的地方比较暗。对流将火焰拉成长椭圆形，火焰的颜色与火焰的温度以及火焰中的固体颗粒物等有关
7	火焰为什么向上	在重力作用下，热气流上升，形成对流
8	一堆木柴燃烧时会出现一些小火苗，而蜡烛燃烧只有一个火焰，为什么？	一堆木柴有很多芯，分化成许多不同形状的小火舌，这些小火舌相当于一支支独立的蜡烛
9	火焰焰心燃烧的产物是什么	气化的蜡烛以及蜡烛不完全燃烧的产物，即蜡烛吹灭时产生的白烟，可以点燃
10	为什么焰心引出的气体可燃，外焰引出的气体不可燃	燃烧是空气和蜡蒸气发生剧烈的化学反应。焰心空气不足，燃烧不充分，有剩余的可燃气体；外焰空气充足，燃烧充分，无可燃气体剩余

续表

编号	问题	解释
11	火焰的不同部位温度相同吗？如何检测	拿张纸在火焰中心一掠，纸上的火痕是环形的，即空气与燃料接触的地方恰好温度最高
12	外焰燃烧产生的黑烟是什么物质？是怎么产生的	炭，是蜡烛不完全燃烧产生的
13	火焰明亮的原因是什么	火焰中有固体物质（炭颗粒）则明亮，是由于固体颗粒的热辐射发光。其他相关的案例如：火药与铁粉混合燃烧发光、白金丝直接加热发光、向氢氧焰中撒石灰火焰变亮
14	磷燃烧产生的烟是什么	磷燃烧产生的固体微粒
15	锌粉燃烧产生的烟是什么	氧化锌
16	蜡烛燃烧的产物是什么	炭、二氧化碳和水等
17	蜡烛燃烧产生的水是从哪里来的	化学反应生成的
18	钾遇到水会发生什么变化	钾遇到水立即剧烈燃烧，并形成火焰
19	为什么冰会浮在水面上？当加热水产生大量蒸汽时，水的体积为何有明显的变化	冰的体积比产生它的水的体积大，所以密度就比水的小
20	铁粉或铁屑遇到水会有什么现象	反应不是很剧烈，但铁屑会逐渐生锈
21	铁屑与高温水蒸气反应生成的气体是什么	一种可燃性气体（氢气）
22	锌与酸反应生成的气体是什么	可燃性气体（氢气）
23	氢气燃烧产生什么物质	水
24	铜与硝酸接触会看到什么现象	立即产生美丽的红色气体，铜溶解，且无色溶液变为蓝色
25	将两块白金片插入盐（硝酸铜）溶液中，通电，会发生什么变化？若调换两块白金片的位置会有什么现象	一块白金片顿时变得像块铜，另一块毫无变化。调换后，铜似乎从原来那白金片搬家到另外一块白金片上，而自己变得白白净净
26	水电解的产物是什么	氢气和氧气
27	为什么蜡烛在空气中燃烧不如氧气中旺	蜡烛、灯油、铁丝、硫、磷、木片在氧气中燃烧比在空气中剧烈得多。说明氧气有助燃性，空气中氧气只占一部分
28	空气中不能使一氧化氮变红的"老顽固"是什么	一氧化氮可与空气中的氧气反应，但不与氮气反应。氮气的惰性还表现在不能助燃上
29	空气的成分有哪些	氧气、氮气
30	氮气在空气中有什么用	若全是氧气则有无数火灾
31	如何称量气体的质量	向一个密闭的铜瓶中打气再称量
32	空气到底有多重	抽真空实验
33	小吸盘为什么会吸住桌面	小吸盘上面的空气压力把它压住了

续表

编号	问题	解释
34	在装有蜡烛燃烧生成气体的瓶中倒入澄清石灰水,会有什么变化	澄清石灰水变成了乳白色
35	将二氧化碳倒入盛有点燃蜡烛的杯中会有什么现象?说明什么	蜡烛熄灭,说明二氧化碳不支持燃烧
36	在天平的一个托盘上放上空玻璃筒,另一个托盘放砝码使其平衡,将二氧化碳倒入玻璃筒中会有什么现象?说明什么	天平向玻璃筒那端倾斜,说明二氧化碳比空气重。 向盛有二氧化碳的玻璃筒中吹肥皂泡,肥皂泡浮在二氧化碳中,也说明二氧化碳比空气重
37	炭燃烧产生什么	二氧化碳,发光而非火焰
38	钾在二氧化碳中能燃烧吗	能。就像钾从水中夺取氧一样,从二氧化碳中夺取氧。同时说明二氧化碳由碳和氧化合而成
39	木片燃烧会产生二氧化碳吗	会,可以证明木片中含有碳
40	引火铅(可自燃的铅粉)燃烧与碳燃烧的现象有什么区别?	引火铅燃烧后的残渣质量变大,而碳燃烧化为气体
41	人类吸入和呼出的气体有什么差别	呼出的气体可以使蜡烛熄灭、使澄清石灰水变浑浊。说明呼出二氧化碳
42	呼吸过程在我们身体内部发生了什么样的变化	吸入的空气转变为二氧化碳,同时产生了维持我们生命所需的热量
43	呼吸与蜡烛燃烧有没有共同点?食物在我们身体内部发生了什么变化	食物(蔗糖)遇浓硫酸变黑说明食物中含有碳元素,呼吸系统将食物中的碳转化为二氧化碳
44	世界上产生的那么多二氧化碳去哪儿了	被植物利用转化为养料并放出氧气
45	燃烧反应为什么能发生?为何在不点燃的情况下炭、蜡烛、煤气等可燃物不会燃烧?火药与火棉的燃烧条件为何不同	化学亲和力的推动,例如,碳与氧的结合作用。可燃物需加热到一定程度才能燃烧。不同的物质有不同的着火点

以上问题环环相扣,紧密相连。从蜡烛燃烧的现象开始,一层一层地解析,然后又拓展到其他形形色色的科学问题。

法拉第以《蜡烛的故事》为题为青少年朋友连续开展六讲专题报告。从蜡烛的制作方法谈起,围绕蜡烛燃烧时经历的化学过程,详尽地阐述了氢气、氧气、氮气、水、空气、碳和二氧化碳等这些日常生活中无时无刻不与我们同在的物质的性质。他还由蜡烛燃烧衍生出对化学变化、反应条件、电解等各类问题的探讨,涉及物理、化学、生物等多个学科领域,把许多基础学科的核心问题都融入其中。法拉第的讲座思路开阔、涉及面广,并且像剥笋那样,一层层地揭开,一个个地剖视,深入浅出,处处用生动具体的实验加以引证。

同样,前文提到的水中花园实验,也可以不断地追问下去,见表3-11。

表 3-11　水中花园实验问题表

编号	问题	解释
1	我们先加入的药品是什么	水玻璃溶液
2	第二个加入的药品是什么	各种盐的晶体
3	固体药品怎么加进去	用药匙撒进去
4	药品加多少	能盖住烧杯底部
5	观察到什么现象	撒进去的药品向上生长
6	是不是立即可以看到现象	不是，需要稍等半分钟
7	生长到什么程度结束	最多到达溶液表面
8	为什么能生长	发生复分解反应
9	为什么向上生长	生长的晶体顶部有气泡
10	如何证明	去除气泡后晶体是否继续生长
11	为什么先加液体后加固体（与一般的实际添加顺序相反）	为了能够形成气泡
12	为什么有的晶体不能长到溶液表面	原来加入的晶体较小，反应物过少
13	是不是任何药品加入都可以生长	不是，必须能发生复分解反应
……		

五、探究过程要鼓励学生质疑

"大胆假设，小心求证。"这是胡适先生的名言，把它运用到探究教学中是最合适不过的。现在的探究教学具有比较强的功利性，仅仅为了解决一个具体的教学问题。而我们认为，探究教学最应该运用到让学生发现问题，并解决他们发现的问题。

质疑精神的差异，在中美两国的教育中体现得尤为明显。美国式的教育注重培养学生的开放型思维和质疑精神，鼓励学生质疑他们所学到的东西，过程重于结果，却忽略了基础知识的传授；中国学生则具备扎实的理论基础，踏实严谨的求学态度，重视结果而忽视了过程，在开放型思维和独立思考的能力方面还有一定欠缺。两种教育模式孰优孰劣不好评论。但我们可以在保持优势的同时，放开手脚学习美式教育中的质疑精神。

现在的学生发现问题的能力相对较弱。到了高中，一些学校的研究性学习课程中经常出现学生向老师要课题的事情。这就需要老师引导他们发现问题，而后让他们来解决问题。对学生来说，越小越善于提问题，却不善于解决问题，但随着年龄的增长,解决问题的能力提高了,发现问题的能力却下降了。教师应该在教会学生解决问题提高能力的同时启发学生敢于和善于发现问题。

1. 质疑从最常见的实验开始

越是熟悉的环境越放松,越大意,就越容易想当然,而这恰好是最容易发生问题的地方。如果能在这种实验中给出一个"意外",对学生来说启发的意义十分巨大。而我们就是要做到振聋发聩。

硫酸铜和氢氧化钠溶液反应是再经典不过的实验,$CuSO_4+2NaOH = Na_2SO_4+Cu(OH)_2\downarrow$估计没有人会提出异议。然而这正是出其不意,开发思路的地方。我们在设计该实验的时候,有意识地给出不同浓度药品,再加上学生加入试剂的用量和先后不同,学生们自己就发现了"异常",有的同学是正常的蓝色沉淀,而有些同学却出现各种"异常"现象,有的出现了淡蓝色沉淀,有的没有沉淀是蓝色溶液,有的竟然出现黑色沉淀。学生又如往常一样,问老师这是为什么?究竟谁是对的?谁是错的?老师在课上并不立即做解释,而是要求学生互相交流,重复对方的实验,能够重复再现的实验就是对的,而不能重复再现的就是有问题的。这就是起码的基本科学分析方法和步骤。如果只有自己能做出来,而别人不能重复的就是伪科学,只有在相同条件下,人人都可以重复才是真理。而这又恰好暴露学生的一个普遍问题,就是实验记录不规范,对用量,滴加顺序……记录不完整,进而使得学生认识到实验记录的重要性。

学生互相借鉴交流,很快就发现除了黑色沉淀不易重现(但不是不能),其他的现象都是可能的。既然都可以重现,那么它们都是真理?问题再次出现,一个方程式如何出现四种现象?是现象蒙住了眼,还是理论挡住了视线?让学生讨论。对于低年级的学生来说,眼见为实,自然对理论方程式提出质疑。

他们的质疑是正确的。硫酸铜与氢氧化钠溶液反应,所用的氢氧化钠溶液的浓度、用量不同,对反应的结果会产生很大的影响。

与不足量的氢氧化钠溶液反应,生成淡蓝色的沉淀:

$$4CuSO_4+6NaOH = 3Na_2SO_4+CuSO_4\cdot 3Cu(OH)_2\downarrow 淡蓝色$$

与过量的稀氢氧化钠溶液反应,有蓝色胶状沉淀生成:

$$CuSO_4+2NaOH = Na_2SO_4+Cu(OH)_2\downarrow 蓝色絮状$$

与过量浓氢氧化钠溶液反应,$Cu(OH)_2$蓝色絮状沉淀转化为深蓝色溶液:

$$Cu(OH)_2+2NaOH = Na_2[Cu(OH)_4]$$

而浓硫酸铜和浓氢氧化钠溶液反应则会局部出现CuO,但产物非常复杂。

通过这个实验引导他们按照自己的实验事实如实进行记录,而不要被他人的现象"误导",要自信。而事实上个别学生确实对自己的实验现象与他人的现象不同感到不可思议,怀疑自己的实验结果。而后再要求他们重复别人的实验,以证明别人的实验是正确的。而这是科学研究所必需的基本素质。

2. 质疑习题上的不科学的表述,是最广泛的探究课题资源

如何得到氢氧化铝?我们在习题上可以见到各种各样的制法。例如有的习题就说从物料平衡与节约角度上说,硫酸铝和偏铝酸钠按比例混合是最佳方法,又有说硫酸铝加氨水最便捷……究竟是各种方法都可以,还是只有一种方法可行?从直觉上说,不可能几种方法都是对的。

课题入手,开门见山,直接将问题摆给学生,学生自选方案,或者自己另外设计方案。

对于已经具备了化学知识储备的学生来说,实验设计不难,实验操作不难,难的是他们不知道的一些关于氢氧化铝特点。当他们得到一堆黏稠的胶状物而无法过滤时,当他们发现实际产量和理论最高产量差距巨大时,当他们发现理论上该出现沉淀而不出现、不该出现而出现的情况时,他们才认识到现实和理论是如此的"不同"。

几种方法在学生们手中从理论变为实验现实,而最终的结果更是意外。理论上物料利用最高的实验方法,在实验中产品既不好处理,产量还低;而最开始并不被大家看好偏铝酸钠溶液中吹入二氧化碳气体的方法,反而是产率最高、产品直接析出晶体的最佳方法。

其实理论上可以解释。硫酸铝中加入碱性物质只能得到结构复杂多变的水合氧化铝,只有在偏铝酸钠中加弱酸才能得到真正的氢氧化铝。

高一课本上氯化钠提纯实验是重点,也是经常成为考题的地方。但是很少有人主动地把它变为一个正式的实验,而此处的质疑更让学生大开眼界。粗盐中含有 SO_4^{2-}、Ca^{2+}、Mg^{2+}、K^+ 等杂质离子,需要将其完全除去,当按照标准答案的方法实验可以分为两种方案:方案一,首先加入过量的 $BaCl_2$ 溶液,而后分别加入过量的 NaOH 和 Na_2CO_3 溶液,过滤,滤液中加入适量的 HCl,调节到 pH=4,蒸干,得到产品;方案二,先加入过量的 NaOH,而后依次加入 $BaCl_2$、Na_2CO_3 溶液,过滤后,滤液中加入适量的 HCl,调节到 pH=4,蒸干,得到产品。两种方案的优点在于一次添加试剂,仅需要过滤一次,提纯过程也很顺利,而后对产品进行检测,有一些学生发现两种方法得到的产品中均存在 Ba^{2+}。Ba^{2+} 从何而来?明明通过加入过量的 Na_2CO_3 已经除去。如果是实验失误,那就不可能出现多人现象异常的问题。我们必须换一个角度考量。答案只有一种可能性,我们的实验方法存在问题。我们以为可以除去,但实际没有除去。

或者是确实已经除去了，但在后面的实验中又溶解了。只能从实验方法上进行改进。学生们首先进行讨论，可能出现问题的地方在哪，而后进行试验检验，他们无意间发现，只要在除去 SO_4^{2-} 后增加一次过滤，问题就解决了。原因何在，原来我们的理论知识储备远远不足，如果要除去 Mg^{2+}，pH 必须大于 11，而当 pH > 12 时，$BaSO_4$ 竟然可以微量溶解在强碱环境中，在这种环境中，加入多少 CO_3^{2-} 都不能将 Ba^{2+} 完全沉淀。就是因为加入的碱量很难准确控制在 pH 11 ~ 12 之间，使得 Ba^{2+} 沉淀后又溶解。

当这种让学生们震惊的被誉为"毁三观"实验揭开谜底时，他们的好奇心反而被极大地激发，一切的问题其实源于我们的知识远远不足以解释这个世界，我们的想当然反而把我们的思想禁锢了。

3. 质疑源于对比

很多实验都会被提供不同的实验方法。尤其是现在，一标多本，不同版本教材之间，对一些实验的处理略有差异。而这些不起眼的差异却是很好的探究来源。

补铁剂中铁含量的测定在几种教材中出现，方法各异，氧化方法不同、比色环境不同、定容方法不同……于是在课堂上把各种方法作为文献都列出来，学生们首先阅读，而后对比、分析、讨论，最后自由选择方案，甚至鼓励他们自己重新组合，形成第三、第四种方法。细微的差别对结果有何影响？选用同一批次的补铁剂，学生们各自开始自己的测定工作，相似而又有差异。当第一批结果出来后，大家互相比对，哪个数据和标称值相同，哪个不同？对大家的平均值、中位数、相对平均偏差做好基本的统计工作，发现问题数据，讨论异常原因。而后继续进行下一次平行实验。数据出来，还是数据统计分析。这时问题出现了，有一种方法测定的与大家的平均值相差较大，与产品标称值也有一些差距。是方法问题还是个人操作问题？大家互换方法，再进行一次实验比对，避免个人因素对实验的影响。当数据再次摆在面前，没想到原来的问题依然如故。看来不是人为因素，而是方案有问题。大家全部改做有异常的方法。结果很是让人吃惊，教材的实验方案确有缺陷。有两位学生在课后还在利用业余时间多次进行实验探究，摸索更为合理的实验方案。

学生们早已习惯将课本奉为圣经，没有人敢对课本提出异议，然而当数据摆在面前，却不得不让学生们怀疑。而此时，课题已经又再次地深入，挖掘问题背后的问题。而中学老师能做到的，就是将学生领入科学神秘的大门。

质疑不是怀疑一切，而是保持一丝的清醒和冷静。科学没有权威，只有真理和谬误的区别。当实验中出现异常的时候，学生们已经习惯将标准答案写上，而不是如实记录,因为可能会被老师扣分。如果老师能换一种角度,让学生探究实验异常的原因,可能不久之后一扇科学大门就会被打开。

开始曾经提到仰视、俯视的问题,这个平淡的没有波澜的问题其实当我们有质疑精神的时候,还就真的成了问题。

图 3-28 所示老师和同学们都十分熟悉。这是读取量筒等量器时经常要讲到的仰视与俯视对读数的影响时经常使用的示意图。这是教学中的一个重点,同样也是平时练习、考试中一项不可或缺的内容。

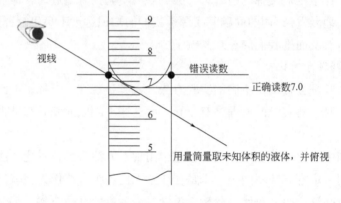

图 3-28　俯视误差图示

但是这个问题有很多值得推敲之处。经在实验室多次仰视、俯视对比,发现习题中提到的仰视或俯视在实验室几乎不可能出现。因为人肉眼可判断的液面差约为 0.1mm,视角角度差约 5°,即超过这个距离或角度人就会意识到液面高低不同或者是不平视。而人们读取量筒等仪器刻度时一般距离仪器只有 20cm 左右。此时如果有 3°～5° 的视角偏差,读数误差距离还没有超过 0.1mm 人们就已经发现,自觉更正。如果此时强制读数,就好比计算 1+2=？如果有人的结果是 4,我们没有必要讨论它是偏高还是偏低,因为他错了。而错误不是误差。

为了确认仰视、俯视对数据的影响,首先使用量筒做了一系列的对比。

首先使用 10mL 量筒,实验效果如图 3-29 所示,平视读数 9.0mL,当俯视为 9.2mL 时,测量俯视角度为 35°,俯视到这个角度无论如何都不能叫作误差了。因为量筒为粗量仪器,不需要估读,且 10mL 量筒系统误差为 ±0.2mL（所有量筒的系统误差值都明显地标在量筒上,可见图 3-29）,只有当超过 0.2mL 才会超过量筒的允许误差值,所以选择俯视读数到 9.2mL。当仰视、俯视达到这个角度还要强行读数就是为了做题而犯错,严重脱离实际。图 3-29 所示的

(a) 平视　　　　　　(b) 俯视

图 3-29　毫升量筒平视与俯视对比

误差需要俯视角度达到 60°，倾斜到如此角度进行读数，已经让人匪夷所思。

再改用滴定管进行比较，如图 3-30 所示，选择中学使用的 25mL 滴定管，平视为 0.60mL，俯视读数为 0.58mL 时，经测量俯视视角为 10°，仰视读数为 0.62mL 时，仰视的视角为 8°。选择偏差 0.02mL 是因为通常因读数习惯不同，会产生 0.01mL 的偏差，并且只有当偏差大于 0.2mL 才会影响测量的相对平均偏差，对实验产生实质性影响。实验验证仰视、俯视视角在 5°以下，对实验数据没有影响。

(a) 平视　　　　(b) 俯视　　　　(c) 仰视

图 3-30　滴定管平视、俯视、仰视对比图

表面上看，确实仰视、俯视对实验数据确有影响，但是这是因为中学对滴定操作的精度要求不高，绝大多数滴定管没有按照规范将整数刻度做成环形刻度，如果使用标准的整数刻度为环形的滴定管，读数时会看到距离液面最近的整数刻度线为直线，而出现仰视或俯视时，看到的整数刻度线就是环形的，此

图 3-31 姿态错误读数看到的环形刻度整数刻度

时就说明读数姿态不对,需要改正,若一定要强行读数,就是一个错误读数。如图3-31所示,因为仰视,读数为27.74mL,但是看到的27mL、28mL刻度线是环形的,而29mL的刻度线却是直线,此时就说明读数姿态有误,不能读数。

配制一定物质的量溶液时使用的容量瓶刻度也为环形刻度,已经对可能出现的所谓仰视和俯视做出了防范。此时俯视刻度,我们看到的刻度不是一条线,而是一个椭圆环,此时读数就是明知故犯。在高中实验操作会考中进行的配制一定物质的量的溶液,如果学生因为仰视或者俯视出现偏差,交给老师复核时,老师发现问题,是将其列入误差算其通过还是算错误记为不及格重考,我们的教学评判一直是按照不及格处理。

在实验中,由于实验条件、测量仪器、测量方法以及测量技术等因素的影响,使得测量值与客观真值之间存在着差值,这个差值叫作误差。而仰视和俯视读数在误差分析中叫作过失误差,过失误差是由测定过程中犯了不应有的错误造成的。过失误差明显地歪曲了测定结果。例如,操作过程中仪器出现异常未被发现,读数、记录及计算错误,不严格按照分析步骤,按不准确的分析方法进行操作,器皿不清洁,弄错试剂或吸管,试剂过量或不足等,都会产生过失误差。严格意义上说过失误差不是误差而是错误,在实验中一旦确认出现了过失误差,该数据即作废,应重做实验。

综上所述,仰视或俯视的误差分析是一个伪命题,仰视或俯视带来的是错误,是不能使用的数据,超越了误差分析的范畴,课堂上讨论所谓的仰视和俯视没有任何的实际意义,脱离实际是对误差分析的一个误读,理应将这种教学内容及试题抛弃,还原误差分析的本来面目。

在这种探究课题中,教师首先也要有质疑精神,不被教材局限,要善于发现不同。例如补铁剂测定方法的巨大差异首先引起了我的关注,笔者通过试做先发现了一些端倪,而后交给学生继续探究。又例如前文提到粗盐提纯实验,这也是大学普化实验中的经典实验,由于发现中学与大学教材存在的细微差距,直觉告诉我大学的方法应该更科学。通过实验对比,果然发现两者的不同,而后通过查找文献,找到理论依据,于是一个实验课题就形成了。

在探究式教学中,教师只是给学生一些事例和问题,让学生自己通过阅读、观察、实验、思考、讨论等途径去独立探究,自行发现、掌握相应的原理和结论的方法。学生是主体，但是教师在其中的作用依然非常重要，为了寻找探究课题，引导学生质疑，首先教师要有质疑精神，敢于和善于发现问题，并且将其转换为难度适于学生探究的课题。

六、探究就是一个体会科研的过程

实验教学中，往往我们更多是考虑如何用实验来验证理论，辅助我们的教学，而不太重视运用实验来培养学生的科研能力和探索精神。很多老师一味通过理论上的讲解训练学生的科学分析方法。但是很多事情是不能离开动手实验的，一些理论上的分析到了实验中就往往"不能"成立。举个例子，在 Al^{3+} 和 Mg^{2+} 混合液中滴加 NaOH 溶液沉淀量的变化，习题的标准答案一定是先沉淀增加，而后沉淀减少到一定水平后不再变化，理由是先生成 $Al(OH)_3$ 而后溶解，而 $Mg(OH)_2$ 不溶解。可是实验的真实情况是，当 pH=4 时，$Al(OH)_3$ 沉淀开始生成，而 $Mg(OH)_2$ 还没开始生成，当 pH=10 时，$Al(OH)_3$ 早已经溶解完，但此时 $Mg(OH)_2$ 还没有完全沉淀呢。因此正确的表述应该是沉淀先增加，后减少，而后又增加。

我们现行的教材中，确实缺少有关的实验素材来对学生进行比较系统的科研训练。这就需要老师利用能够利用的实验条件，主动地为学生搭建一个研究型的平台，在具体实验中我的方法是：拆桥放绳，堆木为障，移步换景，景近路长。

合成实验是很多学生喜欢的实验，因为当一个实验完成后，他们能得到一个实实在在的产品，很有成就感。正是利用学生这一心理，在合成实验中对他们进行科学分析方法的训练是最为方便的。

1. 细节决定成败

Cu^+ 在中学教学中是不做要求的，而一些学生知道有 Cu^+ 的存在。但 Cu^+ 稳定性差，不易制备和保存。于是就利用它作为突破口。

$$2CuSO_4+Na_2SO_3+2NaCl+H_2O =\!=\!= 2CuCl\downarrow +2Na_2SO_4+H_2SO_4$$

反应过程中需要使用 Na_2CO_3 及时除去系统中生成的 H^+，使反应环境尽可能维持在中性条件，以使反应进行得完全。无论实验环境偏酸还是偏碱，都无法得到我们需要的 CuCl。

学生们首先都想到了通过计算得出理论上中和反应生成的 H_2SO_4 所需 Na_2CO_3 的质量。但在实验中，滴加 Na_2SO_3 和 Na_2CO_3 混合溶液，得到的是绿色沉淀而非白色 CuCl。部分学生考虑到 Na_2SO_3 本身也显碱性，加入等物质的量的 Na_2CO_3 后有可能使反应体系中碱性破坏 CuCl，故减少 Na_2CO_3 的用量。再次实验，结果得到的依然是绿色沉淀。学生们很是不解，认为若是碱性过强则应生成橙色 CuOH，而绿色沉淀究竟是什么？有学生为了验证绿色的沉淀是 Cu（OH）Cl，特意把失败的产品抽滤出来进行研究，而不是简单地重做实验追求成功。我设计的第一目的就已经达到。

课上的时间非常有限，而我有意识地安排三次课的时间，就是希望他们在实验之余，课下能够更加充分地讨论、分析和检索文献。第一节课安排讨论的时间比较少，就是希望学生们在看似简单的实验中发现难点，或者叫作有意识地设置障碍，希望在实验和分析中让他们体会一次科学研究的历程。因而课上的时间主要是进行实验，同学间简单地交换意见，及时修改方案，再次进行实验，老师引导的讨论不多。后来发现，学生在课余还真的进行了讨论，一些没有上这个课的学生也被吸引进来。

而后的实验，经过讨论，大家目的性就增强了，有了比较系统的设计和分工。实验中，学生们发现同样地按照与 H_2SO_4 等物质的量的条件加入 Na_2CO_3，有同学得到了非常漂亮的白色晶体，有的则不行。这时候，学生们意识到不是碱过量的问题了。同样以 3～4s/滴的速度逐滴滴入 Na_2SO_3 和 Na_2CO_3 混合溶液，为何有的同学总是成功，而有的总是失败。原因不在理论原理上，一定在个人的操作技术上，学生们互相观摩，发现大家的搅拌方式有很大差异，有的同学用玻璃棒搅拌，有的同学振荡烧杯但速度并不是十分快。而实验成功的同学振荡锥形瓶速度非常快，学生们恍然大悟，哦，是搅拌速度的问题！由于搅拌或振荡不足，局部碱性不当，导致发生不可逆的副反应。看起来多简单的问题，然而科学发现有时就躲在这些不经意的细微之处。

2. 循规蹈矩，掌握方法

苯氧乙酸制备原料配比的研究课题。首先给出反应原理，在已知苯酚、氯乙酸、氢氧化钠为原料的条件下，给出最佳的反应温度和投料顺序，仅由学生研究三种原料的配比，使得产品产量较高。而后进行产品粗检、提纯、产品纯度分析。让学生完整地体验合成研究的全过程，将学到的基本科学分析方法例如优选法、正交法运用到实际中，在试验中体会科研。

第一节课，我就先给出实验目标：在给定的原料反应原理条件下，做到产量最大化，纯度越高越好。通过讨论决定，为了便于比较，统一了苯酚的用量，使实验更具有可比性。

按照反应原理，原料的添加顺序是确定的，否则就会出现副反应——也就是得到一些我们不需要的物质，影响产量。这个看似简单的事情，也出现了问题。就有学生忍受不了那漫长的等待，过早开始下一步，最终没能得到产品。他在实验记录本上写道："我没有等氢氧化钠完全溶解就把氯乙酸加了进去，失败了，很伤心。"有个学生实验失败后在本子上写道："人生如此艰难。"

有一位学生在计算了反应所需氯乙酸和氢氧化钠的用量后，考虑了副反应的存在，对反应物的用量进行了调整，理论上分析较为合理，实验过程也很认真。但令人遗憾的是，实验仍然没有取得成功。他拿着实验记录本和得到产品的同学的实验记录比较，总觉得自己不该得不到产品。百思不得其解之后该学生找到我，请我解释原因。他本意是担心如果在反应体系中加入固体氢氧化钠可能存在局部碱性过强，于是便将氢氧化钠溶解后加入反应体系中，而恰恰忽略了水量的增加影响到最终产品的析出。但这种探索不正是一种科研精神的体现吗？

三种原料看似简单，但是它们之间的混合配比可以说有无数种，其中只有一个很小的范围能够得到满意的产品。如果仅仅依靠自己一个人在几次课上来完成是不可能的。这就要求他们相互之间要对实验设计方案进行讨论，综合起来，按协商好的计划，有序地进行实验，数据共享，而讨论中就需要同学们之间对设计方案的妥协。每一次实验结果出来，大家都要互相对比，希望能有更好的实验原料配比来提高产率。

正常教学中的实验一定是成功的，是让学生在成功中学习和掌握知识和方法，是对过去经典的不断重复，但缺乏创新。而只要教师主动设计个"圈套"就可以让学生体会到科研，在试验中领会实验与科研的本真。一个优选法，找到最佳实验点也至少要试验几次。而得到最佳实验方案前的这几次的实验不能叫作失败，虽然还不能叫作成功，但却是走向成功的必需的步骤。其实实验不可能简单地分为成功和失败。科研和创新就是一个试的过程，每一次的试验，都是走向成功的一小步。

3. 承前启后，逐步递进

当学生逐步学会了一些基本分析和设计方法后，就需要提高难度，考察对各种分析方法进行综合的能力。我选定了三氯六氨合钴制备这个课题。

课堂伊始，首先给出反应方程式：

$$CoCl_2+NH_3 \cdot H_2O =\!=\!= Co(OH)Cl+NH_4Cl$$

$$Co(OH)Cl+6NH_3 =\!=\!= [Co(NH_3)_6](OH)Cl$$

$$2[Co(NH_3)_6](OH)Cl+4NH_4Cl+H_2O_2 =\!=\!= 2[Co(NH_3)_6]Cl_3+4H_2O+4NH_3$$

总反应式：

$$2CoCl_2+10NH_3 \cdot H_2O+2NH_4Cl+H_2O_2 = 2[Co(NH_3)_6]Cl_3+12H_2O$$

与此同时提醒学生，按照这个原理，看似简单但实际还有其他影响因素。

首先学生就根据方程式的物料配比，结合上个实验的经验，经过讨论进行第一次实验。然而"意外"顺利发生，产量几乎为0。学生根据上次的实验经验，认为是物料配比的因素。调整之后，发现依然不行，产量几乎可以忽略。

此时教师提示学生，为了避免双氧水分解，没有参与氧化反应，需要如何控制？如果要提高反应速率，又应该如何？两者之间的矛盾如何解决？学生们思考讨论，先加热进行第一步反应，然后降温进行氧化反应，而后再实验。产量略微提高，但与理论值依然相差很远。

而此时如果教师不给予适当的提示，课题可能就无法进行了。于是此时告知学生，需要有催化剂提高速率。学生直接就认为是 MnO_2，这不能不说是个误区。学生们只要提到催化剂，都是想到 MnO_2，因为中学教材中只要用到催化剂就一定是 MnO_2。此时学生肯定想不到活性炭是该反应的催化剂。

在催化剂的帮助下，产品明显增加。虽然还有一些技巧可以进一步增加产量（需要先降温析晶，再升温溶解，又降温析晶），但是本课题的主要任务已经完成。这些细节如果靠学生自己实验去发现就会浪费很多的时间，于是改用教师启发引导的方式，给出一些有关物质的物理特性，让学生讨论如何利用其中的差异，当结果经学生讨论得出后，一次性完成全部制备实验。

一桶水和一杯水的关系早就心知肚明。但这个实验的整个设计和试做，让我对这句名言有了更深刻的理解。为了完成设计，在不同条件下，包括不合理条件下可能出现的异常要做到心中有数，因为文献一般不说不正常情况的实验状况。而这种异常，在学生那里可能就是他设计实验中的一个正常方案。如果不提前实验，出了奇怪现象拿什么回答学生的问题？苯氧乙酸的19个实验数据就这样一个一个产生了，异常一个个出现，油状物，不析晶，副反应形成的粉色或黄色物质……当学生实验中一一再现这些异常，我觉得我这19个数据没有白做，而每个数据背后就是1.5h的合成时间。实验是化学的圣经。尤其是在实验课上，每一个课程设计必须要有实验数据的有力支持，不能简单地使用拿来主义。

以前我总担心我选定的实验课题，如果学生有心查找文献，是可以找到标准实验方案的，因此担心学生科研精神是否欠缺，会不会不愿一次次简单重复着几步操作。后来我发放了一个不记名的调查问卷，向学生提出了这个问题。学生的答复让我非常惊讶，大多数同学明确表示即使知道标准方案，也愿意进行尝试，标准方案不一定就是最佳，"我们的实验也许有新的发现"，而这不就是我们需要的科学精神吗？

探究实验的素材不好找。我们设计的探究课程就是要"脱离"教材内容的限制，通过实验实实在在的锻炼来提高学生的实验能力、分析能力。而素材的来源可以用"釜底抽薪"来概括。就是在设计实验时，将一个成熟的实验去掉一个条件，使其成为一个存在变量的课题，而变量的选择则需要老师课前进行必要的试做，使其难度适中。

科学探索必然要经历失败。而学生们大胆假设，认真实验的科学精神正是我们所希望的，也是我应该学习的。胡适先生的名言："大胆假设，小心求证。"胡适先生学的是人文科学，但用到自然科学中同样适用。面对学生的一些奇思怪想，不能打压，只要其中有合理的一面，就要尽力支持他们进行实验。人类历史上很多科学发现不就是由一次错误或者一次意外发现的吗？

教师在设计实验的时候，更应该主动运用教育理论。按照元认知理论，学生主要的问题在于他们的认知结构和元认知监控，这会影响学生的整个解决问题的过程，有效的元认知监控可以避免思维定式。而在教学中提高学生的元认知水平的方法，一种是课前的讨论，另一种是提供线索引发学生的控制与调节。设计课程时有意识地将这些理论运用到实际中，实验前、实验中安排讨论，实验中适时提供新的线索，控制课堂的节奏，让学生逐步提高对实验的理解与知识技能的运用。如果仅仅在课前讨论，学生一次性地获得全部有关知识和技能，这也违背一般的认识规律，同时学生缺少了一次体会真实科研的过程。哪项科研在具体实施时不是走一步看一步，不停地修改完善实验计划，直到最后的成功。

七、探究是个过程，是激发学生创造力的过程，不仅是要得到一个结论

科学实验从本质上是一种解决问题的能力，可持续发展教育强调坚持以人为本，承认个别差异，对人的发展、社会的进步以及教育的改革发挥着独特的、不可替代的重要作用。培养学习者的可持续学习能力包括多方面，如收集、分类、概况知识与相关信息的能力，准确、有条理的口头表达能力等。

普通高中课程标准实验教科书化学（选修4）第20页"浓度对反应速率的影响"一节中为了证明"当其他条件相同时，增大反应物浓度反应速率增大，

减小反应物浓度反应速率减小"这个结论设计如下实验：取两支试管，各加入 4mL 0.01mol/L 的 $KMnO_4$ 溶液，然后向一支试管中加入 0.1mol/L $H_2C_2O_4$ 溶液 2mL，记录溶液褪色所需的时间；向另一支试管中加入 0.2mol/L $H_2C_2O_4$ 溶液 2mL，记录溶液褪色所需的时间。实验中发生了如下反应：

$$2KMnO_4+5H_2C_2O_4+3H_2SO_4 = K_2SO_4+2MnSO_4+10CO_2\uparrow +8H_2O$$

然而，在实际教学中，常常会出现实验效果不明显，甚至不同浓度的 $H_2C_2O_4$ 溶液与酸性 $KMnO_4$ 溶液反应褪色快慢出现与预期相反的实验现象，并且溶液在褪色的过程中不是"逐渐变浅并褪为无色"，而是经历了较复杂的颜色变化。相关文献层出不穷，但结语多是"有许多问题有待研究"。

为此，我们设计了研究性课题。课上，首先给学生提供 3 篇相关文献，让学生总结出文献中针对"草酸与高锰酸钾的反应"各自提出的问题、实验设计及重要结论。接着，找出 3 篇文献的相似点和矛盾点。通过讨论，学生们从中找出自己感兴趣的问题，设计实验方案，进行探究。体会科学研究中"发现问题、提出问题、解决问题"的过程。

在文献讨论阶段，学生们能够发现三篇文献中的差距，有学生关注到三篇文献中给出的"最佳"方案是存在差异的；有学生提出："差距较大的自变量是 H_2SO_4 浓度，有理由认为数据差异是 H_2SO_4 浓度造成的"；有学生发现文章中提到的"环境酸性较大，反应以 $KMnO_4$ 自身分解为主"，但 H_2SO_4 浓度为多少时属于较大的酸性环境，文献中各不相同，学生们感到不解；细心的学生还发现，个别文献中所用 H_2SO_4 浓度文字描述与表格中的数据竟然是不同的！有些学生关注到文献中的实验改进，一种方案是"将 2mL 不同浓度 $H_2C_2O_4$ 溶液倒入 4mL 酸性 $KMnO_4$ 溶液中"，另一种方案是"将 1mL 不同浓度酸性 $KMnO_4$ 溶液倒入 4mL $H_2C_2O_4$ 溶液中"。实验结果表明，试剂加入的顺序不同实验结果相反，然而，该方案改变的不仅是试剂加入顺序，试剂的用量也发生了较大改变，就不能断言实验结果的差异是由于试剂加入顺序引起的。那么，如果在相同试剂浓度和体积的条件下改变加入顺序，实验结果又如何呢？

在提出诸多问题后，学生们带着对文献的质疑，进行了初步实验：重复文献中的实验。有些学生得到了与文献相同的结果，有些则与文献中的实验现象相差较大。同时，学生们在实验的过程中，发现几个问题：①在 $KMnO_4$ 溶液中加入 H_2SO_4 酸化时，反应放热十分明显，如果此时加入 $H_2C_2O_4$ 溶液，反应时间与冷却后加入 $H_2C_2O_4$ 溶液的反应时间是不同的，而文献中均未提及。②将 $H_2C_2O_4$ 溶液倒入 4mL 酸性 $KMnO_4$ 溶液中，静置条件下，溶液褪色不是整体变化的，出现了试管中有的颜色是紫红色，而局部已经反应褪至橙色甚至无色，试管底部的紫色更是迟迟难以褪去的现象，分析可能是 $H_2C_2O_4$ 溶液分布不均导致；若倒入 $H_2C_2O_4$ 溶液后立即振荡试管使溶液混合均匀，试管中反应能够同步进行，但由于振荡的过程局部反应也同时发生了，就不易准确记录时间。③在强酸条件下（按照教参每 4 份 $KMnO_4$ 溶液加 1 份浓硫酸，该酸浓度远远大于文献用量），静置半小时或振荡十几分钟仍未观察到 $KMnO_4$ 的自分解，而加入 0.2mol/L 的 $H_2C_2O_4$ 溶液后，40s 溶液即褪至无色，加入 0.1mol/L 的 $H_2C_2O_4$ 溶液后，溶液褪色很慢，25min 才褪至无色。那么，三篇文献均提到的"在酸性较大的 $KMnO_4$ 溶液中加入草酸，草酸浓度较小时，以 $KMnO_4$ 的自身分解为主。当草酸浓度较大时，因发生络合的速率和进度均较大而再分解的速率成了反应的瓶颈"，与实验不符，且这并不能解释在 1∶4 酸化时出现的和预期相符（加入浓度高的草酸的样品褪色快）的实验现象。

根据初步实验结果，学生们各自提出自己的实验探究方向，有人研究不同浓度对草酸与高锰酸钾反应速率的影响，有人研究高锰酸钾酸化程度对反应速率的影响，有人探究二价锰对该实验反应速率的影响，还有人研究了不同温度对草酸与高锰酸钾反应速率的影响。

探究性实验教学模式一般按照"实验－问题－讨论－结论"或者"问题－讨论－实验－结论"的程序进行，也就是说必须有个结论。在这个课题中，最终学生们各自的实验现象与结论并不完全相同，甚至出现在条件相同的情况下，不同学生的实验数据不完全一致状况，然而我们认为，探究教学的本质并不一定在于得到一个大家公认的结论，否则无异于常规实验教学，因为在现实中，很多现象大家并没有达成一致，就如同本课题一样，很多文献的实验现象与结论也不一致，关键在于探究就是让学生体检科研的过程与艰辛，并在其中发挥自己的才智，敢于和能够提出自己的设想，并付诸实施。

碱式碳酸铜与有机酸甲酸反应，得到甲酸铜，一般资料提供的反应方程式为：

$$Cu(OH)_2 \cdot CuCO_3 + 4HCOOH + 5H_2O = 2[Cu(HCOO)_2 \cdot 4H_2O] + CO_2 \uparrow$$

但是在实验过程中，由于析晶温度的不同，产物会有多种形态，我们设计了"水合甲酸铜制备条件的探究"，有意识隐去具体的析晶温度条件，而是自创了方程式：

$$Cu(OH)_2 \cdot CuCO_3 + HCOOH + H_2O \longrightarrow Cu(HCOO)_2 \cdot nH_2O + CO_2 \uparrow$$

此实验步骤非常简单，将碱式碳酸铜放入烧杯中，加入蒸馏水，加热搅拌至 50℃左右，逐滴加入甲酸，使沉淀完全溶解。将溶液蒸发浓缩后冷却，减压过滤，用少量乙醇洗涤晶体，抽干。就这看似简单的几步操作中，细微的差别可能出现的实验现象及结果却会有很大的差异。我等待着"问题"的出现。

有学生观察到"较深蓝色"晶体析出，而后自然冷却，只析出"浅蓝色"晶体。即得到下层为较深蓝色晶体，上层为"浅蓝色"晶体的甲酸铜。有学生分析认为温度高时得到"较深蓝色"甲酸铜，温度低时得到"浅蓝色"甲酸铜。有学生发现用乙醇洗涤产品后，蓝色晶体变成了白色粉末。……

简单一个反应，学生们最终得到了五种不同深浅的"蓝色晶体"甲酸铜：a.加热沸腾条件下析出深蓝色晶体；b.高温析出较深蓝色晶体；c.室温析出浅蓝色晶体；d.冰水中析出蓝色晶体；e.抽滤洗涤过程中蓝色晶体变成白色粉末。

学生分析蓝色的深浅与含有结晶水数目有关，一部分学生认为晶体颜色越深含水量越多，理由是根据学生已有知识，如无水硫酸铜本身是白色或浅灰色粉末，吸水后颜色逐渐变蓝，五水硫酸铜为蓝色晶体，而且抽滤过程中乙醇洗涤可能导致脱水得到白色粉末，便分析得出"蓝色甲酸铜含结晶水量多于浅蓝色甲酸铜，白色粉末为无水甲酸铜"的结论。另一部分学生提出疑问，实验表明，温度越高析出晶体颜色越深，而高温或沸腾条件下晶体应该更容易失水；另外经乙醇洗涤后得到的天蓝色晶体是甲酸铜在乙醇中脱水所得，那么颜色越深含水量越少才对。

通过文献调研，学生查到常见的甲酸铜有三种形式：

① 无水甲酸铜。皇家蓝晶体，另有说法称其为白色晶体，相对分子质量为154，分子结构如图3-32（a）所示。

② 四水甲酸铜。蓝色晶体，具体颜色未知，在储有五氧化二磷或无水氯化钙的真空干燥箱中脱水，得到蓝色粉末式无水甲酸铜，相对分子质量为226，分子结构如图3-32（b）所示。

③ 二水合甲酸铜。甸子蓝晶体，在储有五氧化二磷的真空保干器中脱水，得到甸子蓝式无水甲酸铜，相对分子质量为190。

对于资料中提到的"皇家蓝""甸子蓝"究竟是我们得到的哪个产品？学

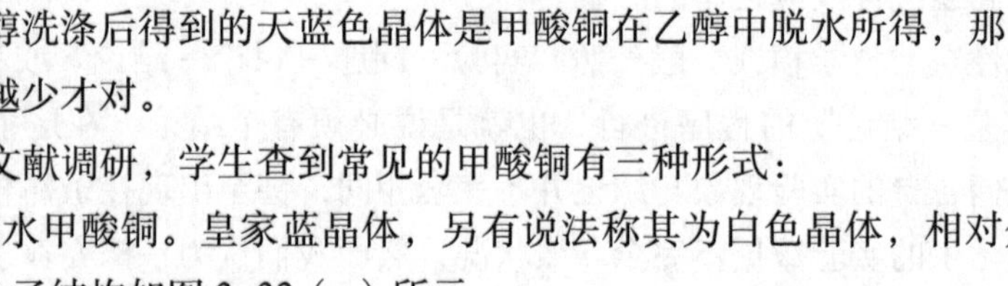

(a) 无水甲酸铜　　　　　　　　(b) 四水甲酸铜

图3-32　甲酸铜结构示意图

生查到用比色卡进行比较，仍不易分析出。学生想到采用加热脱水的方式对产品进行处理，探究一下究竟谁的含水量高。由于低碳的金属有机盐分解温度低，容易得到金属氧化物，直接加热的方式不可取。学生选择先称重，将产品置于表面皿并放入储有五氧化二磷的烘干箱中脱水，然后再次称重的方法。为了分析方便，学生定义物质的相对含水率为单位物质的量的水合物中，水的质量占总质量的比率。因此无水甲酸铜的相对含水率为0，二水甲酸铜为18.95%，四水甲酸铜为31.86%。对比分析，在冷水中析出的产品的相对含水率非常接近四水甲酸铜；在室温条件下析出的产品相对含水率介于二水甲酸铜与四水甲酸铜之间，更接近四水甲酸铜；沸水中析出的晶体相对含水率更加接近无水甲酸铜；白色粉末没有明显质量变化。

初步结论：a.加热沸腾条件下析出的深蓝色晶体为无水甲酸铜；b.冰水中析出的蓝色晶体为四水合甲酸铜；c.高温析出的较深蓝色晶体可能为二水合甲酸铜；d.室温析出的浅蓝色晶体可能是二水合甲酸铜及四水合甲酸铜的混合物；e.抽滤洗涤过程得到的白色粉末可能为另一种无水甲酸铜。

甲酸铜含水量的探究可能的方法除了上述质量分析法，还可以利用滴定分析的方法，并且相对比较准确。作为老师，不有意引导学生用此方法进行分析，而是减少限制，给学生自由选择权，创设有利于创造性产生的适宜环境。

学生一方面担心脱水不够完全得不到准确的结论，另一方面希望能够从多角度进行分析，给出满意的答案。令人惊喜的是，在进行质量分析之后，学生想到了新的分析方法：学生对产品进行拍照，通过ColorSchemer在图片中对一种产物随机取5个圈测量颜色，然后对RGB三编码分别做算术平均，并与标准颜色RGB编码进行比较。由于无法查到甸子蓝的RGB编码，学生运用各学科知识，分析"甸子"有两个释义：一是东北方言，指放牧的草地；二即碧甸子，一种绿松石。这里甸子蓝中的"甸子"指的应该是绿松石，因此该颜色为绿松石蓝，用标准绿松石蓝编码进行比较，与室温析晶颜色数值较符合，"而绿松石蓝属于青蓝色系，颜色有深有浅"，得出室温析出的"浅蓝"晶体就是甸子蓝二水合甲酸铜的结论。学生形象地称其为颜色测量法。

学生这种独特而奇异的分析问题的方法正是创新能力的一种体现，他们能够发现某种事物的特殊用途并运用到解决问题当中，本次课题的设计目的得以实现，学生不仅收获了知识、收获了解决问题的快乐，也收获了创造性的发展。

不同水平的问题引发学生思考的参与程度不同，在促进学生对知识理解方面的作用也不同，高水平的问题要学生重组获得的信息来形成答案，或者逻辑推理以证据来支持答案。问题不仅仅是搜寻信息的工具，更是信息加工的工具。

探究教学的核心应该在于培养学生的科学精神，树立科学思想，训练科学方法，养成科学习惯。而训练学生的科学思维与习惯就需要在实验内容设置上尽可能接近科研，不能让学生轻易地获得成果。

现代实验仪器正在逐步引入中学课堂，比色分析就是最简单、最实用的定量分析方法。然而简单的仪器操作中如何贯彻探究思想？我们设计了一组与雪碧有关的实验，其中要求测定雪碧大致的糖度。

首先，要让学生自己在实验中发现浓度与颜色的关系，因而实验的第一个操作就是：在试管中加入蒽酮试剂，滴加一滴10%葡萄糖溶液，再加入约1mL水，振荡观察；在另一只试管中加入同样数量的蒽酮试剂，滴加1mL 10%葡萄糖溶液，振荡观察；第三只试管加入同样数量的蒽酮试剂，滴加0.5mL 10%葡萄糖溶液，再加入0.5mL蒸馏水，振荡观察。三只试管对比。

在学生认识到浓度与颜色正相关之后，引导他们自行制作标准色阶，并用肉眼进行比色。此时提问让学生指出该方法的缺点，学生很快就指出该方法只能做到半定量，虽然完成了课题的要求，但是雪碧糖度的准确值却无法得到。老师此时给出分光光度计，并告知其工作原理，先绘制标准曲线，而后测定样品，根据样品数据推算糖含量。学生此时已经有了标准溶液和样品，各个充满自信开始测量。然而事实给了他们一个沉重的打击，所有的样品读数均为"0"。理论可行而事实却行不通的原因何在，对于第一次使用分光光度计的学生来说确实有点难。但是，在现实的科研中所有问题都是前所未有的，实验中面临的困难就如同在科研中遇到困难。学生找老师寻求帮助，此时老师并不给予直接的答复，而是反问，为什么肉眼都可以大致判断浓度，而仪器却不读？引导学生从分光光度计的工作原理来入手寻找答案，很快学生就指出是由于溶液浓度很大，颜色较深，光线无法通过。原因找到，解决问题的方法自然就找到了。

然而问题并不简单，一些学生直接用已经显色的浓溶液稀释，而有的学生则将雪碧稀释后再做。两个方案的数据又出现差异，两者之间必然有一组是不对的，该如何判断正误？老师并不将结果直接告诉学生，而是让学生在各自溶液中找差异。由于蒽酮显色要求一定的pH值，直接稀释的同学颜色出现了明显的偏差，数据自然就不准确，由此学生也就明白了缓冲溶液在本实验中的重要作用。

在探究的关键环节，在教师的引导点拨下，学生通过探究，能迅速寻找出科学的方法，准确地掌握动作的技术、技能。探究式教学法的运用过程中，教师尽可能少的帮助学生，让学生自主完成。学生刚开始探究学习时，由于缺乏探究学习经验，无从着手，此时教师应该运用自己的知识、智慧引导学生，教会他们积极探究。经过一段时间的训练之后，教师就应该适当地减少帮助，逐步增强学生的自主性，给学生足够的空间和时间，让学生能够充分发挥自己的想象力和创造力，而我们给学生一次机会，学生将回报我们一次惊喜。

探究式教学是在教师的指导下，学生通过自主地探索问题、解决问题获得知识的学习过程。作为一种开放性的教学方法和学习方法，我们认为可以将探究式学习分为广义和狭义两种。所谓的狭义探究是指对一个问题，经过一系列的资料搜集整理、思考、实验、论证等研究过程得出结论。这种探究方式是在学生掌握了一定的基础知识之后，并且具有一些基本的经验，了解一定的思想方法和解决问题的能力的基础上进行的；而广义的探究则是让学生通过探讨某个问题，在探讨研究该问题的过程中，综合利用各种资源，并且力争得到具体结论的过程。广义的探究目的不是要得出一个什么精确或者标准的结论，而是培养学生一种探究的精神，培养其创造力。

可以说学生的创造力是与生俱来的，就如同越小的学生越喜欢问为什么，只要给他们一个环境、一个平台，他们的创造潜质就会得以展现。与其说是培养创造力，不如说创造力是被激发出来的。

探究式教学就是要以人为本，以学生为主体，最大限度地把学生的学习积极性、主动性、创造性发挥出来，养成科学思维的习惯。从而达到《中国教育改革和发展纲要》所要求的："改变课程过于注重知识传授的倾向，强调形成积极主动的学习态度，使获得基础知识与基本技能的过程同时成为学会学习和形成正确价值观的过程。"

参考文献

[1] 化学课程标准编写组. 化学课程标准解读[M]. 武汉：湖北教育出版社，2003：12-35.

[2] 杨玉琴，王祖浩. 对化学"实验能力"内涵的重新认识[J]. 化学教育，2012，33（11）：86-89.

[3] 苏远坤. 化学实验能力的内涵、结构、核心[J]. 教学仪器与实验，2000，16（7）：33.

[4] 施永明. 化学实验探究能力的内涵与实践[J]. 高师理科学刊，2006，26（10）：26.

[5] 韦东余. 施瓦布科学探究教学思想研究[D]. 上海：华东师范大学，2013：67.

[6] 刘大椿. 科学哲学[M]. 北京：中国人民大学出版社，2011：113.

[7] 林美凤. 挖掘化学实验内涵 提升实验教育功能[J]. 化学教育，2014，5（35）：65-67.

[8] 秦凤，张雨强，苗深花. 化学探究性学习：内涵、价值与操作[J]. 中学化学教学参考，2012，5：6-8.

[9] 朱汝葵. 现代中学化学实验教学方法论[M]. 北京：科学出版社，2015：76.

[10] 郑长龙. 化学实验课程与教学论[M]. 北京：高等教育出版社，2009：8-10，47-48.

[11] 吴俊明. 发展化学实验教学研究需要大智慧[J]. 化学教学，2013（2）：3-5.

［12］黄文君.创设条件　经历探究　体会科研［J］.教学仪器与实验，2014（8）：14-17.

［13］杨小红.在化学课堂教学中培养学生的思维想象力［J］.新课程，2014，8：97.

［14］许一峰.初中化学教学中如何培养学生的想象力［J］.中学化学教学参考，2016，4.

［15］杨浩.构建化学教学新模式，培养学生创造性思维［D］.华中师范大学，2005.

［16］皮尔逊.科学的规范［M］.李醒民，译.北京：商务印书馆，2012.

［17］莎伦，白琳.权衡［M］.北京：中国人民大学出版社，2014.

第四章

学生评价机制探索

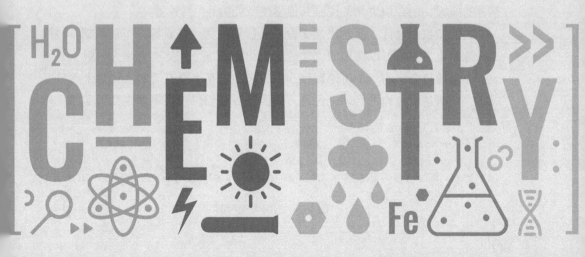

探究式教学不同于以往的教学模式，不能简单地按照最终学生学习结果，利用笔试的方式进行评价，探究式教学关注的内容包括学生最终的研究成果，更重要的是学生在探究过程中所表现出来的科研态度和精神，是一个真正需要进行过程性评价的教学方式。评价过程尤其应该体现出学生探究过程中的闪光点。

笔者在教学中尝试以论文和答辩的方式对学生探究过程进行评价，学生对于论文和答辩这一评价方式从陌生到认识再到熟识，从生涩的论文到能熟练进行表述，可见这种方式对提升学生的学习能力、阅读能力、发现和解决问题能力、自主研究能力有着重大的推动作用。

一、让学生适应新的评价方式需要一个缓慢的培养过程

科学研究都是从重复他人实验开始的，但不能是简单的重复，因此最开始的研究论文是老师给定的研究题目。例如笔者为此设计了方案对比实验，利用虾蟹壳制取壳聚糖。课上直接给出有关文献，让学生对比实验方案，而后通过实验，检验哪一种方法最佳。

学生看到的两个实验方案，如图4-1、图4-2所示，并没有非常具体的仪器和操作，学生必须在已有化学基本知识的框架内，将这些步骤变为现实。这个实验完成后，按照传统的方式递交一份实验报告，在实验报告中学生仅仅需要如实反映实验中的现象，而不需要进行更深入的思考。而论文就截然不同，学生必须对实验内容、步骤、现象、结果认真地比对，并且需要找到产生这些差异的原因，还必须要具备说服其他学生的能力。

又例如我们设计了原盐提纯实验。从盐场找到一些原盐，布置课题，将原盐提纯到化学实验可以使用的化学纯的氯化钠。这个实验本来是人教版《必修一》中思考与交流的一个讨论题目，在教学中，基本没有老师会将这个题目变成实验，而是单纯地进行理论讨论。表面上看我们仅仅是将理论变为实践，然

$3.0mol/L$ $1.0mol/L$
NaOH溶液　　盐酸溶液
↓1.5h　　　　↓2.5h
虾壳粉末→NaOH煮沸→过滤洗涤→盐酸浸泡→过滤洗涤→淡粉色固体→脱色→烘干→白色粉末

图4-1　方案一流程图

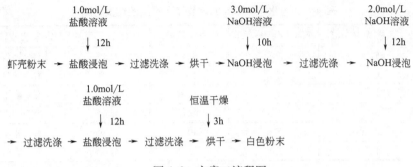

图 4-2　方案二流程图

而这个变化却不是件简单的事情，首先真实的原盐中含有更多的杂质，其次理论上的恰好完全反应在现实中是不可能的。由于实验前不能确定杂质的含量，因此除杂是一件非常小心的事，而不是答题时一句"恰好完全反应"。一个实验操作，让学生深刻理解了理论与实际之间巨大的鸿沟。另外由于中学理论知识还不够完备，实验中会出现一些"奇怪"现象，让学生一筹莫展，这些额外的困难更让学生体会到课本上的那句话："在实际进行方案设计时，除了要考虑所加试剂外，还要考虑加入试剂的先后顺序、试剂用量以及试剂过量后如何处理。"尤其是一些学生在课外班上课，学了错误的实验方法之后，实验后得到的产品存在本来不该有的杂质。

当学生已经能够在教师给定题目的情况进行简单研究之后，再进一步将难度提高，形成半开放的题目，教师给定研究方向。教学过程中要让学生体验到科研的真正过程，让学生阅读文献，而后根据文献继续研究就是一个非常好的训练方式。

由氯化钾和硝酸钠利用复分解原理制备硝酸钾，对于初三的学生来说已经可以接受，课上给学生几篇参考文献，而给出的文献其最佳实验方案却是不一致的。例如同样使用硝酸钠 21g、氯化钾 18.4g、蒸馏水 35mL 配为原溶液，总体积约为 45mL，文献出现多种说法，分别认为浓缩到 22.5mL、20~25mL、30mL 时进行降温析晶，获得的产量最高。如何确定一个最佳的实验方案？学生不仅仅要参考这几篇参考文献，更要从这些文献中找到产生差异的原因，这就使研究提升了一个档次。

学生研究中还发现了一个新的问题，却是所有文献都没有提到的，见表 4-1。

表 4-1　各水平 KNO_3 的产量和两产品的纯度检测

溶液蒸发剩余量 /mL	NaCl 杂质检测	KNO_3 产量 /g	KNO_3 产率	KNO_3 杂质检测
15	无 K^+	5.55	22.5%	有少量 Cl^-
20	无 K^+	1.47	6.0%	有少量 Cl^-
23	无 K^+	11.8	47.8%	有少量 Cl^-
25	无 K^+	10.51	42.6%	有少量 Cl^-
28	无 K^+	10.7	43.3%	有少量 Cl^-
31	无 K^+	12.74	51.6%	有少量 Cl^-

并根据有关数据绘出图像，如图 4-3 所示。

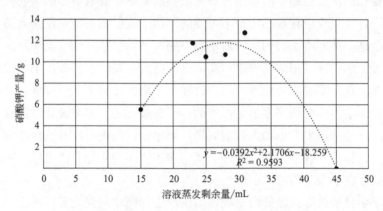

图 4-3　溶液蒸发剩余量与硝酸钾产量的关系
（横坐标为溶液蒸发剩余量，20mL 的数据因偏离过大被舍去）

学生发现在各水平下制得的 NaCl 产品均无杂质钾离子，而 KNO_3 产品中均含有少量氯离子，并且其他同学的研究也出现了类似现象。产生这一现象的根本原因不能简单地推卸到操作失误和偶然误差，一定是整个实验设计中存在严重的缺陷，而这一缺陷所有文献却都没有提到。发现文献的差错是件非常难的事情，其实原因很简单，就是得到的 KNO_3 饱和溶液同时也是 NaCl 的饱和溶液，我们传统的教学中一直强调 NaCl 的溶解度基本不变，而给学生形成了溶解度不变的错误印象，而真实的情况是 0℃时 35.7g，100℃时 39.8g，这区区的 4g 差距导致 KNO_3 析晶的同时 NaCl 也析晶，找到问题的症结，解决的方法自然就出来了，要让 NaCl 不饱和，也就是在得到 NaCl 晶体之后的 KNO_3 饱和溶液中要加入一点点水（约 1mL）再降温析晶。学生在看似一个简单重复的研究实验中，发现了所有研究者都忽视的一个问题。并且最终得到了：认为产量最高的区间段应浓缩至 23～31mL 的结论。既与大部分的文献吻合，同时也发现了文献的不足。这种研究论文可以有效提高学生的文献运用能力，在实践中学会发现问题和解决问题。尤其是体会到对于文献不能盲目轻信，文献就是参考，而不是标准答案。

论文具有科学性、创新性、理论性、实践性、规范性五大特点。对于中学生来讲，尤其是在课程中对学生训练，要尤其突出科学性、实践性和规范性。学生写作论文就必须要对一些现象给予理论解释，论文的撰写过程是从感性认识到理性认识的飞跃，上升对事物全面而系统的认识，不仅要形成一般观点，而且要对观点有着深入的论证，同时论文的撰写是从现象探索本质的过程，也就是说从外在所看到的现象，去伪存真，探索其内部的成因及其规律。可以说是由感性认识到理性认识，是一种思维取向及其思维方式的变化。

在这种学术规范的要求下，学生对待实验的态度发生了变化，如上文提到的两种实验方案的对比，其中第一步方法就不同，一种使用酸浸，另一种使用碱浸，两者浸泡后颜色就开始不一样。如果仅仅要求学生写实验报告，他们就会仅仅记录实验现象，最终产量如何，最终产品的外观如何。但是现在要求撰写论文，学生在观察现象时就会进一步思考，发现问题是第一步，解决问题更重要。学生会对产生这一现象的原因主动查阅一些文献，分析为何碱浸的颜色发红，以便在论文中加以阐述，而这个过程就是学生真正学会探究的第一步。并且由于判断最佳的标准因人而异，这种探究就成为真正的无标准答案课题研究。有的学生认为产率最重要，而有的则认为简洁方便是首选，……但无论是哪种判断依据，只要言之有物，言必有据，就是一篇好的论文。下面是两个学生就这个实验写的论文的片段：

> 酸法和碱法有一个共同点，即都为用酸和碱将除甲壳质外的物质溶解。
>
> 酸法的第一步主要是用来溶解虾壳中的碳酸钙，其他步骤则主要是用来溶解其中的蛋白质和脂肪等物质。
>
> 而碱法的第一步则为溶解其中的蛋白质和脂肪等物质，第二步则用来除去虾皮中的碳酸钙。
>
> 但实际上，所需提取的甲壳质由于具有糖的结构，同样也会水解，成为小分子而溶解。但由于在甲壳质的结构中主要骨架上没有亲电点，亲电点只在取代基乙酰氨基上，所以在碱性条件下，溶液中 OH^- 为亲核试剂，无法进攻主要骨架。但在酸性条件中，H^+ 为亲电试剂，可进攻甲壳质结构中的醚键，使之质子化并断裂，成为小分子而溶解。由于甲壳质不溶于水，水解发生较慢，但也会发生，所以酸泡时间越长，损失越大。所以从产量考虑，碱法优于酸法。

科学实验通常根据对象的透明度分为白箱实验、灰箱实验和黑箱实验，教师在课程内容设计时，要做的就是将一个白箱实验转变为一个灰箱实验甚至为一个黑箱实验。学生在这种探究环境下的思维训练在传统实验教学中是做不到的。学生在论文撰写过程中，科研意识和能力得到锻炼和提高，学习由被动变为主动，不再是老师让我学，而是我要学，有效促进学生科学素养的提高。

同样的课题，学生有着不同的解法，前文提到的测定薯片热值的实验，其核心就是让学生意识到损耗和误差，要通过一定的方法减小损耗误差或者将损耗误差测定出来。如果实验课上教师过多地讲解、引导，就会将学生的思路禁锢。实验前的讨论仅仅起到引发思考的作用而不是给出标准方法。同样的课题，有学生采用了不同的方法，下面是学生论文片段。

一般的燃烧法在空气中燃烧食物，所需要的空气量及密闭容器的空间较大，相应的散热损失也较大，所以测量误差较大。本文以双氧水代替水，可以让燃烧过程在较小的空间内持续发生，减少了热量损失，所以测量的精度能够提高。

测量的具体方法是：如图 4-4 所示，将一个 25mL 的烧杯放在一个 250mL 的烧杯中。250mL 与 25mL 的烧杯间隙中倒上 5% 的双氧水 100mL。取一片薯片作为食物样本，称重。用水银温度计测量双氧水的温度。点燃酒精灯将薯片点燃，放在 25mL 的烧杯上。与此同时将一小勺二氧化锰倒入 250mL 烧杯与 25mL 烧杯的间隙中。然后迅速盖上一个 1000mL 烧杯和一个 3000mL 烧杯。待燃烧结束后，用水银温度计测量双氧水的温度。然后通过前后温度的差来算出这次薯片燃烧所产生的热量。

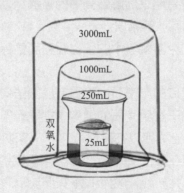

图 4-4　测量装置示意图

> 为了消除双氧水反应产生的热对实验结果的影响，将 10mL 5% 双氧水倒入 25mL 的烧杯，并在 25mL 烧杯与 250mL 烧杯中加入 100mL 蒸馏水。这里不直接在原来位置倒入等量双氧水，一方面可以减少双氧水的用量，另一方面可以减少双氧水分解时的热量损失。然后将一小勺二氧化锰倒入 25mL 烧杯中。迅速将 1000mL 和 3000mL 的烧杯倒扣在上面。然后测量反应后水的温度，求出此次双氧水放出的热量，由此根据两次双氧水的用量比可以推算出之前双氧水释放的热量。

学生的方法其实就是大学里测定燃烧热的标准方法热弹法的简化，可以说想法很好，解决了燃烧过程的持续供氧，双杯减少了热量的损失，并且能对双氧水分解热效应做出校正。这个装置设计虽然其中还有缺陷，但作为初中学生能做出如此的设计，并且实验平行结果只有 12% 的误差已经难能可贵。这样的设计和论文就要打高分。

有一句古话叫做君子和而不同，要鼓励学生有创意的方法。

很多老师都发现：学生在考试中化学实验题是最容易错的。很多老师总习惯于说我讲过了，但学生不能掌握。其实造成这一局面的主要原因是教师自己，首先实验不是纸上谈兵，没有真实的实验环境，理论讨论是没有任何意义的。前文提到的原盐提纯和复分解法制硝酸钾，在很多习题集中都有相关的练习，然而这些练习的出题人有几个真的做过实验，很多习题如果同学们按照其标准答案进行实验操作，就会发现杂质根本就除不干净，有时还会引入新的杂质。

二、答辩提升学生表达能力，看到学生思想碰撞的火花

化学是一门以实验为基础的自然科学，实验体现了自然科学的重要特点，化学中的很多概念和规律都来自实验。实验体现着科学探索研究的重要思想和方法，上海市中学化学课程标准中指出：化学实验的素养（观念、思想方法、技能、观察、实践、分析、创新）就是科学素养，化学实验在培养学生创新素养方面的作用是不能替代的。创新实验不能简单理解为让学生改造、创造实验。

而是应该脚踏实地在现行的实验中培养创新思想,从提升学生的科研能力开始。因此答辩这一学术形式被引入教学中,我们在教学中每个学期都要安排一次论文答辩,低年级是老师指定的实验课题,一开始为封闭性课题,有已知的结论;而后是半开放课题,内容相同或相近,但学生各自按照自己的实验现象进行判断,并得出有关结论。高年级为学生自主选择课题,自主完成课题研究,在答辩中学生互相借鉴,开阔思路,提升应变能力。

在教学中低年级安排的溶解热课题,在答辩过程就充分体现了学生的互相促进作用。不同学生绘制的图像略有差异,如图4-5、图4-6所示。

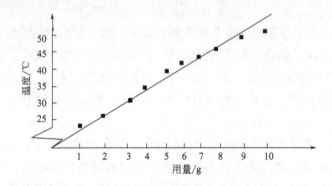

图4-5 学生甲绘制的氢氧化钠溶解过程温度变化曲线

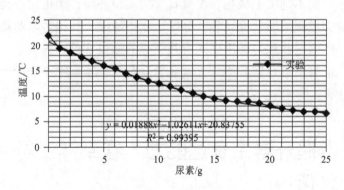

图4-6 学生乙绘制的尿素溶解过程温度变化曲线

从两个图的对比就可以看到两个学生的思维和处理数据的能力差距。学生甲仅仅按照直线拟合,方法生硬,并且可以看到明显的偏差;学生乙进行了曲线拟合,更为科学。而学生甲的优点在于有意识省略一些无效的内容,使得图像更加有效。如果不进行答辩,两个学生可能永远也不会进行交流,学生甲很难学会学生乙的统计方法,而通过答辩,学生们从中发现自己的差距,提升了学习动力,学习能力也得以很快提升,思考更全面。这种相互学习的效果比单纯的老师教效果更好。

科研不是从无到有的简单的创造，对于中学生来说，将其他学科的知识与技能主动地迁移到本学科来解决或者解释问题与现象就是一种科研能力，就是一种创新能力。

学生自我训练为主是化学实验教学的核心，在高年级学生中推出学生自拟课题的方式，"开放式实验教学"这一新的教学模式重在吸引学生主动参与实践活动，并且在最后进行论文答辩，培养学生对"提出问题、研究问题、解决问题"的兴趣，培养学生的思索能力、辨析能力和探索求知精神，发展学生的个性和潜质，激发学生的创造力，达到提高学生实践能力和综合素质的目的。

在一次自主设计实验教学中，有两组学生都选择了利用废旧铝制易拉罐制明矾的课题，他们的实验步骤并不完全一致，又有相同的地方。在实验过程中，两个组的同学并没有交流，直到论文答辩阶段，老师提出了一个问题，既然是要首先制取硫酸铝，为何都选择先加入过量的氢氧化钠溶液，学生回答是为了去除杂质，随后老师追问，既然加入过量的碱可以除杂质，并且最终要调为中性，尤其是铝作为金属，为何不采用先用酸反应，而后再加碱调节pH值的方式？学生竟然都没有想到这个问题。有学生说所有的文献都是这样做的，又有学生提出最后都要加入碱，为了操作简便所以这样做，老师再次追问，这个解释是否有实验数据证明先加酸后加碱的方案不好？学生没有进行实验验证，而仅仅是理论猜测。

这种在答辩过程中发现问题，而后不断地追问的教学方式，一方面倒逼学生答辩前必须事前做充分的准备，在实验探究中必须非常地严谨，数据要充分，不能想当然，稍有不慎，就会被老师问倒在讲台上；另一方面提升学生的表达和逻辑思维能力，不但要求会设计，会操作，更需要会表述自己的成果。更要求老师具备广博的知识面和充足的实验常识，也促进教师提高自身综合素质。

经过一次次的探究课题与答辩训练，学生们发现问题和解决问题的水平得以提高，不再盲目追求表面上的高水平课题，而是实实在在从身边发现和解决问题。有一组两个学生发现乙醛和葡萄糖制银镜效果差异很大，于是在检索了一批文献后确定了"不同还原剂制银镜的比较"的课题，看似简单，但学生实验时，考虑非常全面，不是简单比较甲醛、乙醛、甲酸钠、葡萄糖、氢氧化钠等7种试剂制银镜的直接效果，而是分别比较这7种试剂在不同温度、不同浓度、不同pH值等环境时对银镜的效果，最终得到了结论：

> - 质量上，40% 甲醛、葡萄糖、5% 甲酸钠的质量最好。
> - 条件上，甲醛的条件最简便。
> - 速度上，葡萄糖与甲醛速度都较快。
> - 反应物和产物的毒性上，葡萄糖较好。

表面上看，研究论文没有给出一个确定性的结论，然而整个的研究过程非常严谨，正确运用了平行实验、控制变量等科学方法，结果也和老师们实际教学中的经验一致。两个学生的研究水平，与当初找到文献，简单地照方抓药式"研究"相比有了很大的提高。

如果仅仅完成论文，学生之间没有直接的思想碰撞，而答辩的形式使得学生之间的隐性竞争变为显性竞争，不再仅仅是暗地里比较分数高低，而是比拼探究、科研的严谨与规范，低层次竞争转变为高层次竞争。

三、开放性的研究与开放性评价推动学生思维的变革

素质教育与应试教育的差别一直在讨论，不同人给出不同的解释。唱歌跳舞就是素质教育了吗？如果说是，那应该是将一些原本不会唱歌跳舞的人教会到可以上台表演的程度才叫素质教育，而招一些本来就是唱歌跳舞的特长生来继续上台表演就不是素质教育，还是应试教育。做题就一定是应试教育吗？其实发达国家同样也考试，并且经常考，怎么没人说他们应试。

如果要概括应试教育与素质教育的差别，核心在于其教学目的与评价是不是单一的或者归一的。

前文提到薯片热值测定，有学生利用多重烧杯减缓放热的方法进行了测定，这个是大学热弹法测量原理，应该说这是最接近标准答案的方法了。应试教育这就是唯一答案。而另一组学生提出了一个有创意的实验方法。

其实验步骤设计与数据如下：

1. 实验步骤

（1）做出如图 4-7 所示的两个装置，每个装置里放 100g 水。

（2）称量两块薯片和酒精灯的质量。

（3）将两片薯片点燃后一片放在装置一的小烧杯里，另一片用镊子夹住

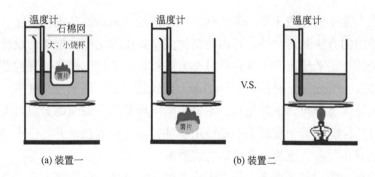

图 4-7　两种实验装置

给装置二加热，直至完全烧尽，记录温度计变化。

（4）用酒精灯给装置二加热，水升高同样温度后熄灭酒精灯，称量酒精灯剩余质量，记录。

2. 实验现象与数据记录

薯片 1 质量为 3.0g，点燃后产生红黄色火焰，放出大量光和热。在放入小烧杯后迅速熄灭，温度没有明显上升。实验失败。

装置二中的薯片点燃后剧烈燃烧，烧尽后留下黑色固体物质。

实验二记录见表 4-2。

表 4-2　实验二数据记录

项目	薯片 1	酒精灯 1	薯片 2	酒精灯 2
初质量	2.11g	260.73g	1.45g	283.17g
末质量	0.36g	259.56g	0.27g	282.22g
消耗质量	1.75g	1.17g	1.18g	0.95g
初温度	29.0℃	29.0℃	23.0℃	23.0℃
末温度	40.0℃	40.0℃	30.0℃	30.0℃
升高温度	11.0℃	11.0℃	7.0℃	7.0℃

薯片热量为 685.85kJ，标准值是 660kJ，实验误差为 3.9%。

从这组学生的研究看，其方案实在不够标准化，这个课题从实际实验效果看，学生分化非常严重，有的能够发现问题，并且能够设计出解决问题的方法，还可以不断地改进，有的发现问题但解决问题的能力欠佳，也有的根本无所适从。本实验的关键是测量误差，如果直接测量薯片的热值，就会与包装上的标称值相差 80% 以上，如何对付误差是体现学生能力的地方。

课堂上学生的方法主要归为两种，测出损耗误差和减小损耗误差，课上学生实际使用的方法多达六种。该组的两位同学采用的是测出损耗的设计思路，在实验设计上主动使用了多种科学分析方法：如用乙醇燃烧热损耗代替薯片燃烧热损耗属于等效法；要使被加热的水上升到相同温度属于控制变量；将薯片的热值转化为燃烧热属于转化法，不直接测定误差的绝对值而是测定大致比例属于替代法。能在一个实验中主动使用多种科学分析方法，尤其还主动进行平行实验以减小误差，这都是非常难能可贵的。

虽然最后的误差还略大，但对于中学的实验条件来说已属不易。学生如果能对使用乙醇替代薯片的原因再做一些必要的说明，如果有数据证据就更加完美了，也许误差的一部分就来源于此。

两种截然不同的实验方法，都是在学生现有知识水平上自主探索深化得到，并且在实验过程中能够及时发现一些小问题对实验进行调整，测量数据与标称值基本相同，因此两种方案都是优秀。

通过这种试验训练，学生慢慢改变了过去问老师我的实验现象对不对，我的方法对不对的习惯，逐步转向自主设计，能力得以提高。

经过实验锻炼的学生，越来越能自己来完成实验设计与方案改进。

在研究防腐剂丙酸钙的过程中，首先要自己制取丙酸钙，学生选取多种原料进行实验对比。某同学的数据如表4-3所示，从数据中可以看到学生主动运用控制变量思想，但是为什么需要加水？

表4-3 不同原料制备丙酸钙产量对比表

试剂	用量/g	加水量/mL	丙酸量/mL	制得丙酸钙/g
$Ca(OH)_2$	3.0	10.0	10.0	4.32
鸡蛋壳	3.0	10.0	10.0	1.84
$CaCO_3$	3.0	10.0	10.0	3.66

原来在试验中发现反应过快会导致原料产物溢出，如图4-8所示，如何解决这个难题？根据影响反应速率的因素分析，浓度是一个重要因素，因此采用了将原丙酸稀释的方法来进行控制。

这个研究过程是一个学生自己发现问题并且自行解决问题的过程。

当学生的能力达到一定的水平的时候，就能够自主发现问题，并且能够根据自己的能力和水平结合适当的工具来进行研究型的学习。下面是一个学生在制备铬酸铅时发现同学们使用同样原料制得的产品竟然有淡黄和橙黄两种不同

图 4-8　实验中反应过快而导致溢出

颜色，进而对比实验细节，发现是产品结晶的温度不同，当温度高的时候产品为橙黄色，而温度控制不好，不足 70℃时就是淡黄色。进而学生提出要进行研究，分析两种产物的差异，首先进行了化学性质的对比，从分析的结果看两者的组成是一致的，于是他们提出可能是晶体形态不同。经过学校的帮助，他们联系到大学进行了初步研究，下面是学生论文的片段。

铬酸铅颜料色谱范围宽、颜色鲜艳度高、着色力强、遮盖力大，再加上价格便宜，是一种重要的无机化合物，广泛应用于光敏剂、光导介电材料、湿度传感电阻和染料等。我国是世界上铬酸铅颜料的产销大国，但在产品品种结构及技术性能上，与国外有很大差距，而且很多文献对其颜色的描述也不尽一致。本文通过控制反应条件制备了 $PbCrO_4$ 纳米棒并初步探讨了反应温度对产品结构及性能的影响。

1. 实验

取新配制的 0.1mol/L Pb（NO_3）$_2$ 溶液两份（各 50mL），将其中一份加热至沸，立即滴入 50mL 等物质的量浓度的 K_2CrO_4 溶液并不断搅拌；另一份是在室温下直接滴入 50mL 0.1mol/L K_2CrO_4 溶液并不断搅拌；等沉淀完全后静置、过滤、干燥，得到两份固体。样品的物相结构采用 X 射线衍射仪（型号：D8 Advance）进行检测；采用 SEM（型号：HITACHI S-4300）观察材料形貌；样品的紫外 – 可见光漫反射图采用紫外线/可见光分光光谱仪（型号：Cole-Parmer8305715）进行检测。

2. 结果与讨论

铅离子和铬酸根在室温条件下就很容易反应，反应方程式如下：$Pb^{2+}+CrO_4^{2-}\mathrel{=\!=\!=\!=} PbCrO_4$。实验中观察到热水中先生成黄色固体，并迅速转化为亮橙色，冷却后颜色仍为亮橙色，冷水中则生成黄色沉淀，二者颜色差异明显。取少量冷水中生成的黄色铬酸铅沉淀放入 20mL 蒸馏水中，加热至沸，颜色仍为黄色。图 4-9 给出了不同温度条件下制备的铬酸铅 XRD 图。从图中看出，冷水与热水中制备的铬酸铅的衍射峰都能完整地对应于单斜相的 $PbCrO_4$（JCPDS 08-0209），晶格参数为 $a=7.12Å$，$b=7.44Å$，$c=6.80Å$，$\beta=102.4°$。强而且尖锐的衍射峰表明已经形成很好的结晶，并且没有发现杂相的存在。热水中产物与冷水中产物的衍射峰位置相同，说明两种物质的晶相相同，在相同的衍射测试条件下，热水中产物的衍射峰强度比冷水中产物强，说明热水中生成的铬酸铅结晶度更高。结晶度的高低会影响样品对光线的反射，结晶度低，入射光在样品中散射增强，对光的吸收率增加。

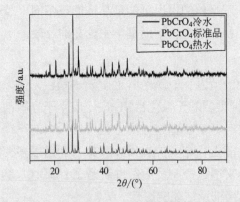

图 4-9　不同温度条件下制备的铬酸铅 XRD 图

图 4-10 是不同温度下制备的铬酸铅扫描电镜照片，其中左侧图为热水中生成的铬酸铅放大 3000 倍和 5 万倍的扫描电镜图，右侧图为冷水中生成的铬酸铅放大 3000 倍和 5 万倍的扫描电镜图。从照片上可以看出，热水与冷水中产物颗粒均为纳米棒，热水中产物的晶粒尺寸较冷水中产物大且表面光滑，而冷水中生成的铬酸铅则显示出粗糙的表面。溶液中铬酸铅纳米棒是通过均相成核和溶液生长过程形成的，首先是 Pb^{2+} 和 CrO_4^{2-} 反应形成 $PbCrO_4$ 晶核，新形成的晶核倾向于长成纳米颗粒，然而在合适的化学势和离子湍度条件下，纳米颗粒作为新的生长基元沿着优势能量晶轴长成为纳米棒。在两种不同温度的溶液环境中，离子的化学势和湍度不

同从而影响晶体的生长速度，温度高时，离子能量增大，扩散速度加快，晶体生长速度增大，结晶度高，从而生成的纳米棒表面也更完整和光滑。常温反应下的产物结晶度就相对较低。此外，$PbCrO_4$ 中的 Cr（Ⅵ）呈 3d0 结构，Cr（Ⅵ）具有较强的正电场，当化合物吸收光后，电子可由 O 向 Cr 跃迁，从而呈现明显颜色。$PbCrO_4$ 的光学特性与其结构中含有扭曲的 Cr（Ⅵ）为中心的 Td 对称有关，结构的不同也可能导致光学性质的差异。

图 4-10　不同温度制备的铬酸铅的扫描电镜照片

不同温度制备条件下的铬酸铅的紫外 – 可见光漫反射图见图 4-11。可以看出，两种铬酸铅在 350nm 和 460～500nm 区域有两个明显的吸收峰，对应于 O 2p 轨道电子跃迁到 Cr 6s 轨道或 Pb 6p 轨道，并且有相同的吸收边带，说明晶体的结构类型是一致的；不同之处在于不同条件下制备材料的吸光度不同，这可能是低温下反应得到的铬酸铅表面粗糙度大，入射光在样品表面散射增强，对光的吸收率增加。

3. 结论

通过控制反应体系的温度制备了不同光学性能的 $PbCrO_4$ 纳米棒，光谱分析表明，光学性能的不同是由产物的结晶程度不同引起的。

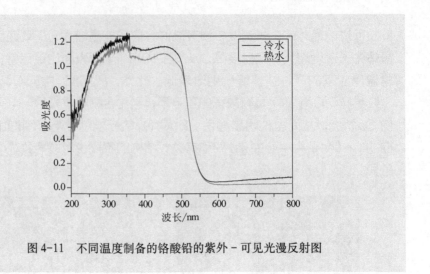

图 4-11　不同温度制备的铬酸铅的紫外-可见光漫反射图

经过几年的系统训练，学生的能力得到有效的提高，学生在探究问题时能主动利用一些基本的科学分析方法，而不是简单地拿来别人的文献进行重复。在答辩中也能应对自如，不再是照着讲稿宣读，而是能有重点有节奏地介绍自己的课题，面对老师的提问也能够比较自如地应对。部分解决了中学生化学表达能力缺失的问题。这一交流与表达的过程也使得探究教学过程更加完善。尤其是部分学生在探究教学中自己发现一些规律写成了一些小论文，部分得以发表。

在教学中，主动使用论文和答辩的方式引导学生进行科研的基础训练，这种方式是对学生综合性的考核，要求学生对要解决的问题或要测定的指标提出实验方案、设计思路，组合出基本的实验装置流程，并对实验结果的精确度和误差来源进行分析与讨论。由于问题的解决方案具有多样化特点，因此给学生提供了广阔的思考空间，让学生发挥的自由度大，灵活性强，避免了死记硬背，那些缺乏创造性思维能力的同学的得分比较低，而那些思维活跃、综合能力强学生，其才华得以充分展示。教学过程也不再是灌输而是培育。可以说论文撰写与答辩让学生做到了身动、心动和神动的有机结合，这种教学方式有利于挖掘学生的潜能，培养学生的创新思维和提高综合素质。

科学知识、科学过程、科学方法、科学本质和价值构成科学素养，是当今科技文化和社会背景下人们所必需的科技知识和技能。在教学中主动使用论文和答辩这一教学形式，学生在科研的过程中，从已知的知识出发，利用学过的各种科学技术方法解决未知问题，遇到困难主动检索未知的科学知识，使得科学知识、方法、过程、技能在其中得到有效的统一，学生的科学素养得到有效的提高。

参考文献

[1] 姚福琪.河北化工，1998（1）：20-21.

[2] 卓双文，章汝平，林水东.龙岩学院学报，2009（10）：61-64.

[3] 贾玉江.化学与社会简明实验.北京：化学工业出版社，2012.

[4] 郭素华，杨素芳，林珠灿.中医药管理，2006，14（5）：26-28.

[5] 周新年，邱荣祖，张正雄，等.福建农林大学学报（哲学社会科学版），2008，11（2）：76-79.

[6] 杨玉辉.现代科学技术哲学.北京：人民出版社，2010：266.

[7] 陆庭銮.化学教育，2013，34（6）：45-46.

[8] 李炳亭.高效课堂22条.济南：山东文艺出版社，2012：64.

[9] 化学课程标准编写组.化学课程标准解读.武汉：湖北教育出版社，2003：35.

[10] 韦进.中小学科学教育的方法与评价.北京：中央民族大学出版社，2004：121.

第五章

新课程体系下实验室设计与管理

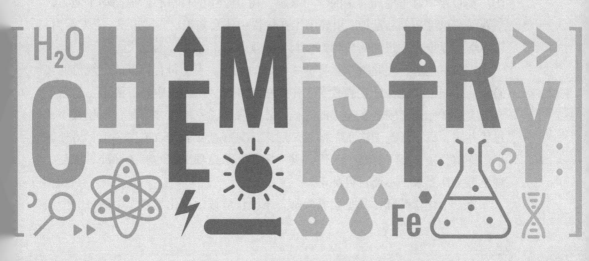

第一节 新课程体系下化学实验室设计

从一定意义上说,实验室是许多理科知识的诞生地,是科学技术的摇篮。牛顿的"三大定律"是他经过许多次的实验总结出来的;引力波的发现证明爱因斯坦的假说,这都离不开实验。化学如果离开了实验,无疑是在建造空中楼阁。很多老师当年在中学读书时条件比较艰苦,没有做过实验,完全依靠想象,现在经济条件和二三十年前相比已经不可同日而语,我们还能离开实验教学,用嘴说实验,在黑板上画实验吗?如果再那样"说"下去、"画"下去,那就不是在教书育人了,而是在贻误下一代,贻误祖国的未来。教育教学最有效的方法之一就是理论联系实际,实验教学、实践教学就是最好的、最有效的理论联系实际。随着科技进步和社会发展,对高素质、创新型人才的需要愈来愈紧迫。将来的社会,在各个领域、各个行业仅靠理论知识和书本知识是不能适应的,必须把理论知识通过人的实践能力转化为服务社会的成果和效益。而基础教育阶段的实验教学就是为学生的动手能力、实践能力打基础的教学活动。它不仅能够让学生树立严谨的科学态度,培养发现、观察、分析问题的能力,而且通过一个规范操作、一堂实验课、一个研究课题为培养和训练学生将来进入高等学校继续深造、进入研究机构从事科学研究或走向社会进行其他方面的工作所必须具备的基本技能打下一个规范的、科学的、良好的、健康的基础。事实证明,实验教学对于提高学生的学习兴趣,树立学生的自信心,提高动手能力,培养创新思维和创新精神,引导学生在愉悦中体会知识、学习知识,开发智力,引导学生逐步树立正确的情感态度与价值观具有非常积极的意义。

实验室是进行实验教学重要的、基础的场所。有了符合标准的、规范的实验室,才能很好地保证实验教学工作的顺利开展。陕西关中某县高中,新盖了一栋实验楼,到了安装实验桌的时候,才发现实验室的尺寸不足,面积太小,想尽办法,桌子还是无法正常摆置。后来,只好把实验楼改成图书馆,另外盖了一栋实验楼。要干好某项工作,就一定要熟悉这项工作的有关标准、规范、规定等文件要求,不要盲目乱干。

每一个化学教师尤其是实验教师,不仅仅应该掌握化学教学中的每一个实验，也同样应该了解实验室设计与管理的基本规范，这样可以保证自身实验安全，同时对学校实验室设计以及管理中的问题与漏洞还可以做出有针对性的防范预案，杜绝学生实验中的安全事故。例如，很多学校的实验室均只有中间一个通道而不是有左中右三个通道，如图 5-1 所示，一旦发生事故非常容易发生踩踏事故，教师就要提前做好疏散预案，还有按照设计规范每个实验室都有两个门，但是有的学校经常违规锁后门，教师就应该在每次上课前嘱咐学生疏散只能走前门。

一、现有实验室主要格局模式

化学实验室是进行化学科学活动与探究的场所。一般可分为演示实验室、分组实验室两种类型，演示实验室主要是为教师准备实验或者教学演示专用，没有学生实验的必要设施，而分组实验室主要是为学生进行实验操作提供实验空间。

图 5-1 是我们经常见到的学生实验室标准格局，也是现在绝大多数学校实验室的格局。这种格局非常适合以教师为主导，学生被动聆听的教学方式。

图 5-1 常规实验室设计

图 5-2 是很多学校的实验室布局。这个格局在传统教学模式下起到了很好的作用，药品存在最里边，并且配备存放危险化学品的地窖，准备间紧邻学生实验室，一个学生实验室，一个准备间，教学中以教师演示为主，很适合传统教学模式，而对于新课程来说，学生的实验空间就过于单调。尤其是随着国家一些管理规定的改变，使得这个传统格局不适应新的要求。

图 5-2　传统实验区功能分布示意图

图 5-3 为传统实验室布局的另一模式,一个准备间位于两个学生实验室中间,可以充分满足常规分组教学需要。但是这些布局归根结底都是以教师中心,学生在试验中是跟随和被动的,越来越不适合现在的教学要求,尤其是学生的探究与研究型的实验。学生的实验空间不足,尤其是这种布局不利于学生之间的相互讨论。现在已经有越来越多的学校改变了实验室布局,使用岛型实验台。

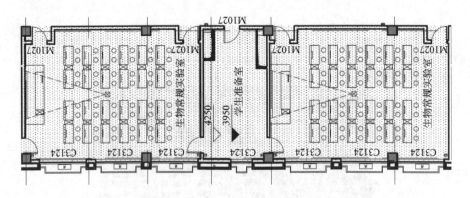

图 5-3　常见传统实验室格局

如图 5-4 所示,岛型实验室更适合学生之间讨论而不是倾听教师讲解,学生的实验操作空间也更大,讲台的位置也可以发生变化,将讲台从顶端移向侧面,这样教师可以离学生更近,更便于观察学生和与学生交流,更能突出学生的主体作用。

部分学校借鉴了西方学校化学实验室布局,如图 5-5 所示,前半部分为讲授区,后半部分为实验区,这种格局可以避免实验前教师带领学生分析时,学生分心进行实验,上课时可以根据需要讲解之后,带领学生到后边实验区进行实验研究。

也有一些学校在原有实验室格局暂时不能变化的情况下,利用实验室后面

图 5-4　岛台格局更适合现代实验教学方式

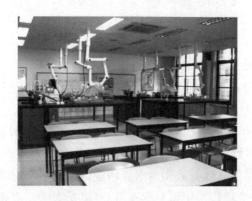

图 5-5　北大附中实验室布局

的空间做讨论空间。还有的学校设计成其他形式的实验室,有的将实验台设置在教室两侧。其实都是在做一件事,给学生更多的实验空间,给学生更多的学习主动权。

随着新课标实施,以及 2017 年新版课标的推广实施,传统实验室格局已经越来越不能满足现代教学的需要。新版课标要求学校给予学生更大的选择权,学生也将根据自己的人生规划自主选择课程,可能选择化学课程的学生会减少,但对于选择化学课程的学生来说,其选择都是具有很强目的性的,其要求也会比以往高,对实验室的硬件与软件要求也远高于原来常规教学实验。

例如北京市从 2015 年开始推广综合实践课,这些课程必须要求学生动手完成,这就对实验室提出了更高要求,需要在设计上符合多方面的需求。

尤其探究性教学需要给学生更大的实验空间和讨论氛围,传统格局实验室不太适合这种教学模式,但常规实验课采用礼堂式布局已经被每个教师所习惯,有条件的学校在设计时安排两种模式的实验室,以满足不同教学需要。不同学校采用不同格局,如图 5-6 所示,但最终都是尽量让学生摆脱单纯被动听课的局面。

不论何种实验室,如何设计都应该满足 3 点基本要求:

(a) 海淀外国语实验学校实验室　　(b) 中国人民大学附属中学研究实验室

图 5-6　其他格局的化学实验室

（1）能够满足实验教学要求，方便学生熟悉并接触一些实验仪器设备，学习掌握基本实验技能，充分感受现代科技发展对化学实验技术手段的影响；

（2）应努力为方便学生查阅相关资料，方便学生制订实验计划和设计实验方案，进行探究性学习和学科实验活动创造条件；

（3）实验产生的气体排放和污水处理应达到国家环保要求的指标。

有条件的学校分组实验室可分为有机、无机实验室，主要是使用仪器不同，废液处理方式不同；也可根据学生实验台规格及排列方式的不同分类分为常规教学实验室和探究型实验室。根据教学需要及学校条件的不同，以上这些类型的实验室可全设或兼用。

二、实验室功能与要求

实验室的建设，无论是新建、扩建或是改建项目，要综合考虑实验室的总体规划、合理布局和平面设计，以及供电、供水、供气、通风、空气净化、安全措施、环境保护等基础设施和基本条件。因此实验室的建设是一项复杂的系统工程，在现代实验室里，先进的科学仪器和优越完善的实验室是提升现代化科技水平，促进科研成果增长的必备条件。它不单纯是选购合理的仪器设备，很多学校将提升实验室水平理解为引进高档仪器，但化学学科的特点在于仪器主要用于进行物质分析，而中学生水平首先要了解科学基本常识，在还没有能力制备出新物质的时候，引进高端精密分析仪器大多将处于闲置状态，成为学校的参观点。

"以人为本，人与环境"已成为人们高度关注的课题。本着"安全、环保、实用、耐久、美观、经济、卓越、领先"的规划设计理念。规划设计主要分为六个方面：平面设计系统、单台结构功能设计系统、供排水设计系统、电控系统、特殊气体配送系统、有害气体输出系统等。化学实验室尽量选择南北向教室，避免东西向房间。

化验室用房大致分为三类：精密仪器实验室、化学实验室、辅助室（办公室、储藏室、钢瓶室等）。

精密仪器实验室：要求具有防火、防震、防电磁干扰、防噪声、防潮、防腐蚀、防尘、防有害气体侵入的功能，室温尽可能保持恒定。为保持一般仪器良好的使用性能，温度应在 15～30℃，有条件的最好控制在 18～25℃。湿度在 60%～70%，需要恒温的仪器室可装双层门窗及空调装辂。地面可用水磨石地或防静电地板，不推荐使用地毯，因地毯易积聚灰尘，还会产生静电。大型精密仪器室的供电电压应稳定，一般允许电压波动范围为 ±10%（国家标准），必要时要配备附属设备（如稳压电源等）。为保证供电不间断，可采用双电源供电。应设计有专用地线，接地极电阻小于 4Ω。气相色谱室及原子吸收分析室因要用到高压钢瓶，最好设在就近能建钢瓶室（需要方向朝北，避免阳光直射）的位置。放仪器用的实验台与墙距离 500mm，以便于操作与维修，室内有良好的通风，原子吸收仪器上方设局部排气罩。精密仪器实验室要尽量远离常规实验室。

常规实验室设计建筑应耐火或用不易燃的材料建成，隔断和顶棚也要考虑到防火性能。地面应防尘、易清洁、耐磨、防滑，化学实验室的地面应耐酸碱腐蚀。可采用防滑耐腐蚀的水磨石地面，有的实验室因为没有预埋下排风管，不得不垫高地面，采用静电地板不是一种好的选择，各室与走廊的地面不宜设台阶。化学实验室、化学准备室和生物实验室的地面应设地漏；窗户要能防尘，室内采光要好，门应向外开，大实验室应设两个出口，以利于发生意外时人员的撤离。门洞的宽度不应小于 1200mm，门扇上宜设观察窗，门框上部设采光通风窗。实验室的窗台适宜高度为 900～1000mm，实验室的窗间墙宽度不应大于 1200mm。门窗开启后不应影响室内空间的使用和走廊通行的便利与安全。供水要保证必需的水压、水质和水量，以满足仪器设备正常运行的需要，室内总阀门应设在易操作的显著位置，下水道应采用耐酸碱腐蚀的材料，地面应有地漏。实验室要有良好的通风条件，通风设施一般有 3 种：①全室通风，采用排气扇、桌面排风或通风竖井。②局部排气罩，一般安装在大型仪器产生有害气体部位的上方。在教学实验室中产生有害气体的上方设置局部排气罩以减少室内空气的污染。③通风柜是实验室常用的一种局部排风设备，内有加热源、水源、照明等装置。可采用防火防爆的金属材料制作通风柜，内涂防腐涂料，通风管道要能耐酸碱气体腐蚀。风机可安装在顶层机房内，并应有减少震动和噪声的装替，排气管应高于屋顶 2m 以上。一台排风机连接一个通风柜较好，不同房间共用一个风机和通风管道易发生交叉污染。通风柜在室内的正确位置是放在空气流动较小的地方，或采用较好的狭缝式通风柜。电源分照明用电和设备用电。实验台面的平均照度应符合 GB 50034 的有关要求不低于 300lx，其照度均匀度不低于 0.7。设备用电中，24h 运行的电器如冰箱单独供电，其余电器设备均由总开关控制，烘箱、高温炉等电热设备应有专用插座、开关及熔断器。在室内及走廊上安装应急灯。若有条件应该做到水电中控，教师可以在讲台位置关掉全部水、电、通风系统，一旦发生事故可以立即同时切断水、电、风，保证安全，同时又可以分路供电，以便个别仪器或电路异常时不影响其他位置用电器的正常使用。

辅助室是很多学校忽视的地方，但却是实验安全的重要保障，药品储藏室用于储存化学试剂，由于很多化学试剂属于易燃、易爆、有毒或腐蚀性物品，故不要购置过多。储藏室仅用于存放少量近期要用的化学药品，且要符合危险品存放安全要求。要具有防明火、防潮湿、防高温、防日光直射、防雷电的功能。药品储藏室房间应朝北，不可以朝向南或者西，干燥、通风良好，顶棚应遮阳隔热，门窗应坚固，窗应为高窗，门窗应设遮阳板。门应朝外开。易燃液体储藏室室温一般不许超过 28℃，爆炸品不许超过 30℃。危化品和易制毒试剂应专室专柜，存量不应超过 100kg（L），双人双锁，室内设排气降温风扇，专用试剂柜应做到废气直排室外，采光采用防爆型照明灯具，备有消防器材。按照最新要求地下室不能用作药品储藏室。仪器库应该与药品库分开，只用于存放备用仪器。实验教师办公室单独设立，不能与仪器库更不能与药品库合并。

三、化学实验室总体数量要求

化学实验室建设仅仅依靠标新立异是不够的，首先要保证基础教学要求，这就需要在数量上得以保证。现在大部分学校都有 12～16 个平行班，故以该规模为模板，一个完全中学化学实验室基本数量要求见表 5-1。

表 5-1 完全中学实验室配备要求

室　别	类　别	
	基本要求	规划建议
每间学生实验室生均使用面积	不小于 1.80m²	不小于 1.92m²
实验员室人均使用面积	不小于 6m²	
仪器、药品室使用面积	总面积不小于 70m²	
实验室数量	4～6	8～10
办公室	1	1
仪器室	1	2
药品库	1	1
准备间	2	3
危险品库	1	1

以笔者多年的实验室工作经验，要想保质保量达到课标的要求，以及在初中开设科学课的要求，完全中学化学实验室数量与平行班数量之比应为 1∶2。也就是说，一个学校一个年级平行班为 12 个班，这个学校就需要 6 间学生实验室，如果达到 20 个班，则需要 10 间学生实验室。如果达不到就不可能进行跑班教学。有条件的学校在保证使用率的条件下可以继续扩大。对于高中校而言可以酌减 1～2 间。

四、实验室内部要求

化学实验室内部布置也需要按照国家规范进行排布，既要保证学生的实验空间，也要保证学生的疏散通道，保证环境良好。

双人单侧实验桌，每个学生所占的长度不宜小于 600mm；实验桌宽度不宜小 600mm。岛式化学实验桌每个学生所占的长度不宜小于 600mm；实验桌宽度不宜小于 1250mm。

教师演示桌长不宜小于 2400mm，宽不宜小于 600mm。第一排实验桌的前沿与黑板的水平距离不应小于 2500mm，边座的学生与黑板远端形成的水平视角不应小于 30°。最后一排实验桌的后沿距后墙不应小于 1200mm；与黑板的水平距离不应大于 11000mm。

两实验桌间的净距离：双人单侧操作时，不应小于 600mm；四人双侧操作时，不应小于 1300mm；超过四人双侧操作时，不应小于 1500mm。中间纵向走道的净距离：双人单侧操作时，不应小于 600mm。四人双侧操作时，不应小于 900mm。实验桌端部与墙面（或突出墙面的内壁柱及设备管道）的净距离均不应小于 550mm。

台面：演示台、准备台尺寸不小于（$L \times D$）1800mm × 700mm，实验台生均有效操作面积不小于 600mm × 500mm。外观应平整、无明显缝隙，若采用封边处理，封边条不应有脱胶、鼓泡。台面材料：应符合相应材质的力学性能和理化性能要求。其中化学台耐腐蚀、耐污染等应符合相应标准的要求；演示台和实验台均应有良好的稳定性。实验台前沿可设高约 50mm 的围板，延伸到两侧的围板长应不大于 200mm。铺设有管线到实验台的实验室，实验台与地面间应采取固定措施。

实验室光照应达到 150lx，桌面达到 300lx，灯具悬挂高度距实验台面不应低于 1700mm，不宜用裸灯。

实验室内的排风扇应设在外墙靠地面处。风扇的中心距地面不宜小于 300mm。风扇洞口靠室外的一面应设挡风措施；室内一面应设防护罩。

实验室应设置带机械排风的通风柜，当有两个以上化学实验室时，至少应有一间实验室设置通风柜。通风柜内宜设给水排水装置，但电源插座、照明及煤气开关均不得设在通风柜内。

实验室内应至少设置一个事故急救喷淋装置。

第二节　新条件下实验室管理

再好的实验条件要想充分利用就需要高素质的管理队伍。规范科学的管理是顺利开展实验教学的有力保证和必要前提。实验室管理工作主要包括以下基本内容：

编制教学仪器购置计划和采购；

教学仪器的验收；

教学仪器的管理账册及其登记。

根据各类学校实验教学工作的工作量和学科特点，对不同类别学校实验室管理教师设置数量及职称有不同的要求。有一点应特别注意：实验室管理教师绝不仅仅是保管员，学校领导在安排工作时，切不能把实验室管理教师的岗位当成只拿钥匙开门关门的保管员的岗位对待。

实验室管理教师不是一个简单的保管员,对思想素质和业务技能有着较高的要求,尤其是要达到新课标的要求,就需要实验员具有较全面的实验室管理知识;有广泛的实验教学及本专业的知识;具有良好的职业道德修养和敬业精神,能正确指导学生做实验,培养学生形成良好的实验行为习惯。

实验室管理员业务上,应达到"五会":会管理;会准备实验;会协助任课教师辅导实验;会维修、保养仪器设备;会自制教具。可以归结为人、财、物、安全四个方面。但归根结底主要是人员的安排。只有合理安排实验人员,才能让实验室安全、高效地运转,完成教学任务。

一、人员管理

实验员承担了教师演示和学生分组实验,大多数学校每位老师每周12~14课时即视作满工作量,实验员自动记作满工作量,而实验员的工作量确实是一个很难准确衡量的事情,不同学校工作量差异极大。

根据多年来实验教学的经验,一个实验员不参与一线教学,其工作量衡量可以参照以下几个标准,见表5-2。

表5-2 实验员配备数量要求

参照关系	数值	说明
教师比	1:(6~8)	与一线教师人数比为1:(6~8),也就是说每一个实验员为6~8位一线教师提供服务
课时比	1:(200~300)	实验员与年度学生实验课节数比为1:(200~300),即一个实验员一个学年可以准备学生分组实验200~300课时
教室比	1:(2~3)	与教室数量的关系为1:(2~3),也就是每一个实验员可以管理2~3间学生实验室
学生比	1:(1000~1500)	实验员与学生人数关系为1:(1000~1500),即全校每1000~1500学生就应该有一个专职实验员

在实际教学过程中,尤其是一些大校,该数量可以有适当浮动,如果一个学校有2个以上实验员,往往可以因流水作业而提高实验准备效率,平均每个实验员可以完成更多的工作。但是如果只有一个实验员,突破以上数据就非常难。如果实验员对应课时数少于150节,可以安排其他兼职工作。

现在实验员的学历水平越来越高，越来越多的实验员具备了上课的能力，并且实验员上实验课具有得天独厚的优越条件，更了解实验室具体情况，更方便设计和调整教学计划，更方便课后整理。很多一线教师不愿上实验课，就是因为有的实验与理论不完全一致，有的实验"意外"比较多，课堂控制起来没有教室里常规课容易，而这是实验员的优势，恰好形成互补。

实验员在工作中不同于一线教师，在业务上应归属教研组，行政上在大部分学校中实验员都属于二线岗位，隶属于教务处，也有隶属于后勤的。有的学校比较重视实验教学，也有将实验室单独划拨出来成立实验中心的。

出于管理方便考虑，对于规模比较小的学校，实验室人员数量较少，一般每个学科只有1~2人，归入教务比较方便，因为其直接为教学服务，便于协调；而对于规模较大的学校，实验室数量每科超过10个，每个学科实验员达到3人以上，就建议单独成立一个实验中心，因为实验室数量和人员较多，需要更多的协调，单独出来可以更好地提高效率。

二、规章制度建设

化学实验课是一个学校中事故比较高发的地方，也正是出于安全考虑，很多学校老师不愿意做实验，然而化学学科是实验学科，不做实验就很难将化学的本质讲解清楚，很难突出化学学科的特点，很难培养学生化学学科素养。

回避不是一个好办法，通过制度建设完善管理，让实验室安全高效运转，才能真正为教学服务，不能将实验室变为一个参观点。制度不仅仅是写在纸上，更要落实在实处，才能保证实验教学顺利进行。很多实验室人员将制度理解为应付检查，而忽视在平时工作中严格执行有关制度。制度的作用就是在平时工作中避免事故，一旦发生事故，可以迅速查找原因化解危险，更是让一线实验教学人员免于被追究责任的有力保障。所有的制度都是用生命和鲜血换来的。

例如大多数学校均要求教师演示实验提前三天，分组实验提前一周下通知单，很多一线老师不理解为何需要提前这么长时间，其实这就是一个安全流程。分组实验的流程如表5-3所示。

表 5-3　分组实验工作流程表

日期	实验室教师工作任务	一线教师工作任务
T-5	收到实验通知单	下实验通知单
T-4	清点所需器材、试剂	
T-3	配溶液、分发、清点	
T-2	分发、清点、完成准备工作、清理教室	
T-1	迎接教师检查，需要现配试剂提前准备好	到实验室检查准备情况，试做
T	辅助完成教学、补充更换仪器试剂	开始分组实验教学

一周 5 个工作日，收到通知后实验室教师第一天按照通知单要求将有关试剂瓶和仪器取出，检查是否完好，需要维修更换的要维修。例如滴瓶的胶冒每年基本都要更换，看似简单的工作，几百个胶冒更换需要一个多小时，更换后还应该检查是否漏液。配好溶液罐装，分发，清理教室，至少一天时间，有的实验还需要组装调试仪器，检查试管是否有裂痕。例如电化学实验，实验室就必须将所有仪器连接检验，确认电路正常，这些都是课前必须做的，而后还需要根据课程情况准备备用补充药品，例如中和滴定实验、中和热测定实验，几十升的溶液分多次配制，还要求浓度基本一致，这些都需要足够的时间才能保证安全准确，课前前一天完成全部准备工作等待教师检查，表面上看提前 5 天，实际上实验室有效工作时间是 3 天，这还是假定实验室没有其他工作的情况下，但是实际上，实验通知下单时，实验室同时在进行其他年级的实验，实验室教师还需要收拾清理上一个实验的器材。如果不能保证 3 天的有效准备时间，就有可能使部分流程简化，或者忙中出错，影响教学。

三、常见废弃物处理

化学实验中一定会存在废弃物，对于大多数学校来说，主要的废弃物就是废酸、废碱等无机废弃物，这些废弃物要进行无害化处理才能排放，一般的操作程序是将废弃溶液收集，而后调节到弱碱性，加入絮凝剂和助凝剂，让有害的重金属盐沉淀，过滤后清液可以直接排放，滤渣中的重金属已经转化为不溶于水的沉淀，可以按照生活垃圾处理。现在按照部颁标准，学校均应该配备废液处理设备，这些设备不能作为一个摆设，而是要实际使用起来，不仅仅是口头上教育学生保护环境，而是让学生从点滴细节开始就保护我们的环境，分类回收，分类处理。

1. 一般废酸的处理

二氧化碳制取与性质实验中会产生大量的废盐酸，即使这些酸已经不能和碳酸钙发生反应，但是其依然具有较强的酸性，排入下水道还是会造成环境污染。

将废液回收，加入氢氧化钠溶液，将废液调节至pH=6～8，此时会有大量的白色氢氧化钙产生，上层清液即可排放。下层的氢氧化钙可以回收利用，不利用则可以当作一般垃圾处理。

中学阶段最主要的废液来源就是酸碱，即硫酸、盐酸、硝酸、醋酸、氢氧化钠。除了初中的二氧化碳气体制取外，高中的中和热测定、中和滴定、乙酸乙酯制取等都有一定量的废酸产生。一般酸碱的处理比较简单，如果废酸或废碱中没有其他有害物质，使用氢氧化钠溶液或者稀盐酸，将废液调节至pH=6～8即可达到处理要求。

2. 无机重金属离子处理

初中阶段在金属的物理性质与化学性质实验、酸碱的化学性质实验，以及高中阶段铁及其化合物、化学能转化为电能、电镀等实验中会产生含有Cu^{2+}、Ag^+、Ba^{2+}等的废液，这些重金属离子均有一定的毒性，不能直接从下水道排放，应进行简单的无害化处理，达到国家3级水质后才可以排放。

（1）Ag^+废液处理。中学化学实验中使用Ag^+主要是离子鉴别和银镜反应，废液收集后，加热，逐滴加入氯化钠溶液，根据实验中实际使用的$AgNO_3$用量，估算出需要使用的氯化钠溶液用量，按照过量一倍的用量加入，充分搅拌，而后停止加热，静置一段时间，待液体上层出现2～3mm高的一层清液时，用滴管沿烧杯壁缓缓滴下一滴沉淀剂，沉淀剂进入液体时，如果产生新的沉淀就说明沉淀不完全，如果观察到浓溶液扩散的水纹，就说明沉淀已经完全。如图5-7所示。

图5-7　检验沉淀完全操作示意图

Ba^{2+}主要用于SO_4^{2-}的鉴别，如果溶液中含有Ba^{2+}，则加入Na_2SO_4溶液，实验方法同上。

（2）Cu^{2+}废液处理。Cu^{2+}在中学教材中出现多次，如置换反应、乙炔制备除杂、乙醛性质、丁达尔效应、电解电镀等，是中学阶段使用量最大的重金属离子。Cu^{2+}相对而言在重金属中毒性较小。

处理时首先加入NaOH溶液，将溶液调节到pH=8~10，使Cu^{2+}沉淀，注意不能碱性过强，如果碱性过强，Cu^{2+}沉淀会再次溶解。再加入硫酸亚铁、聚合硫酸铁或聚丙烯酰胺等絮凝剂，加速沉淀物沉淀。

使用该方法可以将绝大多数中学常见金属沉淀，因此如果确定废液中没有毒性很大的物质，均可以采用该方法进行统一处理。

（3）Cr^{6+}废液处理。Cr^{6+}废液主要来源于高中化学平衡和乙醇的性质实验，Cr^{6+}的毒性较强，而Cr^{3+}的毒性比较弱，因此必须将Cr^{6+}转化为Cr^{3+}。Cr^{6+}具有氧化性，在溶液中加入足够的还原剂就可以达到处理效果。

方法一：在含有Cr^{6+}的溶液中加入少量硫酸，使其保持一定的酸性，一般在pH=4~5，加入$Na_2S_2O_3$溶液或Na_2SO_3溶液或$NaHSO_3$溶液，将其反应为Cr^{3+}，此时溶液为绿色，再用氢氧化钠溶液调节到弱碱性，Cr^{3+}转化为$Cr(OH)_3$，静置，等待$Cr(OH)_3$沉淀。此方法需要注意的是处理过程中必须保证pH值符合要求，第一步如酸度不够，则氧化还原反应进行得非常慢，而第二步碱性不够沉淀不能形成，碱性过强则$Cr(OH)_3$溶解成为可溶的配位化合物。

$$3SO_3^{2-}+Cr_2O_7^{2-}+8H^+ =\!=\!= 2Cr^{3+}+3SO_4^{2-}+4H_2O$$
$$Cr^{3+}+3OH^- =\!=\!= Cr(OH)_3$$

方法二：在含Cr^{6+}的溶液中加入$FeSO_4$溶液，利用Fe^{2+}的还原性将Cr^{6+}还原为Cr^{3+}，同时，因为Fe^{3+}水解，只需加入少量NaOH就可以将Cr^{6+}完全沉淀。

$$Cr_2O_7^{2-}+6Fe^{2+}+14H^+ =\!=\!= 2Cr^{3+}+6Fe^{3+}+7H_2O$$

（4）无机混合废液的处理。通常，在实验中的重金属不是只有单一的一种，而是含有多种金属离子，如果要将其分离后再处理存在一定难度，且成本过高费时较多，如果这些金属离子中没有诸如Cr^{6+}等毒性较大的离子，可以将其进行统一一次性处理，其步骤如下：

先调节其pH值为8~10，此时大部分重金属都会发生水解，形成不溶于水的沉淀，再加入硫化钠，与重金属反应生成低毒性、更难溶的硫化物沉淀，然后加入一定的硫酸亚铁或聚合硫酸铁、聚丙烯酰胺等其他絮凝剂使其加速沉淀，过滤，滤液经活性炭吸附后排放。

3. 常见有机废液的处理

四氯化碳的回收处理方法有如下两种。

（1）碘化钾反萃法。在实验后含碘的四氯化碳溶液中加入碘化钾溶液，利用碘更易溶于碘化钾的特点，可以将碘完全溶解到碘化钾溶液中，四氯化碳层立即变为无色。因为碘在碘化钾中的溶解度明显高于在四氯化碳中的溶解度。该方法得到的含碘化钾的碘水不能再次用于萃取实验，但可以作为碘水用于其他实验。

（2）氧还处理法。实验中将碘和四氯化碳都重复使用是最理想的，但是在实际操作中优先处理回收四氯化碳是一个比较便捷的选择。

由于碘具有很强的氧化性，可以使用还原性试剂将其还原为碘离子，从而使得四氯化碳重复使用。用 $Na_2S_2O_3$ 和 Na_2SO_3 最为便捷有效。反应原理分别为：

$$SO_3^{2-}+I_2+H_2O = SO_4^{2-}+2H^++2I^-$$

$$2S_2O_3^{2-}+I_2 = S_4O_6^{2-}+2I^-$$

处理时只需要提前配好亚硫酸钠溶液或者硫代硫酸钠溶液，放入回收瓶中，将含有四氯化碳的废液倒入回收瓶中，仅需要轻微晃动，就可以将原溶液中的碘完全反应掉。

硫代硫酸钠溶液中应加入少量的酸，才能得到较好的效果，否则反应比较缓慢。但是不能太多，太多的酸会和硫代硫酸钠起反应，影响效果。这样，在课间的时间教师使用分液漏斗就可以将处理好的四氯化碳回收，用于后续教学使用。

四氯化碳回收不能使用蒸馏分离的方法。如果仅仅使用氢氧化钠溶液处理，应注意需要再次使用蒸馏水洗涤四氯化碳，以免四氯化碳中残存的碱在后续实验中与碘反应，影响实验效果。

中学阶段常用的有机废液主要是芳香烃、醇、醛、酸、酯、酚，其中芳香烃、醛、酚具有一定毒性，不能直接排放。

实验后含有醛、酚的有机物废液收集后，可以倒入高锰酸钾溶液（可以使用高锰酸钾制氧回收处理得到的高锰酸钾溶液，也可以直接使用锰酸钾废渣），为了加快反应，再加入少量的硫酸，直到加入高锰酸钾后废液能保持一定时间的粉红色，就表示废液中的有机物已经得到处理。

该方法处理芳香烃的能力有限，反应时间非常缓慢。一般有机物废液也可以在保证安全的情况下采用燃烧法处理。卤代烃不能直接燃烧，必须要交给有关处理机构处理。每个城市都有专业的化学废弃物处理机构，可联系这些公司处理。处理费用一般比较高，这就要求我们在实验中控制用量，尽量少产生废弃物。

四、安全救护

实验室安全是教学中最重要的内容之一，化学界有着一条著名的海因里希法则——300∶29∶1，也就是每300次隐患导致29次事故，其中导致1次人身伤害事故。由此可见，杜绝任何一次安全隐患都是非常重要的，任何一次违规操作都可能造成安全事故乃至人身伤害。在学生第一次进实验室时，非常有必要对学生进行安全教育。

学生对化学充满好奇心，经常会有学生有意识进行一些违规操作，诸如将各种试剂随意混合，进行所谓的探究。而这种危险行为往往还会吸引周边同学的围观和模仿，更容易发生危险，在实验时，应该做到四不原则：不伤害自己、不伤害他人、不能让他人伤害、不能让他人伤害他人。

化学实验中可能会出现各种伤害事故，其中最常发生的就是玻璃割伤、烫伤、酸碱腐蚀伤，实验室应该准备必要的简单处理药剂和设备，当伤害事故发生时能做到在最短的时间内进行简单的处理，避免伤害扩大。实验室应准备烫伤膏、创可贴、纱布、消毒棉球、消毒酒精。实验教师应掌握基本的简单救护常识。

每一个化学从业者还都应该知晓当地的化学病专业防治医院，因为很多化学烧伤或者化学品腐蚀一般医院根本不会处理，反而会耽误病情。如果遇到化学品伤害事故，要立即送当地专业化学病防治医院，进行专业治疗，送诊时务必说清造成伤害的化学品名称，便于医生对症下药，及时处置，避免耽误病情。

参考文献

［1］T/CAQI 27—2017 中小学教室空气质量规范.

［2］GB 50099—2011 中小学校设计规范.

［3］JY/T 0385—2006 中小学理科实验室装备规范.

［4］DB11/T 1191.2—2018 实验室危险化学品安全管理规范　第2部分：普通高等学校.

［5］GB 15603—1995 常用化学危险品贮存通则.

［6］北京市中小学校办学条件标准细则（2018版）.

［7］危险化学品安全管理条例（2011版）.

［8］国家危险废物名录（2018版）.

第六章

智慧实验教学设计案例

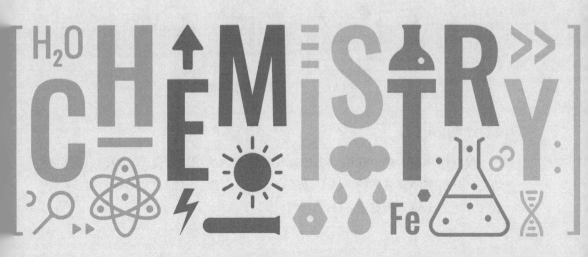

课题一　三种制氧气方法优劣的比较

【实验背景】

$$2KMnO_4 \xrightarrow{\Delta} K_2MnO_4 + MnO_2 + O_2 \uparrow$$

$$2KClO_3 \xrightarrow[\Delta]{MnO_2} 2KCl + 3O_2 \uparrow$$

$$2H_2O_2 \xrightarrow{MnO_2} 2H_2O + O_2 \uparrow$$

（H=1，O=16，Cl=35.5，K=39，Mn=55，氧气在标准大气压下的密度为1.429g/L）

化学实验室制取氧气常用的方法有三种，双氧水分解法、高锰酸钾分解法、氯酸钾分解法，不同版本的教材选用了不同的方法，自然各有道理，如图6-1所示，本课题就是让学生在这一背景下，为各个版本的教材寻找理由。

在本次课题实验前适当讲授指标、因素、水平等实验设计理论的基本概念，让学生能够主动运用基本概念，有计划地设计实验，而不是盲目设计，尤其是该实验属于开放性实验，不同的评判标准就会导致不同的结论。学生选择的指标不同，就会导致选择的因素和水平不同，反过来因为水平选择的差异，也会影响结论。

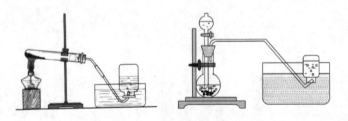

图6-1　不同制氧气装置示意图

【设计与操作】

根据你掌握的理论知识，想想氧气和各产物的性质，设计实验。根据实验结果，分析哪种制氧气的方法是最适合实验室制取氧气的。实验室常见三种制氧气方法的比较分析见表6-1。

表 6-1　实验室常见三种制氧气方法的比较分析

实验方法	优点	缺点	其他
双氧水法			
氯酸钾法			
高锰酸钾法			
我还知道的方法：			

根据你掌握的原理，探索三种方法中哪种最适合于实验室制取氧气。设计实验并用数据证明你的设想，通过小论文阐述最终的结论。

课题二　解决低钠盐困境

【实验背景】

食盐不仅是人们膳食中不可缺少的调味品，而且是人体中不可缺少的物质成分。它的主要成分是氯化钠，成人体内所含钠离子的总量约为 60g，其中 80% 存在于细胞外液，即在血浆和细胞间液中。氯离子也主要存在于细胞外液。钠离子和氯离子的生理功能主要有下列几点：

（1）维持细胞外液的渗透压；

（2）参与体内酸碱平衡的调节；

（3）氯离子在体内参与胃酸的生成。

但是盐吃多了对身体健康有直接性影响，尤其是 Na 的过量摄入，会引起高血压，危害心脏。因此，市场上的低钠盐越来越多，低钠盐的主要成分是氯化钠和氯化钾，加入氯化钾从而降低氯化钠的含量可以降低高血压发生率。

然而事物都具有两面性，不一定所有的人群都适合食用氯化钾。钾是人体生长必需的营养素。它占人体无机盐的 5%，对保持健全的神经系统和调节心脏节律非常重要。它能防止中风，维持正常的肌肉收缩，与钠共同维持体液平衡。但是，食用钾盐对高钾血症患者、急性肾功能不全、慢性肾功能不全者不利。钾离子过多会引起肌肉无力，动作迟钝、嗜睡等中枢神经症状，可出现窦性心动过缓，造成急性心肌血钾过高而导致心跳骤停的危险。尤其是短期过量摄入 K^+，有可能直接威胁人的生命。

现在市场上很难见到普通的食用盐,最多的就是低钠加碘盐。如果此时家中正好有不适合食用低钠盐的成员,我们如何将低钠盐转化为普通食用盐?

有关溶解度数据请见表 6-2,溶解度曲线如图 6-2 所示。

K^+ 的检验方法:

(1) 高氯酸根法

$$NaClO_4 + KCl \Longleftrightarrow KClO_4 \downarrow + NaCl$$

(2) 饱和酒石酸钠法

溶液中滴入饱和酒石酸氢钠,如出现沉淀就表示有 K^+。

表 6-2　溶解度表

溶质	0℃	10℃	20℃	30℃	40℃	50℃	60℃	70℃	80℃	90℃	100℃
KCl/g	27.6	31.0	34.0	37.0	40.0	42.6	45.5	48.3	51.1	54.0	56.7
NaCl/g	35.7	35.8	36.0	36.3	36.6	37.0	37.3	37.8	38.4	39.0	39.8

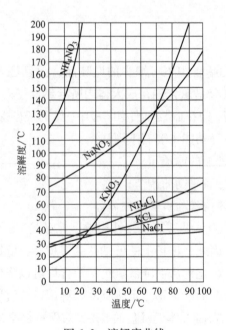

图 6-2　溶解度曲线

【设计与操作】

请根据已经学习过的知识,自行拟定实验方案,尽量满足家用要求,也就是尽量不添加化学试剂,如果添加要种类少、数量少、无毒性、易购买,同时尽量减少氯化钠成分的损失。操作简单易行，成本低。

将实验结果撰写成小论文。

课题三　薯片中的化学

【课题背景】

薯片是很多青少年喜爱的食物，薯片是美食，其中包含着一些人体必需的营养元素，如糖类、脂肪，同时，由于加工的需要，薯片中也可能含有一些不健康的因素，因而有人说薯片是垃圾食品。

小小的一包薯片，其中很多都和化学有关。今天我们就要研究一下薯片中的化学知识。

问题一：薯片包装袋都是鼓鼓的，里面充满了气体，究竟是什么气体？请同学们设计实验方案进行检测。

问题二：薯片是高热量食品，但是它的热量究竟有多高？请设计一个方案进行简单的测定。（提示：包装上面有参考数值，误差越小越好）。

问题三：油炸型薯片含有很多的油脂，请尽量准确地测定其油脂含量。

【设计与操作】

一、薯片包装袋中的气体是什么？
实验方案：

所用仪器和试剂：

装置图（如有）：

二、一片或者一定质量薯片包含的热量？
实验方案：

所用仪器和试剂：

装置图（如有）：

数据记录：

三、一片或者一定质量薯片的油脂含量？
实验方案：

所用仪器和试剂：

装置图（如有）：

课题四　量热法测定混合碱中碳酸钠和碳酸氢钠的含量

【课题背景】

中学化学选修模块化学反应与能量的变化一节中，利用简易量热计测定强酸与强碱反应的反应热，让学生体验化学反应的热效应。量热计（calorimeter）也称量热仪、量热器或者卡计，是一种测量体系发生物理的或化学的过程效应的仪器，例如用于测定物质的热容及各种反应热（如中和热、燃料与食物的燃烧值、有机化合物的燃烧热）等。由于某些化学反应的吸放热效应，生活中一些需要定量研究的化学问题亦可借助于量热计分析样品中的热量变化，从而推算出其中组分的含量。本课题意在让学生学习用量热计测定混合碱组成的方法，同时练习作图法处理实验数据。时间允许的条件下，可鼓励学生根据两种碱的化学性质（如受热分解前后质量变化及产物的区别）设计不同的测量方法，计算出混合碱组成，多种测量结果综合分析，给出合理数据，培养学生从不同角度分析实际问题的能力。

Na_2CO_3 和 $NaHCO_3$ 在与盐酸反应的过程中都伴有热量变化，但 Na_2CO_3 与酸反应，温度升高，是放热过程，$Q(Na_2CO_3)>0$；$NaHCO_3$ 与酸反应，温度下降，是吸热过程，$Q(NaHCO_3)<0$。两者的混合物与酸反应的热效应可认为是二者共同作用的结果，并且不同配比的 Na_2CO_3 和 $NaHCO_3$ 混合物与酸反应的热

效应也不同。

因此，可以通过测量不同比例的 Na_2CO_3 和 $NaHCO_3$ 混合物与酸反应的热量变化曲线，找出相同条件下未知含量的混合碱与酸反应的热量变化来确定混合碱的组成。

【设计与操作】

（1）量取 50mL 2mol/L 盐酸置于清洗过的量热计中，记录温度 T_0。称取一定质量不同质量比的 Na_2CO_3、$NaHCO_3$ 粉末，快速加至上述量热计中，用环形玻璃棒搅拌至反应完全，记录温度 T；会发现混合比例不同，温度变化不同。

（2）根据刚才发现的规律，自己拟定实验方案，利用已知的碳酸钠和碳酸氢钠固体，最终测定混合物的配比。

你还有其他方法分析本次样品中 Na_2CO_3 的含量吗？请简述实验原理及方法。如有时间可进行试验。

课题五　变质氢氧化钠的检验与纯化的研究

【课题背景】

氢氧化钠变质的问题是个很现实的问题，可以说，只要氢氧化钠打开包装就会和空气中的水蒸气及二氧化碳反应，因此氢氧化钠不能作为标准溶液使用，在中学教学中经常涉及这个问题，出现相关除杂或者检验的试题。遇到检验的问题，很多人会想到可以使用盐酸，将盐酸滴入样品配成的溶液中，如果有气泡就说明变质，没有气泡则证明没有变质。但是实际操作就会发现，即使我们事先在氢氧化钠中添加了碳酸钠，也很难看到气泡，出现这一反常现象的原因在于氢氧化钠和碳酸钠的混合物显强碱性，盐酸滴入后首先和氢氧化钠反应，而不会直接和碳酸钠反应，因此试卷的标准答案在现实实践中不能得到很好的验证。在除去碳酸钠的操作中同样存在类似问题，如果采用氢氧化钡溶液除杂，为了保证将杂质去除干净，往往需要加入过量的氢氧化钡，碳酸钠是去除了，但是混入了新的杂质氢氧化钡。

可见，由于认知的水平差距，理论和实践存在着一定的距离。请根据学习过的知识，通过实验，寻找一个更加便捷可行的变质氢氧化钠检验与纯化的方法。

【设计与操作】

1. 寻找一个比较方便的判断氢氧化钠是否变质的方法。
2. 设计一个提纯变质氢氧化钠的方案并通过实验验证。

课题六　如何得到纯净的碱式碳酸铜

【课题背景】

当硫酸铜溶液和碳酸钠溶液反应，我们通常会这样写方程式，

$$H_2O+2CuSO_4+2Na_2CO_3 == Cu(OH)_2 \cdot CuCO_3 \downarrow +2Na_2SO_4+CO_2 \uparrow$$

问题在于硫酸铜与碳酸钠混合，会不会出现碱式硫酸铜呢？或者氢氧化铜？另外，由于硫酸根离子体积大，容易形成包合物，如何保证产品的品质？

硝酸铜溶液和碳酸氢铵溶液也会发生类似反应

$$2Cu(NO_3)_2+4NH_4HCO_3 == Cu(OH)_2 \cdot CuCO_3 \downarrow +4NH_4NO_3+H_2O+3CO_2 \uparrow$$

碱式碳酸铜为淡绿色、氢氧化铜为蓝色、$Cu(OH)_2 \cdot 2CuCO_3$ 为蓝色、$3Cu(OH)_2 \cdot 2CuCO_3$ 为蓝色。

【设计与研究】

根据已知的两个反应，自行设计实验方案，制备纯净的碱式碳酸铜。

课题七　硫酸铜与氢氧化钠溶液反应的不同现象研究

【课题背景】

说到硫酸铜溶液和氢氧化钠溶液反应，通常都说生成蓝色絮状沉淀，方程

式如下：

$$CuSO_4 + 2NaOH = Na_2SO_4 + Cu(OH)_2\downarrow 蓝色絮状$$

可是在老师演示这个实验的时候，有时会出现奇怪的现象，就是生成的物质中有时会发现蓝色沉淀不够蓝，有时却蓝的发紫。

在高中讲到乙醛的性质的时候，乙醛和新制氢氧化铜加热反应，这个新制氢氧化铜就不是蓝色絮状沉淀。为什么会出现这一现象呢？

【设计与研究】

氢氧化钠溶液与硫酸铜溶液反应产物究竟有几种，影响产物生成的条件是什么？浓度？温度？滴加顺序？体积比？或者其他……

自拟实验方案，研究硫酸铜与氢氧化钠溶液反应的规律。

注意事项：氢氧化钠具有较强的腐蚀性，请注意实验安全。

课题八　影响蓝瓶子实验变色周期的因素研究

【课题背景】

实验化学教材中的第一个实验蓝瓶子实验，将氢氧化钠、亚甲基蓝、葡萄糖混合加水溶解，振荡后静置此溶液时，溶液呈现白色。若重复振荡和静置溶液，其颜色交替出现蓝色—无色—蓝色—无色……的现象，这称为亚甲基蓝的化学振荡。它是反应体系交替发生还原与氧化反应的结果。亚甲基蓝的结构式见图6-3。

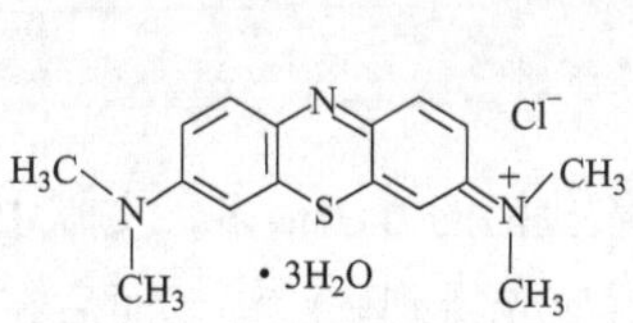

图6-3　亚甲基蓝的结构

回顾整个反应，首先亚甲基蓝在碱溶液中逐渐变为白色，接着经过振荡后褪去的蓝色又重新显现。也就是说，这个变化过程至少存在两个反应：第一个过程是亚甲基蓝蓝色褪去变为白色的反应，第二个是振荡导致蓝色重新出现的反应。

那么这两个反应第一个是前导，没有开始的褪色就没有后来的振荡变蓝，在实验过程中，也确实有过蓝色不能褪去的情况发生。是什么原因导致出现了意外？是哪一种试剂加多或者加少了？

在第二个反应时，是什么原因导致了蓝色重新出现？能否通过控制反应条件，让蓝色维持的时间更长或者更短？温度？浓度？……

如果更换为其他的糖是不是可以达到同样的效果？

$$\text{亚甲基蓝} \underset{\text{还原}}{\overset{\text{氧化}}{\rightleftharpoons}} \text{亚甲基白}$$

【设计与研究】

自己设计实验，研究哪些因素影响了蓝瓶子实验变色的时间？是不是振荡周期一直不变？

蓝瓶子实验进行多次之后，溶液颜色不再变为无色，而是略显黄色，逐渐变黄色之后，振荡的变色周期是否依然不变？能否减缓溶液变黄的时间。

当反应受到多个因素影响时，通常采用只改变某个因素，而维持其他因素不变的对照实验法进行研究。

安全提示：
实验中需要使用的氢氧化钠溶液具有腐蚀性，请做好防护。

课题九 制备氢氧化铝最佳方案的研究

【课题背景】

以铝为原料，制备氢氧化铝的方法很多，文献中提供了多种方法。

方法1：用铝和硫酸反应先得到硫酸铝，而后在硫酸铝溶液中加入氢氧化钠溶液或者氨水，得到氢氧化铝沉淀。

方法2：铝首先和氢氧化钠溶液反应，得到偏铝酸钠溶液，再加入硫酸或者通入二氧化碳气体，得到氢氧化铝沉淀。

方法3：将铝分为两份，分别与硫酸、氢氧化钠溶液反应，而后将两种反应产物混合，就直接得到氢氧化铝沉淀。

方法4：用氢氧化钾代替氢氧化钠。
……

当然还有文献提供了其他方法，在此不再赘述。同学们可以自行检索文献。

【设计与研究】

请自行设计实验，寻找一种你认为最佳的制备方法。并说明理由。
需要检验残液中铝含量，越少越好。

课题十　研究如何利用氢氧化钠和氯化铁稀溶液制取氢氧化铁沉淀

【课题背景】

在初中的课本中就学习过一个重要的反应：

$$FeCl_3 + 3NaOH =\!=\!= Fe(OH)_3\downarrow + 3NaCl$$

在实验中的确看到了明显的红褐色不溶物。

到了高中阶段，我们又学习到一个新的概念叫作胶体，通过实验得到了看似透明但是却是氢氧化铁的物质。

这就再一次说明，反应条件的差异将导致相同反应物会得到不同的产物或者产物的状态不同。

当我们将比较稀的氢氧化钠溶液和同样比较稀的氯化铁溶液混合，能否得到氢氧化铁沉淀呢？

【设计与研究】

利用实验室提供的 0.1mol/L 的 NaOH 溶液和 0.1mol/L $FeCl_3$ 溶液，制取 $Fe(OH)_3$ 沉淀。

附录

一、注意事项或参考答案

课题一　三种制氧气方法优劣的比较

本实验是开放性实验，没有标准答案。

本实验最终的结论由学生选定的指标决定。学生选的指标可能是速率，则氯酸钾就是最佳方案；如果选定稳定性，则高锰酸钾可能会是好的选择；而选择安全性双氧水法的优势明显。

本实验主要是通过具体的实验，让学生在实践中体会控制变量的理论与方法，而控制变量在这个实验中比较复杂，可以控制生成气体的总体积，可以控制反应总时间，可以是反应物质量，可以是产生单位体积氧气的成本……学生在开放性实验中要自己学会选择，在实验中如果发现选择的变量不合理，还需要改变实验条件，这是一个比较接近真实环境的实验课题。

课题二　解决低钠盐困境

本实验是利用溶解度曲线的差异解决实际问题。通过配制热饱和溶液溶解氯化钾，趁热过滤，将氯化钾去除，保留剩余的氯化钠。

课题三　薯片中的化学

本课题是完全开放性课题，三个问题均要求学生根据已有知识自行解决，无标准答案。

对于验证充气气体为氮气，不能只使用火柴熄灭的方法，需要多角度验证。

验证薯片的热值和含油量更是完全依靠学生自己的创造力，部分学生无法完成课题是正常现象。只是要求学生能够找到实验中的问题，并且尽量解决问题，尽可能减小误差。

热值测定实际上就是进行系统误差的校正，确定误差来源而后确定误差大小，具体方法可以参见本书第三章以及附录中的学生论文。

油脂含量则是物质分离的定量化，传统的物质分离实验分离后没有后续实验，本实验在将油脂分离后要求对油脂的质量进行测定，做定量化的研究，有关方法可以参见第三章。

课题四　量热法测定混合碱中碳酸钠和碳酸氢钠的含量

本实验再次利用量热计进行研究，利用碳酸钠和碳酸氢钠与盐酸反应吸放热的差异，混合比例不同，温度变化不同，并且呈线性关系。注意盐酸和混合物总质量要一样，下表供参考。

Na_2CO_3 的质量分数 /%	$m(Na_2CO_3)$ /g	$m(NaHCO_3)$ /g	T_0/℃	T/℃	ΔT/℃
0	0	3.0			
20					
40					
60					
80					
100					
待测样品	共 3.0g				

根据实验结果以 Na_2CO_3 的质量分数为横坐标、ΔT 为纵坐标描点并拟合曲线；在绘制好的曲线上找出待测物温度变化所对应的点，即为待测样品中 Na_2CO_3 的质量分数。

除了该方案还可以使用多种方案，例如加热称重法（只有碳酸氢钠受热分解，通过质量差计算碳酸氢钠的质量），热分解量气法（通过测定热分解产生的气体体积，计算碳酸氢钠的质量），测定密度法（测定混合物密度），pH 测定法（使用本实验思想，不同混合比例的溶液 pH 值不同，通过作拟合直线就可以找到规律），与酸反应产生气体总量法（碳酸钠和碳酸氢钠与酸反应产生的气体体积不同，两者存在线性关系，通过本实验相同方法就可以找到混合比例)。

课题五　变质氢氧化钠的检验与纯化的研究

本实验是开放性实验,没有标准答案。

纯化实验以下方法相对比较可行,将样品、生石灰分别加少量水,在100℃左右进行苛化反应,苛化液经澄清、蒸发浓缩至40%以上,制得液体烧碱。将浓缩液进一步熬浓固化,制得固体氢氧化钠。

$$Na_2CO_3 + Ca(OH)_2 \longrightarrow 2NaOH + CaCO_3 \downarrow$$

但在实验室条件下,完全不和二氧化碳反应几乎不可能,有条件的实验室可以采用氮气保护。

课题六　如何得到纯净的碱式碳酸铜

本实验为开放性课题,需要学生根据已知的两个反应自行设计方案。

该反应影响因素主要是浓度、用量和温度三个因素。因为需要将生成的CO_2赶净,故反应需要适度加热。

有关文献给出的最佳方案为碳酸氢铵法,在碳酸氢铵中慢慢加入硫酸铜或者硝酸铜,刚开始是氢氧化铜,只有在加入一定量之后才能形成碱式碳酸铜。反应需要控温在50℃左右,可以得到颗粒度较大的纯净碱式碳酸铜。颗粒度太小的产品不易过滤,而颗粒度大的直接采用倾析法就可得到产品。

课题七　硫酸铜与氢氧化钠溶液反应的不同现象研究

硫酸铜与氢氧化钠溶液反应,所用的氢氧化钠溶液的浓度、用量不同,对反应的结果会产生影响。

与不足量的氢氧化钠溶液反应,有淡蓝色的沉淀生成:

$$4CuSO_4 + 6NaOH = 3Na_2SO_4 + CuSO_4 \cdot 3Cu(OH)_2 \downarrow 淡蓝色$$

与过量的稀氢氧化钠溶液反应，有蓝色絮状沉淀生成：

$$CuSO_4+2NaOH = Na_2SO_4+Cu(OH)_2\downarrow 蓝色絮状$$

与过量浓氢氧化钠溶液反应，转化为深蓝色溶液：

$$CuSO_4+2NaOH = Na_2SO_4+Cu(OH)_2\downarrow$$
$$Cu(OH)_2+2NaOH = Na_2[Cu(OH)_4]\downarrow$$

其他：

$$Cu(OH)_2+4NH_3 = [Cu(NH_3)_4](OH)_2$$

$Cu(OH)_2$ 热不稳定，会分解为黑色的氧化铜。

该实验最后结论不同文献说法略有差异，但总体差异不大，其中一个文献结论为：浓度均为 1mol/L 时：

$n(CuSO_4):n(NaOH) > 1:1$ 为碱式硫酸铜；

$1:2 \sim 1:1$ 之间为氢氧化铜；

$< 1:4$ 仍为氢氧化铜，但不溶于稀碱；

当氢氧化钠为 6mol/L：$1:4$ 时沉淀溶解。

参考文献

[1] 任跃红. 中学化学实验研究. 北京：中国石化出版社，2011：104.

[2] 肖常磊, 钱杨义. 中学化学实验教学论. 北京：化学工业出版社，2008：69.

[3] 陆江岚. 氢氧化钠与硫酸铜定量反应的研究. 教学仪器与实验，2013，29（06）：28-29.

课题八 影响蓝瓶子实验变色周期的因素研究

影响第一次蓝色褪去的因素主要取决于溶液的碱性，如果不能达到适合的碱性，就不能褪去颜色。

影响蓝色褪色的决定性因素是氧气，没有氧气就不会产生蓝色。

实验中影响变色周期的因素还有温度、浓度。

更换为其他还原糖可以达到同样的褪色效果，但是褪色时间不同，使用果糖褪色更快，而用麦芽糖褪色时间变长。

课题九 制备氢氧化铝最佳方案的研究

通常习惯于按照原子经济性进行试验设计,但是该方法得到的产物为絮状沉淀,且含有较多不确定组成比的水,很难完全分离,因此不是一个好办法。

实际操作中通入 CO_2 是一个简单有效的办法。

课题十 研究如何利用氢氧化钠和氯化铁稀溶液制取氢氧化铁沉淀

由于浓度很小时产物状态为胶体,无法得到沉淀产物。因此第一步必须将溶液浓缩,当浓度达到 0.2mol/L 以上时才能得到沉淀。

二、学生公开发表论文选登

案例1 改变表面张力因素的研究
——探究可乐喷泉之谜

郭雨薇　靖羽萌

早六四班

摘　要　同学们在游戏时发现把"曼妥思"软糖放入可乐中可以使得可乐冒出大量气泡,甚至会使可乐喷出来。通过实验我们发现把许多不同物体放入可乐中也会使可乐冒出气泡。于是我们在网上检索了相关资料,发现是因为物体改变了可乐的表面张力,导致气体冒出。通过实验数据分析,我们初步得出了固体比液体更易改变表面张力的结论。

关键词　可乐喷泉;表面张力

最近关于"可乐喷泉"的新闻和传言越来越多,据说将超市中常见的"曼妥思"软糖 4～10 颗放入可乐瓶中,可乐会迅速冒出大量泡沫,如果可乐量较多甚至会使得可乐喷出。出于对此流言真伪的好奇,在同学和老师的帮助下,我们也实施了这个有趣的实验。结果见表1。

使用可乐两瓶，曼妥思一管（即超市中常见的薄荷味曼妥思），水槽两个。将可乐放置于水槽中，打开盖子，加入2～4颗曼妥思。随后发现可乐中产生大量气体，大量棕色泡沫从瓶中涌出流至水槽中。

通过这个简单的实验，我们发现将曼妥思放入可乐后如传言所说确实会使可乐冒出大量气泡。但是也许是因为可乐量少的缘故，实验时可乐并不会像新闻中讲述的那样喷发出来，甚至达到较高的高度。在做过这个实验后，我们对这一奇特的现象产生的原因感到十分好奇，并希望可以通过试验其他情况做出猜测。在进行试验前，我们通过查阅相关资料初步认为这个反应并不仅仅存在于曼妥思和可乐中，我们可以通过加入其他的物质来初步猜测这种反应是否会发生在其他物质间以及它的规律。

实验用具：烧杯，量筒，可乐。

实验方法：用量筒量取20mL可乐倒入烧杯中，在烧杯中倒入实验用的化学药剂。

表1 不同物质放入可乐后的影响

化学试剂	可乐/mL	泡沫体积/mL	液面高度/cm
沙子（一药匙）	20	10	18
NaCl（一药匙）	20	5	15
粗盐（一药匙）	20	25	27
$NaHCO_3$（一药匙）	20	20	24
NH_4Cl（一药匙）	20	5	15
$CuSO_4$（无水）	20	15	21
淀粉（一药匙）	20	2	13.2
Na_2CO_3（一药匙）	20	5	15
糖（一药匙）	20	10	18
95%乙醇（一滴管）	20	1	12

对于这个实验结果，我们发现这种现象不只存在于可乐与曼妥思之间，而是存在于很多物质之间。为了探究气泡冒出多少的关系，我们对数据进行了进一步的整理，将其分为液体和固体分别进行讨论，结果示于表2和表3。

表2 固体对气泡的影响

化学试剂	可乐/mL	泡沫体积/mL	液面高度/cm
沙子	20	10	18
NaCl	20	5	15
粗盐	20	25	27
$NaHCO_3$	20	20	24
NH_4Cl	20	5	15
$CuSO_4$（无水）	20	15	21
淀粉	20	2	13.2
Na_2CO_3	20	5	15
糖	20	10	18

表3 液体对气泡的影响

化学试剂	可乐/mL	泡沫质量/mL	液面高度/cm
95%乙醇（一滴管）	20	1	12

通过这两个表格的对比，我们可以初步发现在固体和液体之间并没有太大分别，固体物质相对会产生更多气泡。而在固体中，放入淀粉后所能产生的气泡体积最小，放入粗盐所能产生的气泡体积最大。为了更进一步地分析，我们将其按照有机物与无机物两类进行分类，结果如表4和表5所示。

表4 无机物的影响

化学试剂	可乐/mL	泡沫体积/mL	液面高度/cm
沙子（一药匙）	20	10	18
NaCl（一药匙）	20	5	15
粗盐（一药匙）	20	25	27
$NaHCO_3$（一药匙）	20	20	24
NH_4Cl（一药匙）	20	5	15
$CuSO_4$（无水）	20	15	21
Na_2CO_3（一药匙）	20	5	15

表5 有机物的影响

化学试剂	可乐/mL	泡沫体积/mL	液面高度/cm
淀粉（一药匙）	20	2	13.2
糖（一药匙）	20	10	18
95%乙醇（一滴管）	20	1	12

通过对有机物和无机物的分类，我们发现有机物都较难产生大量泡沫（如乙醇、淀粉），只有糖放入后会产生较大体积的泡沫。但在无机物中却并没有如此的规律。

在实验中我们发现不同的物质在可乐中产生的泡沫数量、质量都不一样。对于这个情况我们有两种猜测：①物质皆与可乐发生化学反应；②物体仅与可乐发生了物理反应，只是由于不同的物体化学性质不同故而有不同的现象。在和同学沟通后，我们决定查找一些相关资料，了解目前较为官方的解释。在一篇名为《指导学生研究"沸腾可乐"的成因》（张弛）的文章中，我们了解到这是由于物体加入到可乐里时改变了可乐的表面张力。（表面张力是液体表面层由于分子引力不均衡而产生的沿表面作用于任一界线上的张力。通常，由于环境不同，处于界面的分子与处于相本体内的分子所受力是不同的。）但由于对表面张力的理解不够明晰，我们暂时无法得出沸腾可乐是否属于化学变化的结论。但因此，我们认为可以通过比较物质放入可乐中产生泡沫体积的大小比较物质改变表面张力的能力。

实验结论：1. NaCl等物质都可以改变可乐的表面张力。
     2. 固体相对于液体更能改变可乐的表面张力。
     3. 有机物相对产生的泡沫较少。

实验展望：在初步了解到表面张力及改变表面张力的因素后，可以根据曼妥思和可乐的成分以及实验物质的分子结构进行进一步研究，探究清楚"可乐喷泉"反应是否属于化学反应。另外还应该扩大实验范围，找出更为明显的规律，从而更好地探究改变表面张力的因素。

参考文献

[1] 张弛. 指导学生研究"沸腾可乐"的成因.

[2] 陈志宏，等."可乐喷泉"现象释疑.

[3] 于海，等. 探究演示液体表面张力实验的影响因素.

指导教师：曹葵

点评

全文虽然还比较稚嫩，但作为论文该有的要素都有了，文章结构齐全，从重复他人实验，到自己进行新的探索，逐步递进，数据和结论基本吻合。在大多数学生还用多少来比较的情况下，能有意识运用定量比较的方法，将气泡的量用高度来表示；并且能够使用一些简单分类的方法进行研究对比，由于是第一次进行论文写作，有很多典型性的问题，具有一定的共性。尤其是文中一些现象和结论的表述还不够科学准确，实验数据的取舍也有些不妥，主要问题有：

1. 没有提及曼妥思的成分，使得一些数据分析显得过于主观，缺少后续实验的根据；

2. 可乐中含有磷酸，是不是磷酸在其中起到决定性的作用，如果换作雪碧又将如何？缺少必要的实验数据，考量不够周详；

3. 文中口语化现象严重，格式也不够规范；

4. 液态有机物仅有一个数据就得到结论，缺乏说服力；

5. 实验中有量的概念，但是却是一药匙、一滴管，而不是1g，非常不严谨；

6. 参考文献没有注明版别页码，不符合论文的要求。

尽管如此，作为如此低龄的同学——六年级的学生，第一次写标准格式的论文，已属难能可贵。如果能长期进行研究性的实验，综合能力将有效提高。

（本文发表于《实验教学与仪器》2014 年 11 期）

案例2　关于尿素溶解于水的溶解热曲线研究

李松涛　任加

七年级四班

摘　要　本实验通过在一定量的水中加入尿素的方法研究尿素溶解于水的溶解温度和溶解热曲线。根据实验获得的温度数据，利用三次多项式函数拟合的方法得到相关性高的尿素溶解于水中的温度变化曲线。基于溶解尿素温度差和所需热量关系，进一步对不同浓度下溶解过程中所吸收的热量进行分析与探讨。

结果显示，在实验初始阶段浓度低时，温度下降较快，溶解吸热较高；实验后期浓度高时，温度下降较缓，溶解吸热降低。

关键词 尿素；溶解热曲线；水温变化趋势

1. 前言

在中学化学课本中，通过简易的定性试验理解和掌握了溶解热的概念（溶解热指在一定温度及压力下，通常是温度为298K，压力为101kPa的标准状况下，1mol的溶质溶解在大体积的溶剂时放出或吸收的热量），了解了常见的几种物质溶解在水中是放热还是吸热过程，进行了相关的定性试验。

在本文中我们尝试利用中学实验装置进行尿素溶解于水中的定量溶解热实验，目的是通过定量实验了解尿素溶解于水中的温度变化趋势并分析绘制其溶解热曲线图。

2. 实验过程

在室温（22℃）条件下往50mL水中每次加入一克尿素，并在温度达到稳定时记录每次的最低温度，制作成表格。尿素，又称碳酰胺（carbamide），分子量为60.06，化学式为$CO(NH_2)_2$，无色或白色针状或棒状结晶体，工业或农业品为白色略带微红色固体颗粒，有刺鼻性气味，含氮量约为46.67%，密度1.335g/cm^3，熔点132.7℃，溶于水、醇，难溶于乙醚、氯仿，呈弱碱性。

实验使用的实验装置如图1所示，小烧杯为塑料材质，容积100mL。大烧杯为玻璃材质，容积500mL。顶部盖板为隔热保温塑料，大小烧杯之间填充隔热保温泡沫塑料。烧杯顶部放置保温盖板，中间插入水银温度计和玻璃环形搅拌器，水银温度计最小刻度1℃。

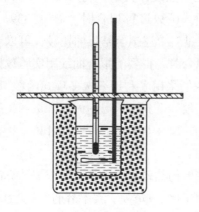

图1 实验装置图

实验中向 50mL 水中逐克加入尿素，搅拌至均匀，记录最低温度，共计 25g，获得了 25 组数据，具体的实验记录数据如表 6 所示。

表 6　尿素溶解于水中的最低温度记录表

尿素 /g	1.0	2.0	3.0	4.0	5.0	6.0	7.0
温度 T/℃	19.5	18.5	17.6	16.8	16.0	15.5	14.5
尿素 /g	8.0	9.0	10.0	11.0	12.0	13.0	14.0
温度 T/℃	13.7	13.0	12.5	12.0	11.2	10.6	10.0
尿素 /g	15.0	16.0	17.0	18.0	19.0	20.0	21.0
温度 T/℃	9.5	9.2	9.0	9.0	8.7	8.2	7.7
尿素 /g	22.0	23.0	24.0	25.0	—	—	—
温度 T/℃	7.3	7.0	7.0*	6.6	—	—	—

3. 实验数据分析

（1）溶解温度变化曲线

根据以上实验数据，在 Microsoft Excel 中绘制了实验数据曲线，并采用相关系数 R 进行拟合度评价。在统计分析中，相关系数（R）是衡量两个变量之间的相互关系的一个参数，相关系数 R 越接近 1.0，就可以认为拟合度越好，与测试数据越吻合。

$$R = \frac{\sum (x-\bar{x})(y-\bar{y})}{\sqrt{\sum (x-\bar{x})^2 \sum (y-\bar{y})^2}} \tag{1}$$

经观察分析实验记录数据，可发现本次实验加入尿素的克数与加入尿素后的温度度数变化并无明显线性关系，利用线性拟合获得的相关系数 R^2 仅为 0.9448；利用二次多项式函数进行拟合时，$R^2=0.9939$；利用三次多项式函数 $R^2=0.9960$（图 2）。经过对上述拟合结果的比较，可以看出当利用三次多项式函数对实验数据进行拟合时，得到的拟合曲线跟实验数据最为接近，因此在本次实验数据分析中，我们采用了利用三次多项式函数拟合的方法，公式（2）为采用的三次多项式函数，得到了水温随尿素含量变化的趋势图（图 2）。

$$y = -0.00059\, x^3 + 0.04088\, x^2 - 1.24186\, x + 21.24239 \tag{2}$$

（2）溶解热变化曲线

为了进一步研究溶解的热效应，根据实验数据计算出浓度和溶解热效应。浓度采用溶剂与溶质摩尔比（n_a/n_b），其中溶剂（n_a）为水，溶质（n_b）为尿素，水的分子量为 18.01524，尿素分子量为 60.06。利用温度差和热量的关系，溶

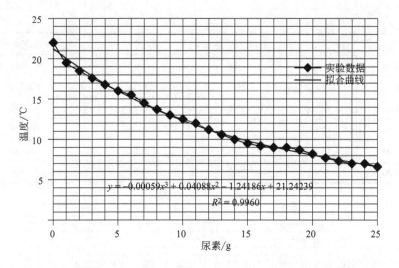

图 2 利用三次多项式函数拟合获得的尿素溶解于水中的溶解温度曲线图

解 1g 尿素所需热量 = 比热容 × 溶液总质量 × 温差，$q = c \times m \times \Delta T$，$c$ 为比热容，4.182J/（g·K）；m 为溶液总质量，g；ΔT 为温度差，K。

选取溶剂与溶质摩尔比 100 到 10 进行计算，结果如表 7 和图 3 所示。图 3 为每加 1g 尿素后不同浓度溶解热量变化曲线。其中，横坐标为溶液中溶质与溶剂的摩尔比，纵坐标为溶解热量焦耳差绝对值。为方便数据处理，计算过程中采用的温度差是实际值五点平滑后所得值。

表 7 不同浓度下尿素水溶液温度差及热效应数据分析表

溶质 /g	n_a/n_b（摩尔比）	$|\Delta T|$ 温度差 /K	$|\Delta T|$ 平滑 /K	$|q|$ 溶解热 /J
1.00	166.692			
2.00	83.346	1.0	0.900	191.954
3.00	55.564	0.9	0.875	190.281
4.00	41.673	0.8	0.800	177.317
5.00	33.338	0.8	0.800	180.662
6.00	27.782	0.5	0.780	179.408
7.00	23.813	1.0	0.760	177.986
8.00	20.836	0.8	0.700	166.862
9.00	18.521	0.7	0.700	169.789
10.00	16.669	0.5	0.660	162.847
11.00	15.154	0.5	0.620	155.570

续表

溶质/g	n_a/n_b（摩尔比）	$|\Delta T|$ 温度差/K	$|\Delta T|$ 平滑/K	$|q|$ 溶解热/J
12.00	13.891	0.8	0.600	153.061
13.00	12.822	0.6	0.600	155.570
14.00	11.906	0.6	0.560	147.541
15.00	11.113	0.5	0.440	117.765
16.00	10.418	0.3	0.320	86.986
17.00	9.805	0.2	0.260	71.763

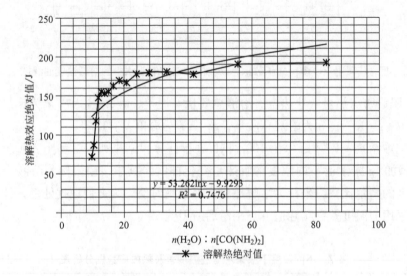

图3 每加1g尿素后不同浓度溶解热曲线图

对溶解热量变化数据（图3）进行线性（$R^2=0.4904$）、指数（$R^2=0.4169$）、对数（$R^2=0.747$）、乘幂（$R^2=0.6667$）以及二次多项式拟合（$R^2=0.7425$），对数函数拟合度均为最优，数据符合对数函数分布。

（3）溶解热效应数据分析

① 固态尿素相互间作用的是晶格能，尿素溶于水中时先拆散尿素晶体，会使水逐渐降温，而后铵根与碳酸根分别水合释热，但总体而言，呈降温趋势。

② 根据计算数据分析，实验开始时水温先剧烈降低（速率约为1℃/g），而后逐渐降低至速度约为0.3℃/g，趋势线逐渐变平缓，溶解1g尿素所需热量逐渐减小，从开始时约190J下将至约70J。

③ 溶解热曲线显示，溶解热效应随浓度不同而改变。在摩尔比较小，溶液浓度较高时，溶解热值变化剧烈。在摩尔比较大，溶液浓度较稀时，溶

解热值较大，但相对变化较小，逐渐接近平衡。根据结果拟合数据，摩尔比为 200 时溶解 1g 尿素所需热量为 225.425J，为尿素积分溶解热（241.6J/g）的 93.3%，接近理论值。

④ 在本实验中，有一些数据与拟合值偏差较大，经分析，这些误差主要是由以下三点造成的：实验中水银温度计最小刻度为 1℃，测量精确度较低；实验装置热损耗，热损耗与温差和时间成正相关，温差较大和溶解时间较长时，损耗较大；实验过程中尿素在空气中暴露时间较长，影响尿素纯度。

4. 结论与展望

实验结果表明，不同浓度下尿素的溶解热不同。随着摩尔比逐渐加大，也就是溶液逐渐变稀，吸收热量逐渐增大，趋势线斜率逐渐减小，数值趋于恒定；随着摩尔比逐渐减小，也就是溶液逐渐变浓，吸收热量逐渐减小，趋势线斜率逐渐增大。

以上实验设计分析说明，利用中学仪器可以有效测定不同浓度下尿素的溶解温度，并进一步分析出溶解热变化趋势，使我们更深入地掌握化学课程中溶解热相关知识。

参考文献

［1］郭科. 数学实验：概率论与数理统计分册. 北京：高等教育出版社，2009.

［2］严宜申. 化学原理选讲：基础化学知识规律揭示. 海口：南方出版社，2001.

［3］傅献彩，沈文霞，姚天扬，侯文华编. 物理化学：上册. 第 5 版. 北京：高等教育出版社，2005.

指导教师：曹葵

点评

《全日制义务教育化学课程标准（实验）》提出了"义务教育阶段的化学课程要以提高学生的科学素养为主旨"，其难点在于如何在教育、教学活动中去实践。在这个案例中，教师面对化学学科知识几乎为零的学生，选取贴近学生的素材，由学生自主选择实验对象，引导学生从提出和发现问题开始，经过设计、实施、分析、归纳，提出初步的结论并尝试进行解释，体验科学研究的全过程，在这个过程中培养学生的科学精神和科学方法。从整个过程来看，很好地达到了预设的目的，同时也给我们一些启示：

科学方法、科学精神的培养不依赖于学生的具体知识储量，关键是创设科学研究的情境、营造科学研究的氛围，学生的天性会驱动他们自觉地投入到研究中来。

定量分析是化学发展为一门科学的重要标志，从定性到定量，对于学生而言是一个飞跃。在中学化学学习中，大多数学生仅仅满足于显现的观察和分析，而李松涛和任加两位同学不但有意识地进行数据分析，更为难能可贵的是，他们能够借助现代化手段对数据进行分析和拟合，从而寻找到最适合的曲线，曲线与数据的吻合程度极高，与大学化学中积分溶解曲线相比也高度吻合。在对实验结果进行分析时，学生在知识基础不足的情况下，有意识地查阅大量的资料，促使学生主动、深入进行学习。由此可见，学生的潜力是巨大的，只要给他们合适的机会就可以将其激发、展现出来。但是在对表 7 的数据进行分析时，很明显曲线的吻合度不高，而且从数据的分布来看很可能实验中存在一些问题，应当改进后再次获得数据进行分析，而不是强行去进行分析。从学生的反思来看，主要集中于对实验数据、结果的反思，但是没有从科学方法、科学思想的角度进行认真的思考。当然，限于学生的学习水平，教师应当有意识地进行引导，促进学生的成长。

蔺东斌
（中国人民大学附属中学）

（本文发表于《实验教学与仪器》2014 年 11 期）

案例3　关于制备氢氧化亚铁演示实验方法改进的研究

伊慧澄　张平安

摘　要　氢氧化亚铁白色沉淀的制备一直是教学中的一个难点，是很多老师一直在摸索改进的实验热点，本文通过将反应改在滴管中，变相地起到控制实验条件的作用，大幅度提高了氢氧化亚铁制备实验的成功率。

关键词　氢氧化亚铁；实验改进；实验研究

1. 问题的提出

用硫酸亚铁溶液与氢氧化钠溶液反应产生白色氢氧化亚铁沉淀的实验是中学的必做以及基础实验，然而在实际操作中，白色的氢氧化亚铁沉淀通常迅速变为灰白或灰绿色，随着时间延长逐渐变为深绿色，并最终被氧化为红褐色的氢氧化铁。对于这个问题，许多文献给出了解决的方案：如吴名胜与严宣申采取的用加热等方法去除溶液中的溶解氧、将长滴管伸入一种溶液面下挤出另一种溶液、在溶液表面滴加一层油脂的方法等。对此，我们进行了模拟的重复实验。虽然这些方法确已对原试验方法有所改进，但使用这些方法做出的白色沉淀存在时间仍处于 5s 到 30s 的范围内。仅有一组实验借鉴了聂素云的实验方法，将锌和盐酸在启普发生器中反应产生的氢气用大烧杯收集起来，在小烧杯中添加完硫酸亚铁溶液与一层乙酸乙酯后，用滴管在乙酸乙酯液面下挤出氢氧化钠溶液并迅速在其上倒扣上述充满氢气的大烧杯，使白色沉淀得以维持 1min 左右。相比于预期来讲，此结果仍很不理想。同时重复了其他方法，重复性依然不能满足教学需要。

氢氧化亚铁虽在生产生活中无重要作用，但在中学化学教学时，通过复分解反应制得其沉淀的演示过程必不可少。因此本实验的目标在于寻求一种简便的方法，使得通过简单的操作能够制得氢氧化亚铁白色沉淀，并且为方便学生观察，使其颜色能够在课堂演示的几分钟内保持不变。

2. 实验设计

（1）设计原因

出于偶然，我们发现，当使用滴管先取用硫酸亚铁或氢氧化钠溶液中的一种，再取用另一种时，滴管中产生的白色沉淀通常可以维持较长时间。由此，我们选取了氢氧化钠溶液浓度（因素 A）、硫酸亚铁溶液浓度（因素 B）及吸取顺序（因素 C）共三个因素，探究其对于白色沉淀产生及存在时间的影响。因素 A 选取四个水平，因素 B 选取三个水平，因素 C 选取两个水平。因实验操作快捷简单，故虽试验点较多，依然采取控制变量法逐一进行实验。

（2）实验试剂与器材

配制浓度为 1.0mol/L、2.0mol/L、4.0mol/L 和 6.0mol/L 的 NaOH 溶液备用；配制浓度为 0.1mol/L、0.2mol/L 和 0.5mol/L 的 $FeSO_4$ 溶液备用；准备若干试管、若干秒表。

（3）实验步骤

① 将一只滴管在装有一种浓度的 NaOH 溶液中洗涤，即重复吸取挤出的过程三次后，用同一只滴管取某一种浓度的 $FeSO_4$ 溶液，观察到产生白色沉淀后迅速开始计时，并同时将试管水平放置于实验台上，静置观察，记录现象（表 8）。运用此方法共实施 12 次实验。

② 类似于上步，将试管在 $FeSO_4$ 溶液中洗涤后取用 NaOH 溶液（表 9）。

运用此方法共实施12次实验。

3. 实验现象

（1）在NaOH溶液中洗涤后吸取$FeSO_4$溶液

表8　滴管在NaOH溶液中洗涤后吸取$FeSO_4$溶液实验现象

NaOH/(mol/L)	$FeSO_4$/(mol/L)		
	0.1	0.2	0.5
1.0	痕量白色沉淀	微量沉淀，1min溶解	痕量白色沉淀
2.0	痕量白色沉淀	少量白色沉淀，2min左右接近液面沉淀变绿，5min以上部分变绿	痕量白色沉淀
4.0	微量絮状沉淀，1.5min溶解	较大量沉淀，10min以上不变绿	痕量沉淀产生
6.0	大量白色沉淀，5min变绿	大量沉淀，10min以上不变绿	少量白色沉淀，长时间不变绿

（2）在$FeSO_4$溶液中洗涤后吸取NaOH溶液

表9　滴管在$FeSO_4$溶液中洗涤后吸取NaOH溶液

NaOH/(mol/L)	$FeSO_4$/(mol/L)		
	0.1	0.2	0.5
1.0	痕量白色沉淀	微量白色沉淀，10s变黄	大量白色沉淀，5s变绿
2.0	痕量白色沉淀	少量白色沉淀，20s左右与空气接触部分变色，3min左右大部分变绿	少量白色沉淀，45s变绿
4.0	微量絮状白色沉淀	少量白色沉淀，5min左右溶解	较大量白色沉淀，10min以上不变绿
6.0	微量絮状白色沉淀	痕量白色沉淀	少量白色沉淀，5min不变绿

4. 实验分析

（1）数据分析

① 在NaOH溶液中洗涤后吸取$FeSO_4$溶液，从普遍来看，要比在$FeSO_4$溶液中洗涤后吸取NaOH溶液效果更好；

② 在其他条件相同时，1.0mol/L、2.0mol/L、4.0mol/L和6.0mol/L四个浓度取值内，随NaOH溶液浓度的增加，反应所产生的白色沉淀在量和存在时间上基本均呈上升趋势；

③ 在其他条件相同时，使用浓度分别为0.1mol/L、0.2mol/L和0.5mol/L的$FeSO_4$溶液所进行的反应中，0.2mol/L浓度的$FeSO_4$溶液产生白色沉淀的效果最佳。

（2）现象解释

① 在其他条件相同的情况下，用浓度更高的氢氧化钠溶液效果更好的原因可能是 $FeSO_4$ 溶液配制时需要加酸保护，需要过量碱加以中和，并维持较碱性条件，有利于 $Fe(OH)_2$ 稳定存在。

$$Fe^{2+} + 2OH^- = Fe(OH)_2 \quad K = 4.87 \times 10^{-17}$$

当 $c(Fe^{2+})$=0.1mol/L 时，pH=6.35 以上产生沉淀。

当 $c(Fe^{2+})$=0.2mol/L 时，pH=5.81 以上产生沉淀。

当 $c(Fe^{2+})$=0.5mol/L 时，pH=4.01 以上产生沉淀。

② 浓度为 0.2mol/L 的 $FeSO_4$ 效果最好的原因可能是 0.5mol/L $FeSO_4$ 酸性太强，而 0.1mol/L 的 $FeSO_4$ 浓度太低。

③ 在用低浓度 $FeSO_4$ 溶液洗涤后，吸取高浓度氢氧化钠溶液时经常不产生沉淀或沉淀很少且不久后溶解的原因可能是新制氢氧化亚铁具有弱碱性，可能溶于强碱生成四羟基亚铁。

④ 用滴管洗涤后再吸取的方式可以较长时间保存氢氧化亚铁的可能原因是滴管在吸取溶液时将滴管内部空气几乎全部赶出，因而相当于氢氧化亚铁在隔绝氧气中保存。即使有少量的空气，滴管中上、下层溶液都起到隔绝的作用，溶液没有搅动，不会带入新的空气，吸取第二种溶液时，滴管内壁的溶液实际参与反应。

以上的分析也与龙琪老师的研究结果吻合。

5. 实验结论

使用滴管先洗涤后吸取的方式可以在较长时间内保证氢氧化亚铁不氧化。其中，先用 4mol/L 氢氧化钠溶液洗涤后用 0.2mol/L 的 $FeSO_4$ 吸取可以获得最好效果，沉淀 10min 内不变绿。

该方法简单实用，稳定可靠，现象明显，并可以推广为学生实验。只是实验完成后滴管需要用酸浸泡才能清洗干净。

（本文发表于《教育与装备研究》2017 年 7 期）